学前教育新视点丛书
XUEQIAN JIAOYU XINSHIDIAN CONGSHU

YOU'ERYUAN
JIAOYU ZHILIANG PINGJIA DE
LILUN YU SHIJIAN

幼儿园
教育质量评价的
理论与实践

刘 霞◎著

人民教育出版社
·北京·

图书在版编目（CIP）数据

幼儿园教育质量评价的理论与实践 / 刘霞著. — 北京：人民教育出版社，2017.5（2023.1重印）
（学前教育新视点丛书）
ISBN 978-7-107-31738-5

Ⅰ. ①幼… Ⅱ. ①刘… Ⅲ. ①幼儿园—教育质量—教育评估 Ⅳ. ①G612

中国版本图书馆CIP数据核字（2017）第134718号

学前教育新视点丛书
幼儿园教育质量评价的理论与实践
责任编辑 刘峰峰
装帧设计 于 艳

出版发行 人民教育出版社
（北京市海淀区中关村南大街17号院1号楼 邮编：100081）
网 址 http://www.pep.com.cn
经 销 全国新华书店
印 刷 保定市中画美凯印刷有限公司
版 次 2017年5月第1版
印 次 2023年1月第2次印刷
开 本 787毫米 ×1092毫米 1/16
印 张 17
字 数 222千字
定 价 39.00元

出版说明

当前，我国学前教育正面临着前所未有的发展机遇。2010 年 11 月印发的《国务院关于当前发展学前教育的若干意见》明确提出："学前教育是终身学习的开端，是国民教育体系的重要组成部分，是重要的社会公益事业"，要"把发展学前教育摆在更加重要的位置"。此后，一系列促进学前教育发展的重要文件出台，旨在推进、落实学前教育基本理念和发展目标的"学前教育三年行动计划"也逐期实施，我国学前教育进入了一个全新的发展阶段。

学前教育在得到国家政策和财政大力支持的同时，其理论与实践研究也更加广泛和深入。为了更好地梳理和总结近年来我国学前教育的研究成果，促进学前教育的繁荣和发展，我们组织出版了这套"学前教育新视点丛书"。所谓"新视点"，包含以下两个方面的内涵。

1. 体现研究的新进展

近年来，针对学前教育发展中的重点问题，研究者进行了深入研究。比如：研究财政投入和管理制度，探讨学前教育发展与管理的顶层设计；研究幼儿教师能力测评、幼儿园教育质量评价，促进学前教育的内涵发展；研究学前教育专业的课程设计和教学改革、职后培训内容和方式，为学前教育发展提供保障；研究幼儿的学习与发展，研究幼儿园课程、游戏与教学，提升幼儿园教育质量；等等。这些研究大大拓展了已有的研究领域和范畴，体现了理论创新和实践创新，取得了令人瞩目的成果。

2. 体现研究的新视角

近年来，我国的学前教育研究立足于解决其发展进程中遇到的理论和实践问题，研究的角度更加多样，视野更加开阔。一方面，运用新理念、新视角、新方法，关注不同文化和社会背景下学前教育的相关领域，创新解决问题的思路和方式；另一方面，以跨学科的视角，将学前教育置于多学科的审视之下，探求我国学前教育发展的新路径。

基于“新视点”的基本定位，我们将近年来在学前教育研究领域的新成果集结出版，希望为广大学前教育工作者提供参考，开拓视野。

我们衷心希望本套丛书的出版，能够引发广大学前教育工作者的关注和兴趣，也希望各位读者在阅读过程中提出宝贵意见，使本套丛书更臻完善。

人民教育出版社课程教材研究所

学前教育课程教材研究开发中心

2017 年 4 月

序　一

当前，我国学前教育事业正在进行快速的规模扩张，这是落实国家教育改革发展中长期规划的具体行动，也是各方正在积极推进的创新实践。在此过程中，社会大众对学前教育的质量问题也日益表现出高度关切。一方面，一些新办、扩办的幼儿园，在师资、设备、教育与保育等方面出现了不少问题，令人忧虑；另一方面，幼儿处在身心发展的关键阶段，特别需要精细的、高质量的保育与教育。因此，在学前教育规模快速扩张的大背景下，如何管控、保障与提高学前教育质量，是一个非常重要的现实课题。

国际上，规模扩张和质量提升是基础教育经历的两个自然发展阶段，是依次解决的两个不同性质的教育发展矛盾。规模扩张的实质，是扩大受教育机会，其关键举措是教育资源（师资、经费、教学设施等）的有效保障，重在条件建设；质量提升的实质，是提供真正有价值的教育，其关键举措是教育能力（教育观念、内容、方法和管理等）的发展与增强，重在文化建设。我国自20世纪初创办现代学校体系以来，小学教育、中学教育经历了百余年的规模扩张阶段，逐步实现了小学教育、中学教育的普及化。当前，我国中小学教育发展整体上已经进入了质量提升的新阶段，优质教育资源相对短缺与公众对优质教育的需求日益增长这一问题，构成了新时期中小学教育发展的主要矛盾。简言之，我国中小学教育也是经历了规模扩张阶段后，自然地进入到质量提升阶段，因而，规模问题和质量问题是分别解决的。但是，和中小学教育相比，我国学前教育事业的发展虽然也有超过百年的历史，但目前规模扩张问题还没有完全解决好，而质量提升问题又迫在眉睫。因而，如何合理把握学前教育发展中规模扩张与质量提升的矛盾关系，便成为学前教育改革、创新的关键问题。在这里，我国学前教育面临一个重大的路径选择：是先规模后质量，还是规模与质量并进？对此，无疑需要做更多深入的讨论。从现实情况看，可能且合理的选择，只能是规模与质量并重的发展模式。在各行各业中，一些先行者往往自然地采用历时发展路径解决问题（如经济发展中环境先污染后治理），后来者则必须自觉地采用共时发展路径解决问题（如兼顾经济发展与环境治理两个方面）。后来者选择共时发展路径，既是一种无奈，更是一种优势，这样可以少走弯路，实现更有效的发展。

要推进学前教育规模与质量并行发展的新模式，就必须下大力气研究学前教育的质量理论、质量观念、质量标准、质量保障、质量评价等基本的理论与实践问题。可以说，学前教育质量问题，一直是国际学前教育理论和实践层面探讨的一个重点、热点问题。当前，随着我国学前教育的快速发展，社会大众对“入好园”的需求也日益强烈。因此，宏观层面的、综合的幼儿园教育质量问题研究，也必然会日益成为学前教育理论和实践领域关注和研究的课题。对学前教育质量问题，我没有做过具体研究，但一个大致的印象是，这个领域肯定值得花大力气深入研究，尤其需要努力推出高水平的研究成果。

近日，欣喜地收到刘霞副研究员撰写的《幼儿园教育质量评价的理论与实践》的书稿。初读之后，感觉很有收获。它是近年来学前教育质量评价领域的一本力作，对于深入探讨学前教育质量管理与评价问题具有重要的启发和借鉴作用。简单地说，这本书既关注了幼儿园教育质量评价的理论问题，同时，又高度重视幼儿园教育质量评价的实践操作问题，对幼儿园教育质量评价的理论和实践问题都进行了深入地系统梳理和思考，是目前国内较为系统地探讨幼儿园教育质量评价问题的一本重要著作。

通读全书，个人觉得这本书具有几个突出特点。第一，注重理论建构。全书对幼儿园教育质量、教育质量评价等核心概念做了深入分析，探讨了幼儿园教育质量的标准，提出了幼儿园教育质量评价的程序与方法，体系完整。第二，理论联系实际。全书具有鲜明的问题导向性，关注实用性和操作性，对“评什么”“怎么评”等实践性问题，探讨得非常透彻，并且提供了具体可操作的工具与方法。第三，厚积薄发，富有新意。作者长期致力于幼儿园教育质量评价问题的研究和实践，从本科学习期间就开始关注这一领域，硕士研究生的论文选题依然聚焦于此；走向工作岗位后，又长期从事着幼儿园教育质量提升与评价的理论研究与实践指导工作。可以说，这本书是作者二十多年学习、研究、实践心得的总结，是一份厚积薄发的研究成果。在书中，作者对诸多问题阐发了富有新意的见解，还讨论了一些平常很少受人关注、但很重要的问题，如第六章“幼儿园教育质量评价中的心理偏差与调控”。相信这本书的出版，对于我国学前教育质量评价的理论建设和实践改进，将发挥一定程度的指导作用。

我与刘霞虽然具体研究领域不尽相同，但细算起来，学术交往其实还不少。十多年前，我们曾经共同在广州教育界工作。她刻苦好学、勤于钻研的精神，令我印象非常深刻。那时候，我在华南师范大学指导的硕士研究生，每周举行一次读书研讨会。尽管她已经从北师大教育学院研究生毕业，走上了工作岗位，又不是我门下的研究生，但差不多每次活动不请自到，成为一个表现非常好的“编外学生”。她不仅认真研读每次共同分享的名著，而且常常还能提出深邃独到的见解。作为一名编外学生，她还系统学习过我在华南师范大学主讲的“教学论专题研究”“教育伦理学专题研究”等研究生课程。2005年底，我回到北京工作，日常交往自然少了很多。不过，她所做的研究和所取得的成果，我依然有所关注和了解，并经常为她的进步和成就高兴不已。这部学术专著的出版，可以说是她长期研究的一次很好的提炼与升华。期望她在专业研究领域能够再接再厉，不断为我国学前教育的理论与实践发展做出新的贡献！

是为序。

王本陆

北京师范大学课程与教学研究院院长，

研究员，博士生导师

2017年2月于北京师范大学

序　二

教育质量是教育的生命线。随着《国务院关于当前发展学前教育的若干意见》的颁布以及学前教育三年行动计划的实施，我国幼儿园毛入园率和幼儿园数量都得到了很大的提高。在幼儿园数量不断增长的同时，幼儿园教育质量也日益引起了国家和社会的广泛关注。与中小学不同的是，幼儿园教育质量难以简单套用“教学质量”来进行评价。“什么样的幼儿园才是好的幼儿园？什么样的幼儿教育才是好的幼儿教育？如何有效地界定和评价幼儿园的教育质量？”等问题，都成了摆在我们面前的重要课题。目前，较之中小学教育研究，国内研究幼儿园教育质量及评价的科研人员较少，符合科学规范的研究成果也十分有限。在这种情况下，刘霞积二十余年的研究功力，写出如此系统而全面的幼儿园教育质量评价专著，反映了她敢于担当的学术勇气。这种开拓性的学术态度，非常值得我们学习。

综观书稿全文，作者以“幼儿园教育质量评价”为核心，本着务实的态度和科学的精神，对幼儿园教育质量评价问题进行了细致而深入的研究。全书由幼儿园教育质量的相关问题、幼儿园教育质量评价概述、幼儿园教育质量评价标准研究、幼儿园教育质量评价的一般程序、幼儿园教育质量评价信息的收集与处理、幼儿园教育质量评价中的心理偏差与调控等章节构成。全书从一线幼教工作者的实际需要出发，一方面，系统、深入地梳理幼儿园教育质量评价的基本理论问题，对为什么评价、谁来评价、评价什么、怎么评价等问题进行了系统探讨；另一方面，立足幼儿园教育质量评价实践中的重难点工作，本书结合实际案例，对幼儿园教育质量评价标准的建构、幼儿园教育质量评价应遵循的基本程序、评价信息的收集与处理、评价心理的调控等问题，也进行了翔实的阐述。

从基本内容来看，这本书既有对幼儿园教育质量评价的理论探讨，又有幼儿园教育质量评价的实践操作，更有许多相应案例的详尽阐释。我们知道，要科学地评价幼儿园教育质量，首先要明白什么是“幼儿园教育质量”，以及什么是“幼儿园教育质量评价”。以往的研究，多注重如何评价幼儿园教育质量，对基础概念的界定却较为模糊，或者一带而过。而在本书当中，刘霞对“幼儿园教育质量”及“幼儿园教育质量评价”等概念进行了详尽梳理与准确界定，从什么是“质量”到什么是“教育质量”再到什么是“幼儿园教育质量”，从什么是“评价”到什么是“教育评价”再到什么是“幼儿园教育质量评价”，循序渐进、层层深入，引导我们了解“幼儿园教育质量”及“幼儿园教育质量评价”的真正内涵。对于如何评价幼儿园教育质量，作者系统而又合理地尝试建构了一整套极具实效性和可操作性的幼儿园教育质量评价体系，包括对幼儿园教育质量评价的标准、一般程序和信息收集与处理的分析与介绍。其中，对国内外幼儿园教育质量评价标准的研究，有利于我们了解国内外较为成熟且应用广泛的幼儿园教育质量评价工具；对幼儿园教育质量评价程序的介绍，为当前教育质量评价机构如何科学开展幼儿园教育质量评价提供了系统的思路；对幼儿园教育质量评价信息的收集与处理方法的详解，有利于教育质量评价机构全面而准确地收集与分析信息，做出可靠的价值判断。目前，国内外学者纷纷意识到幼儿园教育质量评价中信息收集与处理的重要性，希望通过提供理论和技术上的支持，从获得的数据中挖掘更多的有关幼儿发展的信息，为幼儿园教育质量提升提供政策建议。所有这些，都充分体现了作者学术研究的敏感性和前瞻性。本书另一富有价值与特色的地方，是关注到了幼儿园教育质量评价中的心理偏差与调控，书中对评价者和被评价者的各种心理现象，进行了种种分析，并尝试提出调控建议。这可以在一定程度上避免评价结果的“失真”，确保幼儿园教育质量评价的客观性和准确性。在这一点上，本书将幼儿园教育质量评价与心理学相结合，可谓给幼儿园教育质量评价研究提供了一个新的视角、新的方向。整体上来看，作者具有扎实良好的学前教育专业背景，立足于自身长期在教育科研与行政单位从事幼儿园教育质量评价工作的特点，对幼儿园教育质量评价的系列相关问题进行了系统梳理和深入探讨。相信这本书的出版，会对当前我国幼儿园教育质量评价的理论研究与实践推动发挥积极的促进作用，尤其是帮助一线幼教工作者解决实践中的疑难和困惑，促使他们独立、科学地开展幼儿园教育质量评价活动。

作为刘霞多年的挚友和同行，看到她有这样厚重而务实的研究成果，我由衷地为她感到高兴。我们是本科同班同学，自 1991 年入读大学，便共同求学、渐渐熟识。至今，我依然难忘我们大学生活中共同度过的种种幸福的时光：难忘她作为班干部第一次到男生宿舍时对我们的“发号施令”；难忘她学习费时很少，却总能考出优异的英语成绩；难忘与她一起热烈地交流与研讨专业问题；难忘在北京幼儿师范学校实习时共同探讨如何上好课的场景与画面；难忘一起郊游与探讨人生理想的种种年轻而温暖的瞬间。她对于学业，总是有着最为热情的渴望；对于人生，总是有着最为积极的进取。

当然，在幼儿园教育质量评价方面，还有很多需要进一步探讨和研究的问题，需要刘霞和我们广大研究同仁进一步深化和完善。是的，当前亟需努力推出更多、更丰富的研究成果，使我国幼儿园教育质量评价工作的开展更有理论可依，在实践上摆脱纯经验层面，上升到理论联系实践、实践也反过来联系理论的层面，整体提升我国幼儿园教育质量评价的层次和水平。刘霞嘱托我为其书稿撰序，由于对幼儿园教育质量评价的研究着力不多，个人不敢妄言，所以勉强罗列上述皮相之见。但不管怎样，不断探索和追寻科学的、具有中国特色的幼儿园教育质量评价的方式、方法，是我们学前教育学人的共同理想。就像温家宝总理曾经在他的诗作《仰望星空》中所说的："我仰望星空，它是那样辽阔而深邃；那无穷的真理，让我苦苦地求索、追随。"

正所谓"虽不能至，心向往之"。愿以此与刘霞共勉，是为序。

姜　勇

华东师范大学教育学部教授，博士生导师

2017年2月于华东师范大学

目　录

第一章
幼儿园教育质量的相关问题

正确认识和理解幼儿园教育质量的相关问题，是幼儿园教育质量评价工作开展的前提。长期以来，质量问题一直是人们关注的首要问题。尽管如此，很多人却觉得它是一个难以理解的概念，认为质量既难以界定，也难以测量。实践中往往是这样：不同的人对质量的想法通常会有不同，不同的专家讨论起构成一所好幼儿园的要素时，所得结论也往往各不相同。因此，研究幼儿园教育质量评价问题，首先有必要认真审视“幼儿园教育质量”这一基本概念。否则，质量可能沦为空洞的口号，难以付诸实践。

第一节　幼儿园教育质量的内涵

一、质量的涵义

长期以来，质量拥有一堆含糊又矛盾的意义。1982 年，美国联合研究理事会（National Research Council，简称 NRC）在关于美国研究型博士学位点评估总报告第三卷《工程学篇》中，关于“方法论”问题的开章引语写道：

“质量是什么？你知道它，你又不知道它，它就是这样自相矛盾的。虽然，一些事物确实比另一些事物好，就是说它们有更高的质量，但是，当你试图说明什么是质量时，除了具有质量的事物本身，却又没有什么可说的了。可是，如果你不能说明什么是质量，你又如何知道质量是什么？那么，它也完全不存在任何实际意义。但是，在人们的实际生活中，它又确实存在，不然，等级以什么为依据呢？人们又为什么愿意为某些事物付出代价，而把另一些事物扔进垃圾堆？显然，一些事物比另一些事物更好……但是什么是‘更好’呢？……如此翻来覆去，伤透脑筋，但还是找不到思维的出路，质量究竟是什么?!”①

大部分人搞不清楚质量的意义，是因为质量可以是绝对的概念，也可以是相对的概念。② 因此，我们可以从多种视角和以多种理解方式来分析与把握“质量”。

从词源学上看，在我国古代，开始并没有“质量”一词，“质”和“量”是分开使用的。根据《辞源》的解释，“质”有“本体”“禀性”“质朴”之意，“量”有“容量”“度量”“称量”之意。《辞海》对“质量”的解释是：“①量度物体惯性大小和引力作用强弱的物理量；②指优劣程度。”③ 《现代汉语词典》对质量的解释是：“①表示物体惯性大小的物理量；②产品或工作的优劣程度。”④ 随着时代的发展，在我国的语言习惯逐渐由单字词为主向双字词为主转变的过程中，“质”“量”二字被合而为一，并继承了早期“质”的主要含义，成为今天的“质量”一词。

英语 quality 一词源于拉丁文 qualis，指某一给定实体（entity）的性质，基本上是价值无涉或价值中立的。⑤ 也就是说，质量只描述事实，不做价值判断或好坏区分。现代英语仍保留了 quality 的这一词义，但又对 quality 一词的词义做了进一步的扩展，使其还具有优质、高质量的含义，比如 Quality

---

① 转引自陈威. 高等教育质量的概念研究 [J]. 石油高等教育，2000（2）：6-11.

② [美] Edward Sallis. 全面质量教育 [M]. 何瑞薇，译. 上海：华东师范大学出版社，2005：16-17.

③ 夏征农、陈至立. 辞海（第六版普及本）[M]. 上海：上海辞书出版社，2010：5118.

④ 中国社会科学院语言研究所词典编辑室. 现代汉语词典（第 7 版） [M]. 北京：商务印书馆，2016：1689.

⑤ Paul Vedder. Measuring the Quality of Education [M]. Amsterdam：Sets &Zeitliger，1992：124.

Education（优质教育）、Quality Production（优质产品）等，这里显然已经包括了价值判断的因素。

中华人民共和国国家标准及 ISO9000 族标准[①]将“质量（quality）”界定为“一组固有特性满足要求的程度”。[②] 该定义中的“特性”是指产品“可区分的特征，如物理的特征，感官的特征，行为的特征，时间的特征，人因功效的、功能的特征等”；“要求”是指顾客和其他相关方“明示的、通常隐含的或必须履行的需求或期望”。该标准同时将“顾客（customer）”界定为“接受产品的组织或个人”，顾客可以是组织内部的或外部的。产品包括有形产品和服务，服务通常是无形的。也就是说，产品质量是其特性满足顾客需求或期望的程度。

美国质量管理专家朱兰（J. M. Juran）在 1988 年出版的《质量管理手册》（第四版）中，将质量定义为“适于使用”（fitness of use），“使用”与顾客的要求相联系，“适于”则表明符合可测量的产品特性。日本质量管理专家石川馨（Kaoru Ishikawa）认为，质量反映顾客的满意程度，顾客的需要和要求是变化的，因此质量的定义是不断变化的，高质量就是满足顾客不断变化的期望。[③]这与 ISO9000 族标准对质量的解释是一致的。

从以上国内外对质量的考察和研究，我们可以看出，当前对“质量”的理解，存在着以下几点共识。

第一，质量具有普遍性。质量广泛存在于人类社会生活的各个领域，为任何一种实体所具有。这种实体可以是有形产品（如汽车）、无形产品（如软件）或者服务。

第二，质量是实体的客观属性。作为实体的内在规定性，质量具体表现为

---

① ISO9000 族标准是国际标准化组织（International Organization for Standardization，简称 ISO）于 1987 年制定，后经不断修改、完善而成的系列标准。目前已有 90 多个国家和地区采用此标准，并等同于国家标准，我国也在 1992 年将该标准等同采用为国家标准。

② 中华人民共和国国家质量监督检验检疫总局，中国国家标准化管理委员会. 质量管理体系　基础和术语 GB/T19000—2008/ISO9000：2005：5.

③ 尤建新，张建同，杜学美. 质量管理学 [M]. 北京：科学出版社，2003：6.

实体的一组特性。这种特性是实体的客观属性，是价值中立的，人们可以用客观的方法来了解和认识它。

第三，质量是实体的价值属性。实体的质量特性不是独立存在的，而是在与顾客的需要相结合后形成的，即实体是否满足顾客要求的特性，因此，质量又是实体的价值属性。由于实体的价值属性是与价值主体（顾客）的需要密切联系在一起的，价值主体（顾客）的不同，必然导致需要的不同，即使同一主体在不同的时期或同一时期的不同条件下，也会表现出不同的需要，这就形成了同一实体不同的质量特性。此时，必须在分析实体固有的特性和与之相连的价值主体需要的基础上，才能了解和认识实体的质量特征。

第四，质量体现了某组特性满足顾客要求的程度。满足程度高，则质量优；满足程度低，则质量劣。

由此可以看出，质量作为实体的客观特性，同时又必须以满足顾客要求为目的，它是实体客观特性和主体需要的统一体。即，质量是实体满足顾客需要的特性的总和。

二、 教育质量的涵义

究竟什么是教育质量？国内较具权威性的《教育大辞典》这样解释："教育质量是对教育水平高低和效果优劣的评价。影响它的因素主要是：教育制度、教学计划、教学内容、教学方法、教学组织形式和教学过程等的合理程度；教师的素养，学生的基础以及师生参与教育活动的积极程度……最终体现在培养对象的质量上"；"衡量标准是教育目的和各级各类学校的培养目标。前者规定受培养者的一般质量要求，亦是教育的根本质量要求，后者规定受培养者的具体质量要求，衡量人才是否合格的质量规格"。① 顾明远先生主编的《教育大辞典》增订合编本中，重申了这一基本的意见和观点。我们体会，这一解释是对

① 教育大辞典编纂委员会. 教育大辞典（第一卷）[M]. 上海：上海教育出版社，1990：24.

教育质量的一种现象描述，还未能揭示出教育质量的本质内涵。

德国教育学家布列钦卡（Wolfgang Brezinka）指出："教育科学理论基础框架在很大程度上来源于实践教育学。在接受实践教育学基本观念的同时，其专业用语或专业术语也被继承和接收下来。而正如我们已经看到的那样，实践教育学专业用语或专业术语又均来源于口语或日常语言。因此，它们所指示的东西，在很多情况下并不足够精确。具体而言，其缺陷主要有二：一是多义，二是含糊不清。"① 要使教育质量的概念成为真正科学的教育概念，需要进行科学概念的重建。

笔者认为，作为质量的下位概念，教育质量可以依据质量的定义来界定，即教育满足顾客需要的特性的总和。这就需要回答两个基本问题。第一个是：教育是什么？第二个是：谁是顾客？②

（一）教育是什么？

现实社会组织的各种活动，基本可以被区分为提供有形产品的生产活动和提供服务的服务活动，或者两者兼而有之。③ 那么，教育是什么呢？到底是提供有形产品（学生）的生产活动，还是提供服务的服务活动呢？

有研究者提出，生产活动和服务活动各有不同的质量表现形式。④

简而言之，与生产活动相比，服务活动的重点、提供形式、质量检测均有不同。首先，服务的重点主要在于过程，而非产品。也就是说，服务活动的质量主要体现在服务过程之中；第二，服务一般由组织及其基层成员直接提供给顾客，基层成员与顾客之间有密切的联系，服务质量由基层成员与接受服务的顾客共同决定；第三，服务是无形的，服务既不能像有形产品一样可以陈列在

---

① [德] 沃尔夫冈·布列钦卡. 教育科学的基本概念——分析、批判和建议 [M]. 胡劲松，译. 上海：华东师范大学出版社，2001：1.

② [美] Edward Sallis. 全面质量教育 [M]. 何瑞薇，译. 上海：华东师范大学出版社，2005：24.

③ 程凤春. 教育质量特性的表现形式和内容——教育质量内涵新解 [J]. 教育研究，2005 (2)：45-49.

④ 程凤春，洪成文. 90年代西方教育管理的全面质量管理思想 [J]. 比较教育研究，2000 (7)：164-168.

货架上，也不能像有形产品一样可以修改，服务质量比有形产品的质量更难检测。同样，对于教育的主要顾客——学生而言，接受教育服务的重点在于学校组织开展的教育教学活动等过程，而不是最终的输出结果（学生及其学业成绩）。此外，教育服务一般由学校及教师直接提供给学生，教师与学生必然会产生密切的联系与互动，教育服务的质量由教师与学生共同决定。最后，教育是无形的，学生在接受教育之前既看不见也摸不着，只有在接受了教育之后，才能切实地感受和享受到。因此，笔者认为，应将教育视为一种服务活动而非生产活动。

（二）谁是顾客？

在教育情境中，顾客，即服务的利害关系人，是一个差异甚大的群体。如果教育质量重视的是达成并超越顾客的需求和期望，那么，厘清哪些顾客的需求与期望必须被满足，则是十分重要的。

有研究者将教育情境中的顾客分为初级顾客、次级顾客和三级顾客三类。初级顾客即直接接受服务的人，如学生；次级顾客如家长、主管机关——这些顾客对特定的教育机构及其成员有直接权利；三级顾客比较没有直接的关系，然而也很重要，如未来的雇主、政府和整个社会。①立场和角度不同，不同顾客对教育的要求也就各不相同。对于学生而言，满足自身发展及成长的需要是其对教育最基本的需求和期望；对于家长和教育主管机构而言，更好的学业成绩、更高的升学率也许是其更为关注也更需要被重视的需求和期望；政府和整个社会也许更为关注教育培养出来的学生能否顺利进入社会成为合格公民。

需要注意的是，从顾客的重要性顺序上讲，学生是学校教育最重要、最核心的顾客，学校教育首先必须满足学生发展及成长的需要，学校教育必须把学生发展与成长的需要放在中心位置。在此前提和基础上，学校教育通过满足学生发展及成长的需要，满足教育情境中的其他相关主体，如家长、教育主管机

① [美] Edward Sallis. 全面质量教育 [M]. 何瑞薇，译. 上海：华东师范大学出版社，2005：29.

构及至社会的需要。

综上所述，笔者认为，教育质量是教育满足学生及其他相关主体需要的特性的总和。

三、幼儿园教育质量的内涵

幼儿园教育质量作为教育质量的下位概念，可以依据教育质量的定义来界定，即幼儿园教育质量是幼儿园教育满足幼儿及其他相关主体需要的特性的总和。显然，在幼儿园教育质量体系中存在一对价值关系，即价值客体和价值主体。那么，作为价值客体的幼儿园教育指的是什么？在我国教育部颁发的《幼儿园工作规程》（以下简称《规程》）中是这样说的："幼儿园是对3周岁以上学龄前幼儿实施保育和教育的机构。幼儿园教育是基础教育的重要组成部分，是学校教育制度的基础阶段。""幼儿园的任务是：贯彻国家的教育方针，按照保育与教育相结合的原则，遵循幼儿身心发展特点和规律，实施德、智、体、美等方面全面发展的教育，促进幼儿身心和谐发展。幼儿园同时面向幼儿家长提供科学育儿指导。"作为一种服务活动，幼儿园教育要满足谁的需要？也就是说，上述定义中的价值主体究竟是谁？这里涉及教育价值问题。

教育价值体系中的主体可以分为两大类，即社会主体和个体主体，教育价值的基本表现方式，即教育对社会主体和个体主体发展需要的一定满足。培养人是教育的立足点，是教育的本体价值。① 教育价值还表现为对社会其他系统，如政治、经济、文化、科学等系统的需要的满足，这种价值是教育的社会（或外在）价值。从根本上说，教育的本体价值是基础，是教育价值的根本所在，教育的社会价值是教育的本体价值的社会表现或外化；教育的本体价值是"源"，教育的社会价值是"流"。② 这两种价值取向实质上是统一的，因为"人

---

① 引自扈中平，陈东升. 教育价值选择的方法论思考 [J]. 教育研究，1995 (5)：16-20.

② 王卫东. 教育价值概念的历史考察与理论分析 [J]. 北京师范大学学报（社科版），1996 (2)：29-35.

既需要社会化，又需要个性化；既必然社会化，又必然个性化”①。

在我国，幼儿园教育是国家教育事业的重要组成部分，担负着保护和教育年轻一代，培养社会主义事业接班人的重要任务。作为终身教育体系的第一阶段，幼儿园教育的基本任务是促进幼儿在德、智、体、美各方面得到全面的、身心和谐的发展，为他们的终身发展奠定良好的素质基础。因此，幼儿园教育必须满足幼儿身心和谐发展的需要，这是幼儿园教育的本体价值。此外，在我国，幼儿园教育是基础教育的重要组成部分，是我国学校教育和终身教育的奠基阶段，幼儿园还担负着“面向幼儿家长提供科学育儿指导”的重要任务，因此，幼儿园教育还必须满足社会其他系统，如幼儿家长、高一级教育机构、政府等的需要，这是幼儿园教育的社会（或外在）价值。

需要注意的是，幼儿家长、高一级教育机构、政府等价值主体对幼儿园教育的需要应以幼儿身心和谐发展的需要为中介，幼儿园教育活动通过满足幼儿身心和谐发展的需要服务于家长、高一级教育机构和政府等，以满足家长、高一级教育机构和政府等价值主体的需要。满足幼儿身心和谐发展的需要，是幼儿园教育最基本的价值追求，幼儿园教育对社会其他系统，如家长、高一级教育机构、政府等需要的满足不能违背这个最基本的价值追求。因此，幼儿是幼儿园教育质量体系中最根本的价值主体。在幼儿园教育质量的形成过程之中，幼儿身心和谐发展的需要是主客体之间是否形成价值关系的标准，是幼儿园教育活动是否具有价值的标准。

根据以上的讨论，我们认为，幼儿园教育质量指的是幼儿园教育满足幼儿身心和谐发展需要的特性的总和。满足程度越高，则幼儿园教育质量越优；反之，满足程度越低，则幼儿园教育质量越低。

① 扈中平. 教育目的论［M］. 武汉：湖北教育出版社，1997：82.

第二节　幼儿园教育质量的构成

在有关幼儿园教育质量概念的讨论中，常常会出现指代不明或不一致的现象。有的人在谈论幼儿园教育质量时，所指的是教育成果的质量（幼儿的发展状况），而有的人则是指教育活动的质量；有的人把教育质量等同于教学质量，有的人又是指管理工作的质量，如此等等。问题的症结所在，是把幼儿园教育质量这一概念的内涵与外延混为一谈，从而导致了思想上的混乱和认识上的模糊。为了能够更加清楚地认识幼儿园教育质量的基本概念，我们不仅需要剖析其内涵，还有必要分析其外延。接下来，我们对幼儿园教育质量的外延，即构成要素，做进一步的分析与探讨。

一、 教育质量的构成

教育受到社会各种因素的综合作用、综合影响。对于教育质量而言，同样存在着这种影响。要确定教育质量的影响因素，就必须确定教育质量的构成要素。但是，不同的国际组织和理论学派，对教育质量构成因素的表述不尽相同。教育质量应该分解成哪些基本维度，这些维度间的关系如何，仍然是教育质量研究中的难点问题。

2000 年，在塞内加尔达喀尔举行的世界教育论坛通过了《达喀尔行动纲领》（以下简称《行动纲领》）。《行动纲领》再次表达了国际社会的共同决心，即要广泛推行确保这一代和今后世世代代的每个儿童、青年和成年人的基本学习需求都能得到满足的战略。在认定“质量是教育的核心，高质量的教育是能够满足学习者的基本学习需要，丰富他们的生活及其全面生活经验的教育”这一基本主张的基础上，《行动纲领》进一步指出，成功的教育计划必须有：

(1) 健康的、营养好的和学习积极性高的学生；(2) 训练有素的教师和生动活泼的学习方法；(3) 必要的设施和学习资料；(4) 能用当地语言进行教学，并且结合教师和学生的知识与经验的一套课程；(5) 不仅有助于学习而且是令人心情愉快的、注重男女平等的、健康和安全的环境；(6) 对学习成绩包括知识、技能、态度和价值观有明确的定义和准确的评估；(7) 参与式的管理与经营；(8) 尊重和接触当地社区和文化。①《行动纲领》对教育质量的理解并不是纯学术性的，其重要意义在于指明了不能单维度地理解教育质量，而要把教育质量看成是由多维度构成且这些维度相互影响的一个整体。

2000 年，联合国儿童基金会（UNICEF）向在意大利佛罗伦萨举行的国际教育工作组会议提交了论文《定义教育质量》。在论文中，联合国儿童基金会把教育质量作为一个深深嵌入政治、文化和经济背景的复杂系统来考量，认为教育质量必须从多维度来理解。论文从学习者、环境、内容、过程和结果五个方面对教育质量进行界定，认为教育质量取决于“学习者身体健康，具有良好的身心准备；环境安全，资源充足；学习内容与基本技能的获得相关联；在学习过程中持有儿童中心的理念；所学到的知识、技能和态度与国家教育目标和公民参与相关”。②

2004 年，联合国教科文组织（UNESCO）发布了《2005 年全民教育全球监测报告——提高教育质量势在必行》，提出了一个针对学校教育——包括学习者的特点、教育投入、教与学、成果、社会背景五大要素的教育质量认识框架。③ 其中，学习者的特点包括学习者自身的状态，如学习者的经验、能力、学习积极性、先验知识等，以及学习者所处的社会背景，如宗教信仰、家庭条

① The Dakar Framework for Action［R］. The World Education Forum（2000）. Dakar，Senegal，2000：26-28.

② UNICEF. Defining Quality of Education：A paper presented by UNICEF at a meeting of the International Working Group on Education［R］. Florence，Italy. 2000：1.

③ The EFA Global Monitoring Report Team. EFA Global Monitoring Report 2005：The Quality Imperative［R］. 2005：35-36.

件、居住地点等；教育投入包括基础设施、教学材料、人力资源、学校管理等，这是教育活动的物质基础；教与学包括教学内容、教学方法、教学时间、班级规模、评价等，处于教育投入和其他环境因素所构成的系统中，并容易受各种因素影响；成果指的是教育投入、教与学、社会背景对学习者综合作用所带来的学习者的发展或进步，包括学习者各种认知和非认知能力的发展；社会背景包括政府、社会、家庭等各方面因素，社会背景自始至终影响着学习者、教育投入、教与学、成果等因素。这一旨在监控和提高教育质量的分析框架，对世界各国，尤其是发展中国家提高教育质量的实践和理论研究，具有深刻启示意义。

显然，上述相关研究是从教育的内部与外部对教育质量进行全方位的归纳与概括，多种维度实际上都是教育质量的子系统。教育质量是一个完整的系统，由各个子系统有机地组合而成。

据联合国教科文组织第 47 届国际教育会议研讨会的文献资料，通常有两种方法来评估教育质量，第一种方法是使用一种体系框架，从输入、过程和输出结果三方面来评估教育质量，这是一个非常有效的模式。① 也有研究者提出，教育质量应该包括三个内在相关的维度："为教学所提供的人与物的资源质量（投入）；教学实践的质量（过程）；成果的质量（产出和结果）。"②

综上所述，笔者体会，教育质量是一个综合指标，它包括为教育所提供的人与物的资源质量（条件质量）、教育实践的质量（过程质量）和教育成果的质量（结果质量）。三个部分的质量共同形成了教育质量，而这三部分教育质量既是紧密结合的整体，又在教育的整体活动中有着各自的职能，发挥着各自的作用，不能相互替代。其中，教育条件起着为教育活动定位和提供必需的条件的作用；结果质量是依据一定的标准检测目标的实现程度；过程质量则介于两者

---

① 胡玲. 教育质量：内涵、评估及改进策略——联合国教科文组织对提高教育质量的关注［J］. 大学（研究与评价），2008（11）：82-88.

② 朱益明. 教育质量的概念分析［J］. 比较教育研究，1996（5）：55-56.

之间，起着从条件质量到结果质量的中介作用，正是在这一中介过程中，受教育者才逐渐从一个自然人转化为一个社会人。

二、 幼儿园教育质量的构成

幼儿园教育质量也可依此结构，从上述三个方面来把握，即幼儿园教育质量应该包括条件质量、过程质量和结果质量。但是，三个维度之间的关系如何？三个维度的质量内又各自包括哪些具体的要素呢？

（一）条件质量

在幼儿园教育质量的相关研究中，条件质量往往也被称为“结构质量”或“结构性质量”。“结构质量”是指不以情境为转移的、幼儿园班级及整个幼儿园工作所基于的框架条件，它属于“输入”条件。① 结构性质量“包括一些可具体规范和控制的变量，如教师/儿童比率、班级人数、师资条件以及总体上的物质环境和实施等，我国把机构的行政管理和上级指导也算在结构性质量内”。②可见，结构质量包含的方面有：班级的规模、师幼比、人员所受培训的层次及工作经验、提供给幼儿使用的空间以及设施材料等。有研究者提出，托幼机构的负责人对机构中人、财、物、时、空等因素所进行的计划、组织、检查、总结和调整等工作，对于保证机构高效率地向着“提供优质教育服务”目标环环相扣地运转起着至关重要的作用。③管理部分的指标，几乎在各国的幼儿园教育质量标准体系中均占有一定地位。

我国各地的幼儿园督导评估方案中，常常把这个领域的指标细分为人员条件、物质条件和幼儿园管理三个方面，通常包括工作人员资格、班级规模、人员配备、园舍场地、设备设施、管理等具体项目。国内外研究者进行了很多相关实证研究，发现了条件质量中的如下关键因素。

①③ 胡惠闵，郭良菁. 幼儿园教育评价 [M]. 上海：华东师范大学出版社，2009：209-210，209.
② 周欣. 托幼机构教育质量的内涵及其对儿童发展的影响 [J]. 学前教育研究，2003（7-8）：34-38.

1. 教师的资格

教师的资格包括教师的学历和所接受的在职培训。相关研究表明，拥有较高学历以及接受过学前教育专门培训的教师会给儿童提供更为温暖的照顾，对儿童的需要反应更为敏感，而且能够创设更具有启发性的、语言刺激更为丰富的学习环境。①

美国研究者豪威斯（Carollee Howes）发现，相对于没有相关资质的教师，具有学士学位或接受过学前教育专门培训的教师与儿童会有更高水平的语言交流，且会和儿童开展更高水平的游戏。② 我国研究者潘月娟等人以山西省 5 个地区 26 所幼儿园的 50 个班级为样本，分析了幼儿园结构变量与教育环境质量之间的关系。研究发现，教师学历是影响幼儿园教育环境质量的首要结构变量。教师学历不仅直接影响幼儿园教育环境质量，而且能够协调其他变量对幼儿园教育环境质量的影响。在多数情况下，教师由中专学历提高为大专学历，可以使幼儿园教育环境质量获得显著改善。该研究还发现，学历不同的教师群体在应对师幼比和在班幼儿人数较高的班级时采取了不同的策略，中专学历的教师更可能采用秧田模式组织活动空间，并更关注幼儿的纪律而非个体的发展需要，更可能以简单粗暴或忽略的态度对待幼儿，大专和本科学历的教师则可能会朝着适宜的方向做出一些努力。③

美国研究者莎拉等人（Lang Sarah N. et al.）发现，接受过儿童发展或早期教育课程的教师，对幼儿的负面社会性指导会更少；定期接受培训的教师将

① Clarke-Stewart K. Alison，Vandell Deborah Lowe，Burchinal Margaret，O'Brien Marion，Mc Cartney Kathleen. Do Regulable Features of Child-care Homes Affect Children's Development? [J]. Early Childhood Research Quarterly，2012 (1)：2-86.

② Howes，Carollee. Children's Experiences in Center-based Child Care as A Function of Teacher Background and Adult Child Ratio [J]. Merrill-Palmer Quarterly，1997 (3)：404-425.

③ 潘月娟，刘焱，胡彩云. 幼儿园结构变量与教育环境质量之间的关系研究——以山西省幼儿园为例 [J]. 学前教育研究，2008 (4)：3-10.

给予幼儿更多的鼓励和帮助，将更频繁地与幼儿进行积极的互动。① 国内的相关研究发现，教师接受过儿童安全、卫生和健康方面的工作训练，会有效减少幼儿园儿童意外伤害方面的事故及儿童的疾病感染。② 全美幼教协会（National Association for the Education of Young Children，简称 NAEYC）高质量幼儿教育机构评价标准在“人员资格及其发展”部分明确提出，托幼机构要为工作人员提供定期培训的机会，提高工作人员与儿童及其家庭共同工作的能力，或让工作人员做好承担责任更大的岗位的工作的准备。

2. 班级规模

班级规模是实证研究所发现的条件质量中的关键构成因素。美国研究者们（Skalická V. et al.）发现，班级规模的大小不仅与儿童发生的行为问题多少呈现正相关，也影响着师幼之间的冲突及亲密关系。相比小规模的班级，大规模班级中的儿童会出现更多的行为问题，教师与儿童之间不易建立起亲密关系，且师幼冲突增多。③ 瑞典研究者们（Sonja Sheridan et al.）发现，班级规模会直接影响教师的工作条件以及教师支持儿童学习与发展的能力。在规模小的班级中，教师组织的教育活动更容易与儿童的发展相适宜，教师也更容易照顾到儿童的个别需要。④ 全美幼教协会（NAEYC）提出，较小规模的幼儿班级中，幼儿与成人之间的积极互动增多，幼儿的攻击性行为减少，幼儿之间的合作更为频繁。其高质量幼儿教育机构评价标准要求，3 岁儿童班级人数为 14—20 人，

---

① Lang Sarah N.，Mouzourou Chryso，Jeon Lieny，Buettner Cynthia K.，Hur Eunhye. Preschool Teachers' Professional Training，Observational Feedback，Child-Centered Beliefs and Motivation：Direct and Indirect Associations with Social and Emotional Responsiveness [J]. Child & Youth Care Forum，2017 (1)：69-90.

② 周欣. 托幼机构教育质量的内涵及其对儿童发展的影响 [J]. 学前教育研究，2003 (7-8)：34-38.

③ Skalická V，Belsky J，Stenseng F，Wichstrøm L. Reciprocal Relations Between Student-Teacher Relationship and Children's Behavioral Problems：Moderation by Child-Care Group Size [J]. Child Dev，2015 (5)：1557-1570.

④ Sonja Sheridan，Pia Williams，Ingrid Pramling Samuelsson. Group Size and Organisational Conditions for Children's Learning in Preschool：A Teacher Perspective [J]. Educational Research，2014 (4)：379-397.

4—5 岁儿童的班级人数为 16—20 人，6—8 岁儿童的班级人数为 20—24 人，并明确提出要限制班级中儿童的数量，以便于成人和儿童进行交流，促使儿童开展创造性活动。① 我国《幼儿园工作规程》也明确规定了幼儿园每班幼儿人数，具体要求为：小班（3—4 岁）25 人，中班（4—5 岁）30 人，大班（5—6 岁）35 人，混合班 30 人。

3. 师幼比

师幼比例是研究所发现的条件质量中的又一关键构成因素。有些国家把班级规模和师幼比看作是保证幼儿园教育质量的两个重要指标，且对这两个因素是同时限定的。例如，全美幼教协会高质量幼儿教育机构评价标准在明确限定各年龄班幼儿人数的同时，要求 3 岁儿童班级工作人员与儿童比例相应为 1∶7—1∶10；4—5 岁儿童的班级工作人员与儿童比例相应为 1∶8—1∶10；6—8 岁儿童的班级工作人员与儿童比例相应为 1∶10—1∶12；并要求在一天当中的大部分活动中，都要保持符合规定的工作人员与儿童的比例和班级规模。②

相关研究发现，幼儿园中的师幼比对教师和幼儿的行为都有显著影响。我国研究者以 2 所幼儿园 18 个班的 440 名幼儿和 30 名教师为研究对象，发现随着在场师幼比的提高，幼儿的学习结果与参与度、教师对个体幼儿的关注度和评价的准确度均有所提高；在场师幼比还会制约教师在集体教学活动中专业能力的发挥。③以色列研究者们（Reli Iluz et al.）发现，在年龄为 3—4.5 岁的幼儿班级中，师幼比与积极的同伴互动相关，适宜的师幼比能更好地引发幼儿进行积极的同伴互动，同时有助于幼儿与同伴交往技能的提高。该研究进而建议，适宜的师幼比应该成为衡量托幼机构质量的重要指标之一。④ 丹麦研究者（Gørtz Mette & Andersson Elvira）发现，教师的工作压力主要来源于要照顾

---

①② 刘焱，李甦，何梦燚. 美国 NAEYC 关于高质量幼儿教育机构的评价标准（中）[J]. 学前教育，1998（3）：20-21.

③ 李相禹，刘焱. 师幼比对幼儿园集体教学质量影响的实证分析 [J]. 学前教育研究，2016（5）：3-14.

④ Reli Iluz，Esther Adi-Japha，Pnina S. Klein. Identifying Child-Staff Ratios That Promote Peer Skills in Child Care [J]. Early Education and Development，2016（7）：1077-1098.

太多的幼儿，托幼机构中不适宜的师幼比会导致教师因病缺勤情况的增多。①加拿大研究者们（Michal Perlman et al.）发现，一名教师以积极敏感的方式与幼儿交往的幼儿人数是受到限制的，适宜的师幼比将增加教师与幼儿个体的互动，以及教师对幼儿个别化的指导，进而促进幼儿更好的发展。② 美国研究者（Barnett W. et al.）发现，凡是那些对幼儿园质量制定了较严格的标准的地区，其幼儿园中的师幼比会更理想，而严格遵守了师幼比的幼儿园，其教师流失的情况要少。这些幼儿园中的教育活动更符合儿童的发展水平，教师对儿童的反应更敏感，态度也更好，而这些幼儿园在质量评价中更有可能获得好的评价分数及结果。③

4. 教师的稳定性

教师的稳定性是研究所发现的幼儿园条件质量的构成因素之一。儿童在幼儿期最重要的发展任务之一，就是形成安全的依恋关系，幼儿对幼儿园的安全感来自于教师的稳定性。美国的相关研究发现，教师的稳定性会影响到幼儿新的依恋感的形成及其对新环境安全感的获得；在教师频繁变动的托幼机构中，幼儿每天入园时会表现出更强烈的分离焦虑和更多的消极情绪，在日常活动中与同伴和环境的有效互动也将大大减少。④ 对教师形成安全依恋的幼儿，会从家庭平稳过渡到教养中心，并在一天当中将教师作为自己的安全基地。⑤ 经历过频繁的教师变动的儿童，将很难与成人建立信任关系，也更少参与与同伴及

---

① Gørtz Mette，Andersson Elvira. Child-to-Teacher Ratio and Day Care Teacher Sickeness Absenteeism [J]. Health Economics，2014 (12)：1430-1442.

② Michal Perlman，Fletcher Brooke，FalenchukOlesya，BrunsekAshley，McMullenEvelyn，Shah Prakesh S. Child-Staff Ratios in Early Childhood Education and Care Settings and Child Outcomes：A Systematic Review and Meta-Analysis [J]. PLoS ONE，2017 (1)：1-24.

③ Barnett W.，Steven F. Ellen C.. Early Childhood Programs in the Public Schools：Insights from a State Survey [J]. Journal of Early Intervention，1993 (4)：396-413.

④ Phillips Deborah A.，Howes Carollee，Whitebook Marcy. The Social Policy Context of Child Care：Effects on Quality [J]. American Journal of Community Psychology，1992 (1)：25-51.

⑤ Fiene Richard. Searching for a Solution to the Child Care Trilemma [J]. Child Care Information Exchange，1997 (5)：57-60.

环境的有效互动。[①] 美国研究者豪威斯等人（Carolle Howes et al.）对一年级儿童的学校适应性研究发现，儿童先前所经历的幼儿园教师的稳定性影响儿童在小学的社会交往能力及学业成就。[②] 全美幼教协会高质量幼儿教育机构评价标准在“人员配置”部分明确提出，在安排机构及机构人员时，应尽可能不让儿童转换班级，努力保持教师和儿童之间关系的连续性。为提高托幼机构工作人员的稳定性，美国部分州实施了员工激励项目（The Workforce Incentive Project，简称 WIN），对参与该项目的托幼机构工作人员进行成就考核，通过考核的工作人员可以获得双年度的现金奖励，该项目有效地降低了托幼机构工作人员的流动率。[③]

5. 幼儿园管理

幼儿园负责人对幼儿园人、财、物、事、时、空等因素所进行的计划、组织、检查、总结和调整工作，对于保证幼儿园高效率地达成“提供优质教育”的目标起着重要的作用。实践经验也告诉我们，幼儿园管理会直接影响教师的教育观念、教师组织活动的方式及教师与儿童的互动，进而对儿童各方面的发展产生影响。因此，幼儿园管理是条件质量中的重要构成要素之一。幼儿园管理部分的指标在各国幼儿园教育质量评价体系中均占有一定的地位。例如，全美幼教协会高质量幼儿教育机构评价标准就有“管理”的板块，要求幼儿教育机构能有效地形成并贯彻财政和机构管理的政策、程序和体系，以保障稳定和良好的教职员工质量，并使机构中的儿童、儿童家庭及员工都有高质量的幸福体验。[④] 我国《湖北省幼儿园办园水平综合评估标准（试行）》指标体系的第二大板块即为“办园理念和园务管理”，具体包括办园宗旨、管理体制、计划制

---

① Strolin-Goltzman J，Kollar S.，Trinkle J. Listening to The Voices of Children in Foster Care：Youths Speak Out about Child Welfare Workforce Turnover and Selection [J]. Social Work，2010 (1)：47-53.

② Howes Carolle，Burchinal Margaret，Pianta Robert. Ready to Learn? Children's Pre-academic Achievement in pre-Kindergarten Programs [J]. Early Childhood Research Quarterly，2008 (1)：27-50.

③ Rothrauff Tanja C.，Thornburg Kathy R.，Mauzy Denise. Cash Incentives and Turnover in Center-based Child Care Staff [J]. Early Childhood Research Quarterly，2007 (3)：363-378.

④ 周欣. 美国学前教育机构质量标准与认定体系的重建 [J]. 早期教育，2005 (12)：4-7.

度、部门管理等内容。其中，在“计划制度”中明确提出“各个部门、各项工作、各个岗位均有规范的制度，全园管理制度已形成完整、科学的体系。执行制度严格，有检查，有记载，反馈及时，督办有力，奖惩分明”的要求。①

（二）过程质量

因评价标准制定者教育价值取向的不同，文化背景的不同，幼儿园教育工作基本制度框架的不同等，幼儿园教育过程质量的具体指标及其标准很难统一。但是，随着幼儿发展心理学知识的普及以及相关实证研究成果的增多，关于幼儿园教育过程质量的评价指标及其具体标准在不同国家和地区之间形成了一些共识。目前大家普遍认同过程质量中应该包括师幼互动、课程、环境的创设与利用、健康和安全工作、家长的参与等五个领域。

1. 师幼互动

研究发现，师幼互动会直接影响幼儿的发展，且幼儿园教育质量的条件因素（或结构因素）往往以师幼互动为中介影响幼儿的发展。因此，师幼互动是非常关键的构成因素。

美国研究者弗雷迪等人（E. Frede et al.）发现，师幼互动质量高的班级，儿童发展水平和入小学后的学业成就高于师幼互动水平低的班级。该研究还发现，师幼互动得分高的班级教师有许多共性：他们都注意观察幼儿的活动，并善于发现和利用一切可进行教育的机会；他们会对幼儿的活动提出具体的建议，并为幼儿示范有效的交流技能；他们向幼儿提出引发并促进思考的问题，鼓励幼儿积极寻找方法面对自己的情绪问题及解决分歧与冲突。② 国际教育成就评价协会（International Association for the Evaluation of Educational Achievement，简称 IEA）学前项目中国第二阶段的研究结果表明，教师的适宜性行为，如教师倾听幼儿的频率、教师与幼儿情绪情感的交流、教师参与幼儿活动

---

① 湖北省教育厅，湖北省政府教育督导室．湖北省幼儿园办园水平综合评估标准（试行）．2009.

② E. Frede，A. M. B. Austin，S. L. K. Lindauer. The Relationship of Specific Developmentally Appropriate Teaching Practices in Preschool to Children's Skills in First Grade [J]. Advances in Early Education & Child Care，1993 (5)：95-111.

的频率等，均与幼儿发展呈正相关。[①] 对美国11个州671个幼儿班级2439名儿童的研究表明，儿童和教师之间高质量的教学互动与儿童所有的认知或语言的技能正相关，儿童和教师之间高质量的情感互动与儿童某些高水平的社会能力以及低水平的问题行为正相关。[②] 研究也表明，与教师关系密切的幼儿掌握的字母更多，数学分数更高，语言和读写能力更强。[③] 师幼间亲密关系的影响可以持续到幼儿园之后，这预示着学校阶段中儿童的焦虑、沮丧、社交退缩（不合群）等一连串问题不会很严重。同样，有问题的师幼互动与以后儿童发展的不良结果有着联系。幼儿园师幼间的强烈冲突与学校阶段中儿童较低水平的社会性技能（如缺乏责任、合作、自控等）有关。[④]

各国幼儿园教育质量标准体系中对师幼互动的具体评定标准并不一样，但通常包括教师对幼儿的态度（大多是尊重、爱与友善、平等对待及无歧视），教师对幼儿的照顾（大多是关心、及时回应幼儿的需求），教师对良好社会行为的示范和促进（如倾听幼儿的意见、鼓励幼儿表达和交流、鼓励分享与独立等），教师正面引导等。对师幼互动的评价，一般在幼儿班级活动中通过实地观察来进行。

2. 课程

在各国现有的幼儿园教育质量标准体系中，对“课程”通常的理解是：围绕教育目标进行的有计划的活动。[⑤] 这种活动不仅仅局限于通过正式集体教学的形式进行，而是包括了幼儿在园一日生活时间、空间和组织形式上的有意识、

① 项宗萍. 从“六省市幼教机构教育评价研究”看我国幼教机构教育过程的问题与教育过程的评价取向 [J]. 学前教育研究，1995 (2)：31-35.

② Andrew J. Mashburn, Robert C. Pianta, Bridget K. Hamre. Measures of Classroom Quality in Prekindergarten and Children's Development of Academic, Language, and Social Skills [J]. Child Development, 2008 (3)：732-749.

③ Howes Carolle, Burchinal Margaret, Pianta Robert. Ready to Learn? Children's Pre-academic Achievement in pre-Kindergarten Programs [J]. Early Childhood Research Quarterly, 2008 (1)：27-50.

④ R. C. Pianta, M. W. Stuhlman. Teacher-Child Relationships and Children's Success in the First Years of School [J]. School Psychology Review, 2004 (3)：444-458.

⑤ 胡惠闵，郭良菁. 幼儿园教育评价 [M]. 上海：华东师范大学出版社，2009：213.

有计划的安排。

不同的课程对儿童的发展会有不同的影响。美国的相关研究表明，运用了儿童发展适宜性课程（Developmentally Appropriate Program，简称 DAP）的托幼机构，其儿童在学业技能和创造性方面的得分比运用其他课程的机构里的儿童更高，且焦虑程度要低。① 我国《广东省幼儿园督导评估方案》中相当多的质量指标都是与课程相关的，如要求幼儿园“根据国家和省有关幼儿教育的要求，结合本园实际和幼儿发展水平、经验和需要，制定保教结合、有利于幼儿身心和谐发展的课程目标体系，并制定切合实际的课程实施方案”；“坚持保教结合，科学、合理地安排和组织一日生活，时间安排具有相对的稳定性与灵活性，动静结合，室内外结合”；“教师直接指导的活动和间接指导的活动相结合，保证幼儿每天有适当的自主选择和自由活动时间”；等等。②

近年来，各国在幼儿园课程评价标准上有相当的共性，有如下表现。

• 关注幼儿园课程指导思想是否科学、课程目标是否全面、课程结构是否合理，如要确保各种类型活动（静态游戏和动态游戏活动等）的平衡，每天要有户外活动，一日当中应有个别、小组和集体等不同的活动形式。

• 关注课程内容（或经验领域）是否广泛、均衡，如要求包含各个领域的活动内容，要有小肌肉和大肌肉活动、积木活动、角色游戏、美工活动、音乐活动、科学活动、数学活动及计算机的运用等。

• 关注课程的组织和实施是否灵活多样，如教师的课程计划不仅要根据幼儿的发展水平和情况来制定，还要能根据幼儿的兴趣和需要做出灵活的调整等。

3. 环境的创设与利用

环境对幼儿及教师的行为、师幼互动的质量以及幼儿的发展都有影响。实践经验表明，幼儿是在与环境及材料互动的过程中学习并获得发展的，因此，

---

① Hyson Marion C. The Classroom Practices Inventory：An Observation Instrument Based on NAEYC's Guidelines for Developmentally Appropriate Practices for 4- and 5-year-old Children [J]. Early Childhood Research Quarterly，1990 (4)：475-494.

② 广东省人民政府教育督导室. 广东省幼儿园督导评估方案. 2008.

教师对环境的创设与利用是过程质量中非常重要的构成要素之一。

目前，各国在评价幼儿园教育过程质量的标准体系中，都列有教师对环境的创设与利用方面的指标及内容。例如，托幼机构环境评价量表（修订版）（ECERS-R）第一分量表即为“空间和设备”，从室内空间，日常保育、游戏和学习的家具，使幼儿放松、舒适的家具，游戏活动的空间安排，私人空间，与幼儿有关的环境布置，大肌肉活动场地以及大肌肉活动设施等8个方面，对班级环境的创设与利用提出了非常具体的评定标准。这些评定标准不是罗列幼儿园该有多大的空间和场地，各幼儿班级应该具备什么样的设备和材料，而是更为注重考查各种物质设备和场地的实际使用情况，更强调教师基于幼儿需要，对室内外物质环境的安排与利用。该量表提出“日常保育、游戏和学习所需的基本家具应充足；家具应牢固、结实且维修良好；家具尺寸应符合幼儿身材，便于幼儿使用”；“要为幼儿留出不受他人干扰的私人空间；幼儿可以使用私人空间；在私人空间为幼儿提供远离集体的活动”等。尽管各国在“环境的创设与利用”方面的具体评定标准并不一样，但通常都认可如下几条基本原则，即：环境应该是安全、卫生和舒适的，对幼儿、教师和家长都有吸引力；室内外环境都要提供适合幼儿年龄的家具、用具及有利于开展多种活动的区域、设备和材料；环境不仅要满足幼儿集体活动的需要，还要能满足个别幼儿单独活动的需要；等等。

4. 健康和安全工作

保障幼儿的健康和安全，是幼儿园工作的重要内容。在所有国家和地区的幼儿园教育质量标准体系中，无一例外地都包含健康和安全工作方面的指标及内容。健康和安全工作主要指通过恰当的照顾和工作规范，确保幼儿的健康和安全。我国《广东省幼儿园督导评估方案》中相当多的质量指标都是与健康和安全工作相关的，如：要求幼儿园“做好饮食卫生管理，工作流程规范，严格把好食物购买、贮存、加工关”；“认真执行卫生消毒及隔离制度，定期清洗和消毒幼儿生活用品和玩教具，搞好幼儿园环境卫生和个人卫生，发现传染病要做好检疫、隔离、消毒和上报等工作”；“严格执行入园、上岗前健康检查制度和定期体检制度，教职工及幼儿每年的健康检查受检率100%，全体教职工有健康证”；等等。

目前，各国普遍关注并认可的健康和安全工作方面的标准主要包括如下方面：

- 保证幼儿园工作人员生理、心理健康及个人品质；
- 关注环境和设备的卫生、安全因素，特别是厨房、幼儿园活动室、卫生间、睡眠室及相关用具等的卫生和消毒；
- 食品的质量和卫生要求，尤其是在食品购买、储存、加工过程中的卫生管理；
- 幼儿疾病预防工作，传染病的检疫、隔离、消毒和上报等工作；
- 意外事件的预防和处理程序；
- 幼儿入园和离园的安全接送程序；
- 对幼儿进行健康和安全方面的教育，提高幼儿的自我保护意识和能力。

5. 家长的参与

家长的参与程度是幼儿园教育过程质量的一个重要方面。各国的幼儿园教育质量标准体系普遍都将“家长的参与”作为衡量幼儿园教育质量的指标。例如，全美幼教协会高质量幼儿教育机构评价标准就包含“教师与家长的交流”板块，要求：“托幼机构安排专门的活动，包括入园前的参观、家长会或逐步入园等，帮助儿童及家庭适应托幼机构，并支持儿童及家庭度过分离的过程”；“教师以合作的伙伴关系与家长一起工作，与家长建立并保持日常的、不间断的双向交流以形成信任和相互理解，并确保儿童的学习和发展需要得到满足”；“向家长提供关于托幼机构教育理念、活动原则和活动开展程序的书面材料”；等等。

目前，关于家长参与方面的标准主要包括如下方面：

- 运用各种途径及形式，让家长了解幼儿园的教育理念、基本制度、教育活动及其他相关信息；

- 欢迎并引导家长参与幼儿园的相关决策、课程设计、环境创设等；
- 尊重家长的权利，理解和承认家长的需求，倾听并给家长创设表达意见与建议的渠道；
- 教师与家长就幼儿成长与教育方面的情况进行双向交流；
- 教师对家庭教育提供指导和建议等。

（三）结果质量

如前所述，幼儿身心和谐发展应是结果质量的核心要素。幼儿园教育所产生的各种结果常以儿童发展为衡量指标，也有的以儿童今后的学业成绩、社会性发展、经济实力等为衡量指标。[①] 对结果质量的衡量，存在两种不同的认识。

第一种观点认为应当将儿童的发展结果作为结果质量的重要评判标准。这是因为，幼儿园的工作最终是为了促进幼儿的发展。因此，检查幼儿是否、以及在多大程度上达成了预定的发展目标，以此折射幼儿园的教育质量似乎顺理成章，就像以中小学生在统一考试中的学业成绩来评价一所学校的教学质量一样，属于“目标评价”。也有人认为，作为基础教育的基础，幼儿园教育被纳入整个教育体系之中，促进幼儿身心和谐发展是设立幼儿园的根本目的。从这一目的出发，在评价幼儿园的质量和效益等问题时，就必须考虑幼儿的发展变化（虽然幼儿的发展不只受到幼儿园教育的影响）。但是，他们同时也认识到：若以幼儿的发展水平为幼儿园教育质量的评价指标，会引发一些错误实践，导致幼儿园和教师仅仅关注结果而忽略过程，或者导致不公平地评价拥有不同生源和家庭资源的幼儿园。但是，如果删除这一指标是否同样会导致一些错误实践呢？例如，是否可能导致幼儿园和教师只关注自身做了些什么，根据做过什么来判断教育质量的高低，而忽略了所做的这些对幼儿发展到底产生了怎样的实际效果，导致幼儿园教育实践失去了幼儿这个中心呢？[②]

---

① 朱家雄. 对学前教育质量的重新思考 [J]. 教育导刊，2006（1下）：4-6.

② 潘月娟，刘焱. 托幼机构教育中的儿童发展评价 [J]. 幼儿教育（教育科学），2009（5）：13-16.

第二种观点认为用幼儿发展结果来衡量幼儿园的教育质量是不合理的。事实上，认为幼儿园的“产品”是幼儿的发展，因此其质量要由幼儿发展水平来衡量是不准确的。幼儿园的“产品”只能是具有某种特性的“教育过程”或者说“教育服务”，依靠这种服务去影响幼儿的发展，至于幼儿达到的发展水平是不可能由幼儿园单方面决定的。因此，如果要进行“目标评价”，应该详细地规定机构所输出的“教育过程”的特性，而不是规定幼儿达到的发展水平。因此，幼儿发展水平（或幼儿发展结果）不应成为幼儿园教育质量评价的标准，我国幼儿园分级分类标准应该尽早地将幼儿发展水平这一指标领域废除。①

我们体会，在构建幼儿园教育质量体系时，必须考虑幼儿的发展变化。目前要解决的问题是：如何评价幼儿的发展以及如何在幼儿园教育质量评价中解释和应用幼儿发展评价结果的问题。

综合上述理论和实证研究，我们得出幼儿园教育质量的构成图如下。

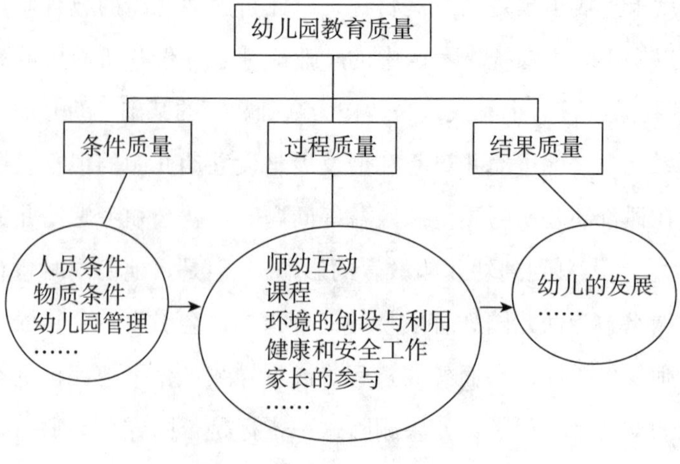

图 1-1　幼儿园教育质量构成图

从图 1-1 可以看出，幼儿园教育质量是一个包括条件质量、过程质量及结果质量在内的综合指标。教育条件包括基本的人员配备、物质基础及幼儿园管

① 郭良菁，何敏. 儿童发展水平应该作为幼儿园质量评价的标准吗？［J］. 上海教育科研，2006（10）：57-59.

理为幼儿园教育活动的正常开展提供的必要的支持和保障，进而对幼儿的发展变化产生影响。教育过程包括师幼互动、课程、环境的创设与利用等，是体现幼儿园教育质量的主体内容，它们直接对幼儿的发展变化产生影响。幼儿的发展既是结果质量的核心要素，也受到教育条件及教育过程的影响。因此，构建幼儿园教育质量体系时，既要考虑幼儿的发展变化，更要考虑各种教育条件及过程要素以及它们能否有效促进幼儿的身心和谐发展。

第三节　建立科学的幼儿园教育质量观

幼儿园教育质量观关系到人们对幼儿园教育的基本看法和评价，是引领幼儿园教育发展的战略性观念。当前，人们对幼儿园教育质量问题存在着形形色色的理解误区与实践错误。究其根源，主要在于人们对幼儿园教育质量的内涵、不同层面“质量”的关系、各工作领域的质量与幼儿发展之间的因果关系等前提性问题缺乏明确的认识。因此，对幼儿园教育质量观做全面、深入、透彻的探讨，进而建立科学的幼儿园教育质量观，对于切实加强幼儿园教育质量管理、破解我国学前教育改革发展的难题、促进幼儿园教育质量持续提高具有重要的意义。在幼儿园教育质量理论研究和实践领域，究竟什么样的教育质量观才是科学的教育质量观呢？本节试对此问题展开简要分析。

一、 科学的教育质量观是以幼儿发展为本的质量观

研究与事实均已印证，世界各国关于幼儿园教育质量的内容和具体规定，不可避免地会受到本国文化和经济发展等因素的影响，但在幼儿园教育质量内涵和幼儿园教育质量标准的主要价值观方面，却有着相当程度的共性，即都是

以幼儿发展为本。因此，科学的幼儿园教育质量观，首先必须是以幼儿发展为本的教育质量观。笔者体会，建立以幼儿发展为本的教育质量观，应着力体现以下方面。

（一）幼儿园教育要促进每个幼儿的发展

正如有研究者提出的："在教育体系建立、教育机构设立、教育内容设置、教育方法选择等各个方面，必须努力考虑每一个人的需要，努力办好每一所学校，教好每一个学生，为每一个人的成长成才创造条件，这是人类进步的必然要求和重要标志，是教育质量的基本观念"。① 幼儿园教育阶段同样如此。我国《幼儿园教育指导纲要（试行）》（以下简称《纲要》）明确规定，"幼儿园的教育是为所有在园幼儿的健康成长服务的，要为每一个儿童，包括有特殊需要的儿童提供积极的支持和帮助"。人人发展、人人成才是现代教育的基本理念，接受良好教育是每个人的基本权利。因此，高质量的幼儿园教育，要尊重幼儿在发展水平、能力、经验、学习方式等方面的个体差异；在教育内容设置、教育方法选择等各个方面，必须努力兼顾群体需要和个体差异，因人施教，使每个幼儿都能得到发展，都有成功感。

（二）幼儿园教育要促进幼儿的全面发展

《规程》明确提出："幼儿园的任务是实行保育与教育相结合的原则，对幼儿实施德、智、体、美诸方面全面发展的教育，促进其身心和谐发展。"幼儿的全面发展即幼儿德、智、体、美等各个方面都能够受到应有的教育，都得到应有的发展，也就是幼儿身心各方面的和谐发展。近些年来，由于应试教育和社会上一些不良宣传的影响，幼儿园教育"小学化"的现象日益突出，严重干扰了正常的保育教育工作，损害了幼儿的身心健康。② 高质量的幼儿园教育，就要全面了解幼儿的发展状况，防止片面性，尤其要避免只重知识和技能，忽略

---

① 袁振国. 中国教育政策评论·2010［C］. 北京：教育科学出版社，2011：3.

② 教育部. 教育部关于规范幼儿园保育教育工作 防止和纠正"小学化"现象的通知（教基二［2011］8号）. 2011-12-28.

情感、社会性和实际能力的倾向；要遵循幼儿的年龄特点和身心发展规律，科学制定保教工作计划，合理安排和组织幼儿一日生活；要坚持以游戏为基本活动，灵活运用集体、小组和个别活动等多种形式，锻炼幼儿强健的体魄，激发幼儿的探究欲望与学习兴趣，养成幼儿良好的品德与行为习惯，培养幼儿积极的交往与合作能力，促进幼儿身心全面和谐发展。

（三）幼儿园教育要促进幼儿的个性发展

由于先天素质的差异和后天环境的差别，每一个幼儿在与客体相互作用时，会表现出各自独特的认知结构、理解方式和价值取向。作为独立的主体，每一个幼儿都是不可重复、不可再造的独特价值个体。有研究者提出，“发现个性、鼓励个性、培养个性，通过教育使学生的个性、才华、特点更充分地发挥出来，是教育最大的成功。教育应该使个性不同的学生在接受教育的过程中变得更加不同，而不是让不同的学生经过教育之后变成相同的学生”。[①] 每一个幼儿有其独特的个性，他们有各自的需要、好恶、情感世界，因此，高质量的幼儿园教育应尊重幼儿的人格和权利，尊重幼儿身心发展的规律和学习特点，关注个别差异，促进每个幼儿生动活泼、富有个性地发展。

（四）幼儿园教育要促进幼儿的终身发展

在我国，幼儿园教育是基础教育的有机组成部分，是学校教育制度的基础阶段。联合国教科文组织在《教育——财富蕴藏其中》报告中明确指出，“受过幼儿教育的孩子与没有受过这一教育的孩子相比，往往更能顺利入学，过早辍学的可能性也少得多”；“学前教育的不足或缺乏这种教育，均可严重地影响终身教育的顺利进行”。[②] 因此，高质量的幼儿园教育，应该从实际出发，因地制宜地实施素质教育，为幼儿的后继学习和终身发展奠定良好的基础。

---

① 袁振国. 中国教育政策评论. 2010 [C]. 北京：教育科学出版社，2011：4.

② 联合国教科文组织总部中文科. 教育——财富蕴藏其中：国际 21 世纪教育委员会报告 [M]. 北京：教育科学出版社，1996：112.

二、 科学的教育质量观是以过程质量为核心的全面质量观

教育质量是一个综合指标，它包括条件质量、过程质量和结果质量。三个部分的质量共同形成了教育质量，而这三部分教育质量既是紧密结合的整体，又在教育的整体活动中有着各自的职能，发挥着各自的作用，不能相互替代。其中，过程质量是幼儿园教育质量最重要的组成部分。因此，建立科学的教育质量观，必须建立以过程质量为核心的全面质量观。

（一）各种条件因素往往以教育过程为中介发生作用

在幼儿园教育质量的相关研究中，条件质量往往也被称为“结构质量”或“结构性质量”。条件质量为幼儿园教育活动提供必要的支持和保障。有研究者提出，“在教育物资低于基准线的情况下，教育中的‘物’的要素，就成为教育活动能否开展的决定因素。”① 高质量的条件包括物质条件、人员条件和幼儿园管理能创造出一个高质量的幼儿园教育环境。现有研究表明，尽管条件质量中的各个因素，如教师资格、师幼比、班级规模等是影响幼儿发展的重要因素，但这些因素往往必须以教育过程为中介，通过教师的各种行为，如师幼互动、课程活动、教师对环境的创设与利用等，才能够对幼儿的发展变化产生影响。因此，我们应该注重从班级教育活动中，从教师具体的教育行为中，去考查各种条件质量的实效。

（二）教育过程是生成教育质量的主要内容

教育质量赖以产生的基础是教育过程的展开，教育过程是生成教育质量的主体内容。例如，全美幼教协会关于高质量幼儿教育机构的评价标准，就呈现出更为关注教育过程的特点，较少采用教育条件方面的硬性指标，而更多采用了具有弹性的教育过程指标。该质量标准体系将对幼儿的发展变化产生直接影响的变量，如师幼互动、课程、环境的创设与利用、家长参与等置于重要地位，

---

① 叶澜. 教育概论［M］. 北京：人民教育出版社，2001：21.

强调创造高质量幼儿教育的根本目的在于建设一个以“人”为中心的积极关系系统，即在幼儿与成人之间建立起具有激励性的、充分个性化的积极关系，这种关系是促进幼儿身心和谐发展的最好条件，也是高质量幼儿教育的基本标准。① 正如现有研究所揭示的，教师的教育行为包括教师与幼儿的互动、教师与家长的交流等直接影响幼儿发展的行为，因此，以教师行为为核心的班级教育活动是体现幼儿园教育质量的核心因素。

（三）幼儿的发展是教育过程发挥作用的结果

幼儿身心和谐发展是结果质量的核心要素，教育结果只是教育过程的自然结果，不存在超越过程的结果。幼儿园也是重要的教育机构，照料与教育幼儿、促进幼儿发展，促进他们为未来的完美生活做好各方面的准备，是设立幼儿园这一教育机构的根本目的。从这一目的出发，在评价幼儿园的质量和效益等问题时，就必须考虑幼儿的发展变化（虽然幼儿的发展不只受到幼儿园教育的影响）。因此，在构建幼儿园教育质量体系时，必须考虑幼儿的发展变化。如前所述，目前要解决的主要问题是：如何评价幼儿的发展以及如何在幼儿园教育质量评价中解释和应用幼儿发展评价结果的问题。

当然，在强调全面质量观、关注幼儿园教育质量体系完整性的过程中，不必强求面面俱到，而应根据实际情况突出重点内容。例如，在农村及欠发达地区，可更多关注条件质量与结果质量；而在沿海和经济相对发达的城市地区，当幼儿园的基本条件已经具备时，就应更多地关注过程质量，以引导幼儿园教育质量向更高的境界升华。但不管在发达地区还是欠发达地区，以教师行为为核心的班级教育活动，都应是幼儿园教育质量的核心内容，幼儿园教育质量标准应以教育过程为核心进行建构。

① 李季湄. 创造优质幼教的指南——全美幼教协会最新“幼儿教育方案标准和认定指标”[J]. 学前教育（幼教版），2006（6）：13-14.

三、科学的教育质量观是动态多元的发展性质量观

众所周知，当前社会对人才规格、类型、层次的需求日益多样化，个人的需求日益多样化，培养目标日益多样化，办学主体及培养方式也日益多样化，这就要求人们具备多元的视野、多元的质量观。因此，科学的教育质量观，也是动态发展、多元丰富的发展性质量观。

（一）幼儿园教育质量是一种发展性质量

有研究者对东西方关于卓越教育和素质教育的理论加以比较，发现“个性化、弹性化和多元化”是质量界定的共同特征。[①] 英国学者伍德海（Woodhead M.）曾说过：“我质疑任何唯一的质量观框架的全球风行，这样的框架不可避免地会造成世界早期教育质量理解的一统化和标准化。许多潜在的标准影响着质量，它们与有关目标和功能的理念相联系，这些理念又受看待儿童的视角、文化模式、个人价值取向的影响。”[②] 在幼儿教育领域，如果不考虑幼儿园教育的多样性，总是用统一的标准去评价和理解不同国家、不同地区、不同层次、不同类别的幼儿园教育质量，必然会导致幼儿园教育特色的消解，出现幼儿园教育的趋同、单一甚至平庸现象。

关于这一问题，美国学者托宾（Tobin J.）曾提出，“在学前教育中，并没有一个全球通用的质量标准。一些来自美国和欧洲的质量标准，自称全球通用并在世界范围内得到了广泛的传播。但实际上，这些质量标准发源于特定的社会环境，反映了特殊的文化信仰，并不应将其强加给其他的社会环境和文化。人类学，特别是民族志的研究，已加入到这场关于质量标准的讨论之中。从这类研究的视角出发，当代学前教育质量话语中所存在的种族中心主义和地方主

---

① 李荣安. 追求卓越教育与素质教育：一些理论的探讨与东方的观点 [J]. 比较教育研究，2000（3）：34-37.

② 朱家雄. 对学前教育质量的重新思考 [J]. 教育导刊，2006（1）：4-6.

义遭到了批判性的质疑”。[1] 显然，讨论幼儿园教育质量时，必须要考虑背景因素，依据时空环境，理解文化和其他因素的差异性。

由此我们体会，幼儿园教育质量是一个具有动态性的、多元的概念。幼儿园教育在不同发展时期、在不同地区有着不同的发展主题，因此，幼儿园教育质量是一种发展性质量，不同时期、不同地区确立的质量标准，应该与相应的幼儿园教育发展时期的主题相呼应。由此引申出发展性质量观，即幼儿园教育质量观不是固定不变的，而是动态发展的，是历史的、具体的、有现实针对性的质量观。幼儿园教育质量标准随着时代的变化而变化，不存在一个既定的、永恒的质量标准。“事实上，质量和水平是相对的，是相对于特定时间、地点以及特定的学习者和他们的环境而言的。”[2]

（二）坚持动态多元的教育质量观要避免的误区

坚持动态多元的幼儿园教育质量观，必须避免以下三个误区。

第一，借口教育质量标准的多元化，回避客观存在的质量问题。事实上，不同地区、不同类型、不同层次的幼儿园，教育质量标准是有差异性和多样性的。但另一方面，同地区、同类型、同层次幼儿园的教育质量标准，又具有其统一性或核心指标上的基准性。因此，我们既不能以某些单一的幼儿园教育质量标准（如示范园、一级一类幼儿园等高质量标准）作为幼儿园办园的基本质量（即所谓的底线标准）的标准，也不能以质量标准的多样性掩盖质量的滑坡，更不能认为底线标准可以不顾质量或降低质量。

第二，以多元化为借口，忽视基本的质量要求。有研究者提出，“如果过分强调质量标准的多样性而忽视了必要的统一性，多样性就变成了随意性，就会使教育质量失去应有的标准‘底线’，就会对保障质量的条件与行为缺乏必要的

---

① ［美］托宾. 从民族志研究视角看学前教育的质量［G］//朱家雄主编. 国际视野下的学前教育. 上海：华东师范大学出版社，2007：131.

② ［美］菲利普·库姆斯. 世界教育危机［M］. 赵宝恒等，译. 北京：人民教育出版社，2001：9.

规定与约制，就可能在利益驱动下使教育系统出现重量轻质的情况”。① 幼儿园教育应确保基本的质量要求。这种基本的质量要求，从宏观上讲，就是不同地区、不同类型、不同条件的幼儿园都要按照我国的教育方针和幼儿园教育的一般培养目标来开展教育，促进幼儿身心和谐发展。这是对我国所有地区、所有类型的幼儿园的要求，也是国家的教育方针和幼儿园教育的一般目标对整个幼儿园教育提出的宏观的基本质量要求。从微观上讲，同一地区同一类型或者同一层次不同类型的幼儿园教育，其基本的合格标准大致是相同的。

第三，用质量标准的多元性否认质量标准的相对统一性。不同地区、不同类型的幼儿园教育具有不同的质量标准，从而使质量标准呈现多元性。但同一地区或同一类型幼儿园在质量的评价上应该有一个统一的标准。就连托宾也承认：“我并不认为全美幼教协会的一些做法，包括坚持维护在学前教育机构中有较高的师幼比、推进多元文化教育，以及为教师提供解决儿童争执的技巧的培训等，有什么不对。一个全国性的组织当然有权利、甚至是义务，去贯彻一套全国统一的标准。”②

要使幼儿园教育健康、和谐、高质量地运行，幼儿园教育的各方主体必须要达成基本的价值共识。从不同层次、不同角度对幼儿园教育质量观进行梳理、分析，可以开阔我们研究幼儿园教育质量的思路，进而为我们理解和把握幼儿园教育的规律、制定合适的质量评价标准、构建幼儿园教育质量保障体系和制度提供正确的思想基础和理念。

① 董泽芳，陈文娇. 论我国高等教育质量标准的多样性与统一性［J］. 高等教育研究，2010（6）：20-24.

② ［美］托宾. 从民族志研究视角看学前教育的质量［G］//朱家雄主编. 国际视野下的学前教育. 上海：华东师范大学出版社，2007：137.

第二章
幼儿园教育质量评价概述

幼儿园教育质量评价作为近年来兴起的一个学前教育研究领域，已受到世界各国政府和学术界的重视。什么是幼儿园教育质量评价？幼儿园教育质量评价的类型有哪些？幼儿园教育质量评价的功能是什么？对这些基本理论问题的探讨，有助于对幼儿园教育质量评价的深入研究。

第一节　幼儿园教育质量评价的内涵

厘清幼儿园教育质量评价的内涵，对于认识幼儿园教育质量评价的重要性，有效地推动幼儿园教育质量评价实践工作，具有重要的意义。

一、教育评价的概念

（一）评价的内涵

目前，在我国教育评价工作中，比较流行的提法有两种，一是“评价”，二是“评估”，两者均可用英语 evaluation 表示。从汉语来看，究竟哪一种提法更科学或更合理呢？这是探讨教育评价的概念必须首先讨论的问题。

有学者提出，在教育评价的理论研究和实践活动中应使用“评价”这一概念，不宜使用“评估”。① 笔者赞同这一观点，理由如下。

第一，从词义看，两个词的内涵不同。“评价”是评定价值的简称。《辞海》对“评价”的解释是“评论货物的价格”，而今“亦泛指衡量人物或事物的价值”；《现代汉语词典》对该词作为动词的解释是“评定价值高低”；我国台湾版《中文大辞典》对该词的解释是“评定其价值也”。在英语中，“evaluate（评价）”也是从“value（价值）”这一词根变化而来，只是加上了前缀 e-，该前缀具有“出”“引出”“出自”之意。《朗曼当代英语词典》对该词的解释是：计算价值或程度。《现代汉语词典》对评估的解释是“评议估计；评价”。有研究者提出，评估是一种有系统地寻找并收集资料，对评估对象做出预测性的、估计性的判断。② 显然，评估带有“估量”“估计”和“推测”的意思，并不含有价值判断的意义。

第二，从国际交流来看，“评价”这一概念已被多国普遍接受和使用。1958 年，一些教育心理学家、社会学家和心理测量学家在联合国教科文组织德国汉堡教育研究所讨论学校和学生评价问题。他们一致认为，有效的评价不仅需要考查教育的投入，而且需要考查教育的结果（如知识、态度和参与等）；评价不仅需要形成学校系统的操作指数，而且要认识对教育结果产生重要意义和持续影响的因素；从各种不同教育系统中获取的证据可以揭示出单个教育系统所忽略的重要问题。这些共识促成了国际教育成就评价协会（IEA）的成立。国际教育成就评价协会在 1967 年成为合法实体，由 53 个国家的研究机构组成，总部设在阿姆斯特丹。我国中央教育科学研究所（现为中国教育科学研究院）于 1984 年作为团体会员参加了国际教育成就评价协会，并成立了中国国际教育成就评价协会中心。国际教育成就评价协会的主要职能之一是利用现代化的调查和科学研究技术，在国际范围内开展各类教育项目的评价研究和比较研究。自从 1958 年以来，国际教育成就评价协会已经进行了 23 个跨国教育成就研究。

---

① 刘本固. 教育评价的理论与实践［M］. 杭州：浙江教育出版社，2000：50.

② 胡惠闵，郭良菁. 幼儿园教育评价［M］. 上海：华东师范大学出版社，2009：17.

近年来，我国有数十个省、市、自治区参与了国际教育成就评价协会的科研项目。这在一定程度上说明我国同其他国家有着共同的评价语言。

第三，从我国的语言实践来看，人们习惯使用“评价”这一概念。评价是人们常见的一种社会活动。可以说，每个人都经常地评价着社会的各种现象，评价着他人，也评价着自身。《宋史·戚同文传》中记载：“市物不评价，市人知而不欺。”在现代生活中，人们常说对某某人或事的评价，而不说评估。

通过以上分析，可以得出如下结论：“评价”即评定价值，它能深刻地揭示教育评价的本质属性；而“评估”并不表示价值，很难表达出教育评价的内涵。

（二）对教育评价的理解

现代教育评价的对象领域是广泛的，但是重点应该放在哪里，一直众说纷纭。1985 年，《中共中央关于教育体制改革的决定》提出：“在整个教育体制改革的过程中，必须牢牢记住改革的根本目的是提高民族素质，多出人才、出好人才。衡量任何学校工作的根本标准不是经济收益的多少，而是培养人才的数量和质量。紧紧掌握这一条，改革就不会迷失方向。”2010 年，《国家中长期教育改革和发展规划纲要（2010－2020 年）》再次强调，“把育人为本作为教育工作的根本要求……把促进学生健康成长作为学校一切工作的出发点和落脚点”。显然，教育评价的重点对象领域应是学生质量。据此，笔者认为，教育评价是指按照一定的评价标准，对受教育者的发展变化及影响其发展变化的诸种因素所进行的考查和价值判断。这一定义包含了三个基本观点。

1. 强调教育评价的本质在于“价值判断”

所谓价值判断，是“关于一定客体对一定主体有无价值、有什么价值、有多大价值的判断”①。“价值判断与事实判断的本质区别在于，在价值判断中多了一种对于价值而言是决定其质的因素：人的需要”。② 在教育评价的定义中强调“价值判断”，能更好地揭示教育评价的内涵，能充分地表现教育评价的本体

---

① 马俊峰. 评价活动论［M］. 北京：中国人民大学出版社，1994：312.

② 刘尧. 论教育评价的科学性与科学化问题［J］. 教育研究，2001（6）：22-26.

论。如本书第一章所述，教育价值体系中的主体包括社会主体和个体主体，教育价值的基本表现方式即教育对社会主体和个体主体发展需要的一定满足。因此，衡量教育价值，要看它是否满足两个需要，即个体发展的需要和社会发展的需要。

2. 明确教育评价的内容领域

正如前面笔者所提出的，教育评价的对象是“受教育者的发展变化及影响其发展变化的诸种因素”。这里有两层意思：一是指出教育评价的重点对象是“受教育者的发展变化”。评价“受教育者的发展变化”，不仅要坚持动态的观点，看受教育者经过教育发生了哪些变化，在原有基础上有哪些提高以及提高的程度如何等；还要坚持全面发展的观点，看受教育者是否在体智德美等方面都得到了发展。二是指出与培养受教育者相关联的各种因素都是现代教育评价的对象，即所说的“影响其发展变化的诸种因素”。这里的“诸种因素”，囊括了除学生评价以外的其他评价对象领域。例如，从宏观看，有对各级政府教育管理的评价，各级教育行政部门履行职责的评价，教育管理体制及其运行机制的评价，教育投入的评价，师资队伍建设的评价，学校办学水平的评价，等等。从微观看，有学校管理的评价，教师工作的评价，教学工作的评价，课堂教学质量的评价，思想政治工作的评价，后勤管理工作的评价，如此等等。

3. 指出教育评价的准则

即评价必须“按照一定的评价标准”进行。在进行价值判断之前，有一个基本的前提，就是要确定相应的评价标准。评价标准是评价主体在评价活动中应用于评价客体的价值尺度和界限。“（价值）主体的需要和利益，（价值）客体、现实的本性和规律，这两者作为最深的基础决定着人们的评价标准。”①“评价标准之真伪，核心的和决定性的标志，是它是否符合（价值）主体的价值标准。”②在教育评价的概念中，强调“按照一定的评价标准”，是为了克服、防

①② 李德顺. 价值论［M］. 北京：中国人民大学出版社，1987：280，2.

止进行价值判断的主观随意性，加强教育评价的科学性、客观性和规范性，提高教育评价的效度和信度。

通过以上分析可以看到，教育评价是围绕受教育者的质量而展开的，受教育者的发展与变化是评价的中心论题。在这一点上取得一致的看法，有助于开展教育评价的理论研究和实践活动，有助于促进教育质量的不断提高。

二、幼儿园教育质量评价的概念分析

幼儿园教育质量评价作为教育评价的下位概念，可以依据教育评价的定义来界定。幼儿园教育质量评价，是指按照一定的评价标准，对幼儿的发展变化及影响其发展变化的诸种因素所进行的考查和价值判断。结合本书第一章对“幼儿园教育质量”的界定（幼儿园教育质量指的是幼儿园教育满足幼儿身心和谐发展需要的特性的总和），笔者认为，幼儿园教育质量评价，指的是从幼儿身心和谐发展需要的角度，对幼儿的发展变化及影响其发展变化的诸种因素所进行的考查和价值判断。这个概念明确了如下三个基本观点。

第一，明确了幼儿园教育质量评价的本质是价值判断。如前所述，价值判断是“关于一定客体对一定主体有无价值、有什么价值、有多大价值的判断”①。幼儿园教育质量评价，实质上是对幼儿园教育对幼儿发展有无价值、有什么价值、有多大价值的判断。简而言之，即对幼儿园教育是否满足幼儿身心和谐发展需要所做的价值判断。

第二，强调幼儿园教育质量评价的基本准则，即必须从幼儿身心和谐发展需要的角度进行。在幼儿园教育质量评价中，评价者可以是幼儿、家长、教师、幼儿园管理人员、教育行政人员、教育专家等。不管评价主体是谁，对幼儿园教育质量的评价必须以幼儿身心和谐发展的需要为尺度，必须对幼儿身心和谐发展的需要有一个准确的认识，并代表幼儿的利益进行评价。

---

① 马俊峰. 评价活动论［M］. 北京：中国人民大学出版社，1994：312.

第三，明确幼儿园教育质量评价中的内容领域，即“幼儿的发展变化及影响其发展变化的诸种因素”。

第二节　幼儿园教育质量评价的功能与类型

如前所述，幼儿园教育质量评价的范围涉及幼儿园教育的各个领域，影响评价的因素又涉及教育乃至社会的方方面面，这增加了幼儿园教育质量评价的复杂程度。在这种多因素的评价活动中，如何更好地发挥评价的功能，选择哪些类型的评价才能取得好的效果，都是开展幼儿园教育质量评价应该解决的问题。

一、幼儿园教育质量评价的功能

幼儿园教育质量评价的功能，指的是幼儿园教育质量评价所能发挥的功效和作用。评价功能贯穿于整个评价活动之中，并对评价活动及幼儿园教育工作产生重大的影响。在我国，各省市教育行政管理部门组织的幼儿园教育督导评估，尤其是省（市）一级幼儿园或示范性幼儿园评估，基本上都是对幼儿园教育质量进行全面、系统的评价，其标准大多代表着我国高质量幼儿园教育的内涵与评价导向。但是，在近年的学前教育理论研究和实践工作中，幼儿园教育质量评价遭到一定程度的抵触和批评，甚至是否定。不少人提出：幼儿园教育质量评价打乱了幼儿园各项常规工作，由于教育理论与教育实践脱节，园长和教师们苦不堪言，甚至以“造假”的方式应对评价，出现“忧心忡忡迎评价”的现象；部分地区、部分幼儿园对幼儿园教育质量评价工作出现较明显的抵触现象；等等。现有的幼儿园教育质量评价机制真的一无是处吗？目前出现的问题是质量评价本身固有的属性，还是其他因素造成的呢？这些都需要理性讨论。笔者认为，必须对幼儿园教育质量评价机制进行全面、辩证的分析，同时进行深入的研究，深入探讨评价应该具有的功能，这样才能把握好评价活动对教育活动有利和不利的方面，有的放矢，真正实现以教育质量评价促教育质量提升这一使命。

一般来说，幼儿园教育质量评价主要具有判断、导向、改进三大功能，可以从多方面推动和促进学前教育的发展。

（一）幼儿园教育质量评价的判断功能及其实现

价值判断是教育评价的本质特征。评价主体要根据价值主体的需要，判断价值客体是否满足价值主体的需要以及在多大程度上满足价值主体的需要。当然，价值判断必须以事实判断为基础。离开了事实判断的价值判断，就会变成空中楼阁。幼儿园教育质量评价所具有的判断功能，是指通过对所收集的信息资料的整理和分析，对幼儿园教育质量的客观情况做出证明或说明，为幼儿园以后的发展或晋级提供依据。

幼儿园教育活动是否满足幼儿发展和社会发展的需要，需要通过评价做出价值判断。在我国，为确保幼儿园培养目标的完成，政府一般会对幼儿园的办学条件、教育活动、教师资质、幼儿发展等做出评价。这种评价，一般要做出合格或不合格的判断性结论。例如，2009 年，福建省组织各地教育部门和教育督导室开展无证民办幼儿园的清理和整顿工作，取缔了 1357 所无法整改的无证民办园，同时采取各种措施分流安置被取缔园的幼儿。[①] 取缔的原因是：这些幼儿园未经过教育行政主管部门的审批、不具备国家规定的办园基本条件、存在较大的消防和卫生安全隐患、保教质量低下等。显然，这些幼儿园被判断为不合格，予以取缔，是教育行政部门经过综合评价后做出的结论。

在反对把评价仅当作总结性评价的时候，美国教育评价学家克龙巴赫

---

① 龙超凡. 福建将学前教育纳入“双高普九”和“对县督导”[N]. 中国教育报，2012-8-12（1）.

(Cronbach L.）旗帜鲜明地拒绝把评价当作一种判断的过程。西方学界否定评价的判断功能主要有两种原因：一是试图淡化评价的判断属性，以取得人们对评价的肯定态度；二是反对统一的判断标准。而这两种情况，都需要我们做出进一步的分析。对那种以放弃评价的判断功能而试图取得人们对评价的肯定态度的做法。以色列教育评价学家内伏（Nevo D.）曾指出："一个表明评价判断性的定义，也许会引起潜在评价者的许多忧虑和评价对手们的抵制"；"以这种忽略评价的主要特征来引起对评价的肯定态度，也许是不现实的。发展对评价肯定态度的另一途径，也许是在教育的各个领域中证实评价的建设性功能。"①这一分析很有道理。在实践中，确实由于被评人存在着安全的需要、自尊的需要等各种原因，对评价采取抵制的态度。只有认真地分析被评人参与评价的需要，从被评人参与评价的需要入手，激发他们的动机，调动他们的积极性，才能从根本上解决这一问题。

实现幼儿园教育质量评价的判断功能，要特别注意解决评价标准问题。从有组织、有计划地进行幼儿园教育质量评价看，评价标准主要有三种类型：第一类，根据国家教育法律法规的有关规定进行评价，依法治教，具有权威性；第二类，依据区域性地方法规和督导工作的有关规定进行评价，注意地区差异，具有灵活性；第三类，依据幼儿园自行制定的标准进行评价，注意幼儿园类型和层次，从实际出发，具有针对性。笔者认为，我国地域广阔，各地自然状况、社会文化经济发展水平差异显著，确有必要根据各地具体情况因地制宜地制定地区性的幼儿园教育质量评价标准。例如，2015 年，北京市朝阳区人民政府教育督导室依据《朝阳区幼儿园全面实施素质教育评价指标体系》，对区内 15 所公办幼儿园全面实施素质教育综合督导工作；广州市天河区学前教育指导中心在 2016 年制定了《天河区幼儿园保教质量分级量化考核方案》，并对区内幼儿园进行了考核，这些举措对提高区内幼儿园教育质量起到了积极的促进作用。

① 内伏. 教育评价概念的形成：对文献的分析评论［G］//瞿葆奎. 教育学文集・教育评价. 北京：人民教育出版社，1988：346.

但是，我们也必须充分认识到，幼儿园教育质量评价是在专业性、技术性方面要求很高的实践活动，其标准的制定和评价的实施必须有专门机构和专业人员来保障，否则就无法保证评价的科学性、有效性和可靠性。如果各区（县）级相关部门都制定幼儿园教育质量评价标准，受标准制定者本身专业素养的局限，必定会导致标准的不合理和不完善，甚至会出现导向性问题，进而影响省、市级教育部门对区（县）幼儿园的管理和指导，影响不同级别教育部门进行幼儿园教育督导评估时的一致性。从国外相关的经验来看，幼儿园教育质量评价标准也日益呈现出统一化的趋势。因此，目前至少实现省或市域范围内幼儿园教育质量评价标准的统一是比较适宜的，这样不仅便于对幼儿园教育质量进行分级管理，而且利于横向比较，也是符合国内外幼儿园教育质量评价体系建构趋势的。

（二）幼儿园教育质量评价的导向功能及其实现

由于教育价值取向呈多元化态势，所以，幼儿园教育质量评价的导向功能就特别重要。所谓教育价值取向，是指人们依据一定的价值观，对教育价值做出选择时所持有的倾向性。在对待教育价值问题上，具有不同价值观的人会做出不同的选择，因此必须用国家和社会的主导价值观进行导向。幼儿园教育质量评价是评价者依据一定的评价标准进行价值判断的活动，评价结果对幼儿园及相关人员有很强的“明示”作用：评价肯定的，正是幼儿园及相关人员应该且必然会积极追求的；评价所否定的，正是幼儿园及相关人员应该且必然会避免或舍弃的。这种“明示”，会直接影响幼儿园及相关人员的行为取向与方式，并促使幼儿园及相关人员朝着评价者所预期的方向发展。在实践中，评价起着指挥棒的作用，评什么就抓什么，不评就不抓或少抓，这是评价中的常见现象。这就是幼儿园教育质量评价的导向功能。

例如，2003 年，国务院办公厅在转发教育部等部门（单位）《关于幼儿教育改革与发展的指导意见》（国办发［2003］13 号）时明确指出，要“加强示范性幼儿园建设，地方各级人民政府要合理布局，有计划地推动示范性幼儿园建设。要在城乡各类社会力量举办的幼儿园中扶持一批办学方向端正、管理严格、教育质量好并具有良好社会信誉的幼儿园作为示范性幼儿园”，“省级教育部门要根据国家有关规定制定示范性幼儿园的标准，并定期对示范性幼儿园进行指导、评估和审验，确保其发挥示范作用，带动本地区幼儿教育事业的整体发展和教育质量的提高”。为此，当时的教育部基础教育司副司长朱慕菊在全国《幼儿园教育指导纲要（试行）》（以下简称《纲要》）培训班上的讲话中指出：“在评示范园的过程中，我们应根据对教育规律的认识，体现‘什么样的才是好的幼儿园’的主流声音，让全社会都知道什么样的幼儿园、什么样的教育是有利于儿童身心健康发展的”；“最重要的干预方式是有一套倡导正确改革方向的、科学评定示范园的标准。”① 这实际上就是在强调幼儿园教育质量评价的导向功能。

那么，究竟如何发挥幼儿园教育质量评价的导向功能呢？在实践中，这一功能主要通过评价标准来实现。评价标准反映国家的教育方针政策、教育目的以及对教育的理想追求，评价的过程正是促进评价对象努力实现教育方针政策、教育理想的过程。评价标准与评价结果之间有着直接的内在联系，不同的评价标准会产生不同的评价结果，而这一结果又会导引着评价对象今后的行动。2001 年，笔者曾经运用《托幼机构环境评价量表》（Early Childhood Environment Rating Scale，简称 ECERS）对北京市 22 所一级一类幼儿园进行再评价。对 22 所一级一类幼儿园再评价的结果为：总体教育质量只处于中等水平，且在 19 个项目（51%）上的评价结果只到或者还不到质量的“一般”水平。原因主要在于：使用了不同的评价工具——《北京市托幼园所分级分类验收标准》（以下简称《北京验收标准》）和《托幼机构环境评价量表》，这两份评价工具指向托幼机构教育质量的不同方面，从而导致了不同的评价结果。②

---

① 朱慕菊. 齐心协力，做好新时期幼儿教育改革工作——在全国《幼儿园教育指导纲要（试行）》培训班上的讲话［G］//教育部基础教育司.《幼儿园教育指导纲要（试行）》解读. 南京：江苏教育出版社，2002：5.

② 刘霞. 托幼机构教育质量评价研究［D］. 北京师范大学硕士学位论文，2002：45.

显然，如果幼儿园教育质量评价标准本身的结构不清晰，那么评价的导向功能就难以发挥。所以，实践工作中，一定要把握好质量评价标准的方向性，才能发挥好评价的导向功能。

（三）幼儿园教育质量评价的改进功能及其实现

改进是幼儿园教育质量评价的主要功能之一，也是进行幼儿园教育质量评价的主要目的之一。它是指在收集、整理和分析信息资料的基础上，对幼儿园教育的客观情况，特别是所存在的问题进行诊断，为其进一步的改进行动提供支持，帮助其寻找增值的途径和方法。前面谈到要发挥评价的判断功能、导向功能，其目的也是要改进幼儿园教育工作，提高幼儿园办学效益和教育质量，使幼儿园教育满足幼儿发展和社会发展的需要。正如美国著名教育家泰勒（Tyler R. W.）所说的："评价的目的不在于证明，而在于改进。"[①] 例如，我国各地教育行政部门在组织幼儿园等级评价时，评价组最后反馈给幼儿园的意见中大都包括"存在的主要问题与改进工作的建议"，这实际上就是在发挥评价判断功能的基础上，对幼儿园下一步如何改进各方面工作提供建议。由此可见，幼儿园教育质量评价既是学前教育改革的重要内容，也是学前教育改革的动力和标尺，评价的改进功能揭示了评价与改革血脉相依的密切关系。

现代教育评价的实施，一般分为预评价和再评价两步，把评价的实施过程分为这两步，是提高评价活动质量、充分发挥评价作用的重要措施。在幼儿园教育质量评价中，预评价主要指幼儿园自评，指幼儿园依据评价标准对自身教育活动所作的价值判断；再评价主要是实地评价，一般是由教育行政主管部门委派评价组依据评价标准对幼儿园所实施的评价。在幼儿园教育质量评价的实施上，各省市基本都采用了幼儿园自评与实地评价相结合的方式。高敬等人对上海市 39 所幼儿园的调查显示，幼儿园在教育质量评价实践中较依赖外评（教育行政主管部门对幼儿园的评价）；评价后的信息仍有一定的比例用于鉴定幼儿

---

① 泰勒. 怎么评价学习经验的效用？［G］//瞿葆奎. 教育学文集·教育评价. 北京：人民教育出版社，1989：263.

园发展水平的等级，说明质量评价的改进功能还体现得不够充分。[①] 但是，在实际评价活动中，幼儿园自评流于表面，且往往是为实地评价服务的。在被评价的幼儿园中流行“评价期间脱层皮，评价之后喘口气”的说法，生动地说明了幼儿园自评和实地评价在评价实施中的地位。发挥幼儿园教育质量评价的改进功能，必须做好幼儿园教育质量自我评价。在实际工作中，部分幼儿园缺乏开展教育质量自我评价的能力，在开展教育质量自我评价方面存在很多现实困难，这需要教育行政部门通过主动组织、委托人员或机构，指导幼儿园开展这项工作。这样不仅能使幼儿园增强自我诊断、自我改进和自主发展的能力，而且也有助于教育行政部门全面掌握幼儿园教育发展的轨迹，为科学和客观地判断幼儿园教育质量奠定基础。

一般情况下，某次幼儿园教育质量评价工作并非只能具有某种单一功能。例如，我们通常所说的“以评促建”，就是强调发挥评价的判断、改进功能。需要注意的是，幼儿园教育质量评价的这些功能可能是“双刃剑”。以各地的幼儿园教育质量评价工作为例，通过评价、等级定得高的幼儿园，既可能充分发挥了评价的导向功能、改进功能，也可能因最终通过了等级评价，而对所存在的问题不闻不问，评价未能发挥改进的功能。未能通过等级评价的幼儿园，可能会更积极地面对幼儿园所存在的问题，不断改进幼儿园各方面工作，评价的改进功能因而发挥得比较充分；也可能因未能通过等级评价而失去信心，或者在迎接下次等级评价的过程中，只关注被评价且容易外显出来的领域，简单地应付评价，从而使评价的导向、改进功能不能充分发挥。简言之，只有让幼儿园教育质量评价回归原位，发挥其全面功能，教育质量评价和教育质量提升之间才能形成良性互动关系，也才会真正出现教育质量评价促进教育质量提升的良好局面。

① 高敬，项燕．上海市幼儿园教育质量评价的现状与分析［J］．早期教育（教科研），2013（11）：2-5.

二、幼儿园教育质量评价的类型

幼儿园教育质量评价的基本功能确定之后，人们必然会思考采用何种评价方式进行评价。评价类型不同，评价所发挥的功能和作用也不同。一般情况下，评价组织方对选择评价类型都非常重视。国内出版的教育评价书籍对教育评价的分类提法较多，有的从评价对象上分，有的从时间上分，有的从空间上分。本书从评价功能、评价主体、价值标准等维度，对幼儿园教育质量评价进行分类。

（一）总结性评价与形成性评价

根据评价功能的不同，幼儿园教育质量评价可分为总结性评价和形成性评价。这两种评价形态在幼儿园教育质量评价实践活动中用得比较多，我们着重从评价理论和评价实践的结合点加以讨论，以利于更有效地使用。

1. 总结性评价

总结性评价又被称作事后评价，是在教育活动发生后关于教育效果的判断，它一般与分等鉴定、做出关于受教育者和教育者个体的决策、做出教育资源分配的决策相联系。① 在幼儿园教育质量评价中，总结性评价一般指向等级评定，其直接目的是做出教育效果的判断，从而区别优劣、分出等级或鉴定合格。总结性评价更多地注重评价的判断功能。

目前我国各地普遍进行的示范性幼儿园评估、幼儿园分级分类（验收）评估等都属于总结性评价。例如，2016 年，上海市人大代表王浩提出了“关于取消本市幼儿园评估分等定级并差异收费的建议”，上海市教委对此建议的回复是：为促进上海市每一所幼儿园的办园质量能不断提高，上海一直实施幼儿园分等定级制度，根据幼儿园的综合办园情况，将幼儿园分别认定为二级园、一级园和示范园。这主要是在专业质量上给予一定的认定，能让举办者清醒地认

---

① 陈玉琨．教育评价学［M］．北京：人民教育出版社，1999：12.

识到自己幼儿园的办园水平和存在的问题，从而明确幼儿园的发展方向。[①] 显然，总结性评价是外部导向的，评价的报告主要呈递给各级制定政策的管理人员，以作为他们制定政策或采取行政措施的依据。总结性评价者在一定程度上保持独立，这种独立的位置是他们能以客观的态度实施评价的基础。总结性评价是外部取向的，评价结果通常是给上级部门和社会看的，对评价结果的概括化程度要求较高，而且通常是综合性的，综合地反映幼儿园的整体情况。

当前，在进行总结性评价时存在的主要问题是过于注重评价的判断功能，忽略了评价的导向和改进功能。具体表现为评价结束，评分完毕，就意味着幼儿园一段时期的教育教学重点工作已经完成。笔者曾经对北京地区有验收工作经验的35名园长做过相关问卷调查，大多数调查对象认为当前我国托幼机构分级分类验收工作的目的是“规范园所办园行为、确定园所质量水平”[②]。这在一定程度上表明，在实际操作中，托幼机构教育质量评价工作更多偏于对托幼机构进行管理和鉴定的总结性目的，而相对忽视帮助园所提高教育质量的形成性目的。北京市在2000年《关于进一步做好托幼园所分级分类验收和年度考核工作的意见》中明确提出：“对托幼园所进行分级分类验收和年度考核，目的在于规范园所的办园行为，促进园所不断提高质量。……要通过验收，对园所的全面工作进行检查分析，帮助园所总结成绩和经验，找出差距和不足，提出改进意见，使其明确努力方向，增强质量意识，自觉改进工作。”当前我国幼儿园教育质量评价工作的目的在政策导向和实际操作中存在矛盾之处：在政策导向上，我国政府强调为了“规范园所办园行为、加强对园所的管理，帮助园所不断改进教育质量”而进行评价；在实际操作中，评价更多地是为了“对托幼机构进行管理和鉴定”。

2. 形成性评价

形成性评价由澳大利亚学者斯克里文（Scriven M.）在其1967年所著的

---

① 新民网［2016-08-08］. 上海市教委：不会取消幼儿园分级，将完善收费标准.

② 刘霞．托幼机构教育质量评价研究［D］. 北京师范大学硕士学位论文，2002：31.

《评价方法论》中首先提出。形成性评价指的是通过诊断教育方案及教育过程中存在的问题，为正在进行的教育活动提供反馈信息，以提高实践中正在进行的教育活动质量的评价。[①] 关于形成性评价的目的，美国学者布卢姆（Bloom B. S.）曾经指出："形成性观察的主要目的是决定给定的学习任务被掌握的程度、未掌握的部分"，"它的目的不是为了对学习者分等或鉴定，而是帮助学生和教师把注意力集中在为进一步提高所必需的特殊的学习上"。[②] 布卢姆的这段话虽然是针对学生学习成就的评价而言，但其基本精神同样也适用于幼儿园教育质量评价。形成性评价更多地注重评价的改进功能和导向功能。

在幼儿园教育质量评价中，形成性评价通过对社会和幼儿发展需要的评定、可行性研究、实施过程中存在的问题等方面的调查，目的在于改进幼儿园教育质量。形成性评价是内部导向的，评价的结果主要供正在实施教育活动的相关人员（如园长、教师等）参考。形成性评价的实施者与幼儿园教育活动的实施者相互依赖。幼儿园教育活动的实施者需要形成性评价的实施者提供各种帮助，以更好地改进教育活动。一般来说，形成性评价报告的概括化程度不高，而通常是分析性的，重在分析所存在的问题以及进一步的解决方案。

在幼儿园教育质量评价的实践中，幼儿园开展自评时一般使用的都是形成性评价。不少地方政府明文规定了幼儿园教育质量评价工作程序中要有"自评"这一步骤。例如，北京市在2000年《关于进一步做好托幼园所分级分类验收和年度考核工作的意见》中，明确提出《北京验收标准》是评价托幼园所质量的标准和依据，也是托幼园所进行自我评价、自我监督、自我提高的指导性文件；验收工作程序的第一步是园所自查，提出"园所自查应依据《北京验收标准》中的各项要求，结合本园实际情况，对分级、分类的各项内容进行逐项检查，总结本园工作的成绩，找出差距与不足，制定改进措施……要把自查的过程作为园所自我监督、自我提高的过程。要通过自查引导全体教职工树立质量意识

---

①② 陈玉琨．教育评价学［M]. 北京：人民教育出版社，1999：12，13.

和服务意识，使本园的各项工作再上一个新台阶”。广东省在2008年的《广东省幼儿园督导评估方案》中也明确提出：“本方案既是幼儿园等级评估（复评）申报书，也是幼儿园学年自评工作呈报书；全省各幼儿园在每学年结束时，应对照本方案进行自评，并将自评结果报当地教育督导部门备案。”

显然，从政策导向性看，当前我国幼儿园教育质量评价工作是相当重视形成性评价的。笔者曾经对北京地区有验收工作经验的35名园长做过相关问卷调查。关于自评的目的，有46%的园长选择了“改进教育质量”，此外，还有28%的园长在选择“改进教育质量”的同时，也选择了“迎接验收或复验”。不容忽视的是，有26%的园长选择的是“迎接验收或复验”，也就是说，有54%的园所在进行自评时，主要目的是为了验收而评价，评价的改进、导向功能在一定程度上被忽视。

从教育评价历史发展的角度来看，形成性评价正是针对总结性评价所存在的一系列问题而提出的，形成性评价一被提出就引起人们的极大关注且经久不衰。应该说，重视形成性评价是教育评价历史发展中的一大进步，但片面强调形成性评价重要性的观点和实践也是偏颇的，简单地批判甚至回避总结性评价更是不可取的。笔者以为，要辩证看待形成性评价与总结性评价在幼儿园教育质量评价中的地位。

形成性评价有如下优势：第一，形成性评价直接指向正在进行的教育活动，与实际教育活动紧密结合，因此，开展形成性评价有助于直接地、有效地提高教育教学质量；第二，形成性评价的实施者与教育活动的实施者紧密配合，并服务于实际的教育教学活动，因而，有利于在教育工作者中确立对评价的肯定态度，有利于调动实际教育工作者开展教育评价活动、开展教育改革的积极性；第三，形成性评价以反馈信息服务于教育决策活动，因而，有助于大大地提高教育决策的水平。

然而，由于其特殊的功能，总结性评价在幼儿园教育过程和教育管理过程中具有重要的作用，其地位也是不容否定的。第一，进行总结性评价是社会和行政管理机构对幼儿园进行监督和控制的有效手段，是提高幼儿园教育效益和效能的重要途径。我国各地教育行政部门大多要求幼儿园定期要对照各地评估方案进行自评，凡申报等级评估或复评的幼儿园，定期要接受各地教育督导部门组织的评估。例如，广东省人民政府教育督导室2008年颁布的《广东省幼儿园督导评估方案》中明确规定："全省各幼儿园在每学年结束时，应对照本方案进行自评，并将自评结果报当地教育督导部门备案。凡申报评等级或复评的幼儿园，应按广东省幼儿园等级评估的有关规定，填写本方案报当地教育行政部门审查同意后，按等级幼儿园评定权限逐级向教育督导室申报。"第二，进行总结性评价也是幼儿园自我调节、自我完善的重要措施。此外，总结性评价是外部导向的，它具有一定的"威胁性"，可能引起被评人员的焦虑。但是研究表明，适度的焦虑可以起到提高工作质量的动机作用。① 基于此，笔者认为，积极地研究与开展总结性评价同样有很大的现实意义。

（二）个体评价与社会评价

根据评价主体及主体需要的不同，幼儿园教育质量评价可以分为个体评价和社会评价。

1. 个体评价

个体评价是一种以个人为评价主体的评价，是个人从自身的需要、利益、情感出发，对主客体价值关系的判断。②幼儿园教育质量评价中的个体评价，指的是个人（如幼儿、家长、教师等）从个人的需要、利益、情感出发，对幼儿园教育所作的价值判断。个体对幼儿园及幼儿园教育的评价总是客观存在的，幼儿及家长由此来决定自己选择哪所幼儿园、哪个班级，教师由此来决定自己任职哪所幼儿园等。

需要指出的是，个体评价中的"个体"是一个广义的概念，它可以是一个人，也可以是具有共同利益诉求的一群人。

---

①② 陈玉琨．教育评价学［M］．北京：人民教育出版社，1999：21，10.

严格地说，个体评价又可以分为以下两个类型。

（1）个体的自我评价。在社会生活中，个体总是通过接收外界对其行为的反馈信息，评价自身行为的得失成败，以此来调整自己的行为。在幼儿园教育质量评价中，个体的自我评价具体表现为幼儿园相关工作人员（如园长、教师等）对自身教育工作所作的价值判断。个体的自我评价总是自觉不自觉地、经常地在进行着。例如，园长反思和评价自身的教育管理行为，教师评价自己组织开展的教育教学活动等。此时，个体评价的主体是个体自我，评价的客体是个体自身的行为与结果。

（2）个体对他人他事的评价。个体对自身以外的其他客体的评价，是个体对他人他事的评价。在幼儿园教育质量评价中，个体对他人他事的评价时时刻刻在进行。例如，教师对同事教育教学活动的评价，对其他班级环境的评价，幼儿及家长对教师、对幼儿园的评价等，都属于这一类评价。

2. 社会评价

与个体评价不同，社会评价“是指从一定社会的角度来考查和评定现象的社会价值，判明现象对社会的作用之善恶、美丑、功过及其程度”①。幼儿园教育质量评价中的社会评价是从国家和地区的利益和需要出发，对幼儿园教育进行的价值判断。

从评价主体讲，幼儿园教育质量评价中的社会评价大致可以分为两类。

（1）官方性质或行政性的社会评价

官方性质或行政性的社会评价，指的是国家、省、市、县（区）等各级教育行政管理部门组织的评价。在我国，根据各地机构设置情况的不同，对幼儿园教育质量进行评价的权力归属于不同部门。如有的省、市、县（区）由教育局的基础教育处负责，有的则由教育督导室来负责，还有的教育局则把对幼儿园教育评价的权力放到教研室。我国教育部下设教育督导局，其工作职能包括

① 李德顺．价值论［M］. 北京：中国人民大学出版社，1987：312-313.

“拟定教育督导的规章制度和标准，指导全国教育督导工作；依法组织实施对各级各类教育的督导评估、检查验收、质量监测等工作”。2012 年 2 月，教育部印发了《学前教育督导评估暂行办法》，在《学前教育督导评估指标体系》中提出，地方人民政府要“严格执行幼儿园准入制度，制定各种类型幼儿园的办园标准，实行幼儿园审批登记和年检制度。对无证办园进行全面排查登记，实行分类治理，妥善解决无证办园问题”。

在我国，官方性质的评价在幼儿园教育领域中具有绝对的优势。这种评价一般由教育行政管理部门牵头组织，聘请有关的社会各界专家学者对幼儿园教育质量进行评价。如我国各地目前普遍组织开展的幼儿园督导评估就属于这一类评价。现行的幼儿园督导评估依赖政府部门的协调，具有官方行政性的一面，是我国幼儿园教育质量评价实践中最具权威性的评价活动，其过程和结果对幼儿园各方面工作产生了重大的影响。与此同时，幼教理论工作者也在不断反思，例如，有研究者指出，单纯由行政部门领导并实施的评价，一般难以达到组织和人员的专门化，而且缺乏有专门知识与技术的专家和研究人员参与，缺乏评价理论与方法技术的指导，因此在评价指标的适宜性、评价程序的严密性和评价结果的科学性与权威性方面，尚有待改善；① 验收标准的制定一般基于专家和实践工作者的意见与经验，无研究的支持与深化；② 一些地方的分级分类验收标准简单套用《幼儿园工作规程》中的教育原则作为评价幼儿园教育工作的标准，导致评价标准抽象笼统，造成在实际评价过程中的歧义现象，影响评价工作的信效度以及客观公正性；③ 等等。

我国各地以政府名义出现的基础教育评估机构占到总数的 80%以上，政府评价在基础教育领域中具有绝对的优势。④ 专业性的社会评价机构和其他非政

---

① 王坚红．学前教育评价 [M]. 人民教育出版社，2010：21-22.

② 项宗萍等．六省市托幼机构教育质量评价研究 [M]. 北京：教育科学出版社，1995：84.

③ 刘焱．试论托幼机构教育质量评价的几个问题 [J]. 学前教育研究，1998 (3)：14-17.

④ 鲍传友，杨玉春．我国基础教育评估主体的现状、问题与对策 [J]. 当代教育科学，2009 (15)：14-17.

府部门的社会成员不仅难以介入幼儿园教育质量评价活动，而且评价的范围和有效性也十分有限。这种单一的、自上而下的评价，很容易引起幼儿园及其工作人员的“迎合”和“应付”，使幼儿园教育质量评价与正常教育教学工作之间常发生不同程度的错位，导致教育质量评价目的的异化。重视单一主体的政府评价，抑制了社会参与幼儿园教育质量评价工作和幼儿园开展自评的积极性，使教育评价难以真正发挥对幼儿园教育工作的判断、导向和改进作用。

（2）民间的、非官方性质的社会评价

这是与政府评价相对应的一个概念，一般是具有一定权威性的社会组织或团体，不受国家及任何教育行政部门委托，独立地对幼儿园教育活动进行的一种评价。例如，《教育评价辞典》中提出，“社会评价是由具有一定权威的社会团体，不受任何教育主管部门委托，独立地对教育活动进行的评价，是社会用人单位对学校培养学生适应社会需要程度进行的评估”①。

这类评价的任务主要是通过对幼儿园教育活动的评价去参与和影响幼儿园教育的发展，改进幼儿园教育工作，其激励作用主要通过舆论来实现。由于没有行政干预，这类评价的气氛相对宽松，收集的信息反而可能会更为真实，结果也比较客观。一些实行教育分权制的国家，常以这类评价方式作为保证幼儿园教育质量的主要手段。例如，全美幼教协会是美国对学前教育机构质量进行评价的一个权威机构，该机构自 1984 年开始颁布并实行学前教育机构质量标准及认定体系，所有希望得到全美幼教协会质量认定的学前教育机构，都要达到其制定的学前教育机构质量标准。这一标准不带有强制执行的特征，但它为学前教育机构质量整体水平的提高确定了一个明确的目标。这类评价的结果一般会受到社会各界极其广泛的关注，政府、团体、基金会和私人等在进行资助、拨款、挑选机构时，往往将此评价结果作为重要的参考依据。

（三）相对评价、绝对评价与自身差异评价

根据评价标准，幼儿园教育质量评价可以划分为相对评价、绝对评价与自

① 陶西平．教育评价辞典［M］．北京：北京师范大学出版社，1998：95.

身差异评价三种。

1. 相对评价

相对评价是指确定被评价对象在集合总体中所处的位置的评价；或者是在被评价对象集合之中，选择一个或若干个对象作为标准，然后将各个对象与所确定的标准进行比较，判断其达到标准的程度。相对评价的评价标准是设置在团体之内的，可以区分个体在团体中的相对位置。如图 2-1 所示。

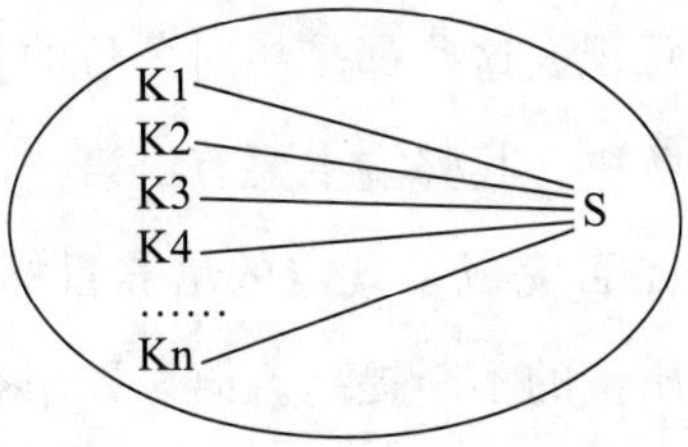

图 2-1 相对评价

在当前的幼儿园教育质量评价实践工作中，都在不同程度地使用相对评价。例如，某县在对其管辖的乡镇中心幼儿园进行评价时，将该县乡镇中心幼儿园中的一所市示范性幼儿园作为基准，把其他的乡镇中心幼儿园逐一与这所示范园比较，评价每一所乡镇中心幼儿园的教育质量，以及哪所幼儿园的教育质量最接近甚至超过了这所示范性幼儿园，而哪所幼儿园又距离这所示范园的水平最远。当缺乏完整的幼儿园教育质量评价体系时，评价者更有可能采用相对评价的策略。例如，如果对农村幼儿园教育质量缺乏深入研究而难以形成相应的评价标准及体系时，与其简单套用城市幼儿园的评价标准，不如以当地的一个大家可以接受的、公认的“好”幼儿园作为评价基准。这样，无论在评价的操作性还是评价结果的实用性上，都要更适宜一些。

一般来说，使用相对评价应注意两点：一是要坚持等质条件的比较。无论在团体之间还是个体之间进行相对评价，都应如此。否则，即使勉强地进行比较，其价值也是不大的，甚至会背离评价的方向。以幼儿园教育质量而论，省一级公办幼儿园的办学条件和一般未定级的民办幼儿园的办学条件是不能比较的，因为其条件不等质，就没有比较的价值。二是比较要力求实效。要把评价的着眼点放在研究和改进教育工作上，不要把它当作惩治某些幼儿园或园长的手段。

相对评价的基本特性是比较，没有比较也就不存在相对评价了。通过相对评价，可以使被评价者客观判断自己在团体中的优劣情况，即自己所处的地位，同时，也有助于树立竞争意识。这些都是相对评价的长处。但是，相对评价的弊端也比较突出，应注意解决。其弊端主要有：第一，由于相对评价的着眼点放在个体差异上，不注重是否完成了既定的培养目标，结果导致幼儿园争分、争名次，忽略了自身教育质量的不断提高。第二，相对评价有两头小、中间大的比例限制，很难反映出幼儿园的进步状态。本来有的幼儿园发展很快，可评为优等，但因比例的限制，只好降低其等级。此种做法，可能严重挫伤一些幼儿园的积极性。上述列举的弊端，应力求得到解决。例如，可以废止或灵活掌握相对评价中的比例限制，而以幼儿园的实际质量为准，够哪一级就评哪一级，不要人为地去拼凑等级比例。

2. 绝对评价

绝对评价的出现，是教育评价发展中的进步，它是在总结了相对评价的优劣情况的基础上提出来的。20 世纪 60 年代初期，美国学者格拉泽（R. Glaser）发表文章指出了相对评价存在的问题，并提出了开展绝对评价的主张。这一主张在当时影响很大，因此绝对评价的理论研究和实践活动发展较快。①

绝对评价是指在被评价对象集合总体之外，确定一个客观标准，将各个评价对象与所确定的客观标准进行比较，判断其是否达到客观标准或达到客观标准的程度。绝对评价的评价标准，是设在评价对象的所在团体之外的，与该团

① 刘本固．教育评价的理论与实践［M］. 杭州：浙江教育出版社，2000：122.

体无直接关系。在幼儿园教育质量评价中，绝对评价所确定的标准不受评价对象团体的约束，但必须体现国家对幼儿园教育质量的基本要求。如图 2-2 所示。

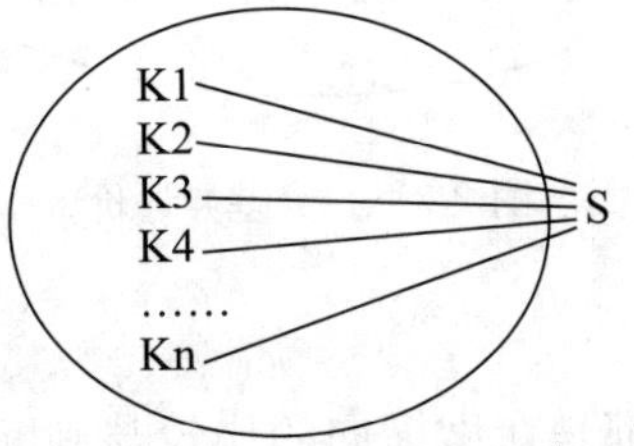

图 2-2　绝对评价

绝对评价所关心的是评价对象是否达到目标及达到的程度，它是以达到目标的形式把评价内容表现出来的。因此，在进行绝对评价时所使用的评价标准，范围要广，综合性要强，并有一定的代表性。如果评价标准制定得比较科学、客观，那么被评价的幼儿园只要与这个绝对标准相比较，就可以判断自己的实际质量有多高，即达到目标的程度。

从整体上看，我国使用绝对评价还是比较多的，如各地的幼儿园督导评估、规范化幼儿园评估等，这些评价都属于绝对评价。但实际上，开展绝对评价还有许多问题需要解决。例如，由于我国地域广阔，区域文化经济发展不平衡，教育质量差异也很大，如果什么都强调统一标准，就可能出现脱离实际的问题。又如，如果评价标准缺乏客观性和可操作性，也难以实施绝对评价，实际工作中也容易出现公说公有理、婆说婆有理的情况。

3. 自身差异评价

自身差异评价主要是指把各个评价对象的过去和现在相比较，或者把一个对象的若干侧面相互比较的评价。自身差异评价实际上是一种基于自身发展的纵向比较和判断或自身不同方面的横向比较和判断。如图 2-3 所示。

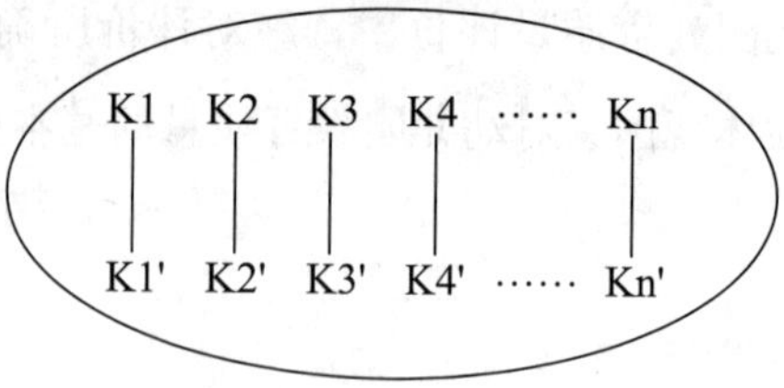

图 2-3　自身差异评价

相对评价和绝对评价都是在做横向的比较与判断，是用某一个体与其他个体相比，自身差异评价则主要是在做一种纵向比较与判断，是在拿自己和自己相比。例如，把某名幼儿学期初和学期末的体能发展测试结果相比较，评价其进步的程度；或将某所幼儿园各方面工作达到某种标准的程度相互比较，以考查其优点与不足之处。

自身差异评价比较注重幼儿园个体自身的差异，不会给评价对象带来压力。但是，使用自身差异评价时，要考虑如何克服因为没有客观的评价标准，以及不与其他评价对象相比较所带来的评价的局限性。为了弥补自身差异评价本身的弊端，如容易使被评者产生自我满足、不利于激励适宜的竞争等，在实际使用时，自身差异评价常与相对评价相结合。

第三节　幼儿园教育质量评价的客体与主体

探讨幼儿园教育质量评价，就应该对评价客体、评价主体有基本的了解，这是开展幼儿园教育质量评价无法回避的问题。如果连评价什么和由谁来评价都不明确，当然也就无法做好评价工作。

一、幼儿园教育质量评价的客体

简单地讲，评价客体就是评价对象。探讨幼儿园教育质量评价的对象领域，是解决评价范围的问题，也就是解决评价什么的问题。这不仅是开展幼儿园教育质量评价实践活动的需要，也是进行幼儿园教育质量评价理论研究的重要课题。幼儿园教育质量评价应当是整体评价，其客体是多方面的，强调的是对幼儿园各项工作所进行的“整体评价”，这也正是幼儿园教育质量评价与其他教育评价的根本区别。根据现代教育评价的特点，结合我国幼儿园教育的实际，幼儿园教育质量评价的对象领域，大体包含五个方面。

（一）对教育对象的评价

对教育对象——幼儿的评价，主要包括对幼儿体、智、德、美等方面发展的评价，其确定依据就是国家的教育方针和幼儿园的培养目标。在我国，幼儿园是对3周岁以上学龄前幼儿实施保育和教育的机构。《规程》明确提出，“幼儿园的任务是：贯彻国家的教育方针，按照保育与教育相结合的原则，遵循幼儿身心发展特点和规律，实施德、智、体、美等方面全面发展的教育，促进幼儿身心和谐发展”。这说明，幼儿园一切工作都是为幼儿身心和谐发展服务的，幼儿园教育教学活动的最终目的就在于使每一个幼儿得到成长与发展。因此，评价幼儿园教育质量，必须把对教育对象——幼儿发展的评价放在重要位置。例如，《上海市托幼园所办学等级标准（试行）》中第一个评价项目即是婴幼儿发展水平，从身体、运动、情绪、社会性发展、语言发展、自理能力等方面评价婴幼儿的发展水平，这些评价标准占20%的分值，这也在一定程度上佐证了幼儿发展评价在幼儿园教育质量评价中的地位。

幼儿发展评价内容的确立，应遵循幼儿身心发展规律，依据幼儿园教育内容，真实地展示幼儿发展水平，积极地关注幼儿发展的特点、倾向和潜能，以达成《纲要》提出的对幼儿发展状况的评估要“全面了解幼儿的发展状况，防止片面性，尤其要避免只重知识和技能，忽略情感、社会性和实际能力的倾向”

的要求。关于幼儿发展评价的内容，我国《纲要》和《3—6岁儿童学习与发展指南》（以下简称《指南》）都规定了幼儿园教育内容由健康、语言、社会、科学和艺术等多个领域构成，各领域的内容互相渗透，涵盖了幼儿发展的各个方面，从不同的角度促进幼儿情感、态度、能力、知识、技能等方面的发展。关于幼儿发展评价的方式方法，《纲要》明确提出，要“在日常活动与教育教学过程中采用自然的方法进行。平时观察所获的具有典型意义的幼儿行为表现和所积累的各种作品等，是评价的重要依据”。

近年来，随着幼儿园教育改革的逐步深入，很多教育工作者在理论上和实践中对幼儿发展评价的方式方法都进行了有益的探索。各种各样的新模式、新方法层出不穷，如表现性评价、真实性评价、档案袋评价、多元智能评价、游戏化评价等，可谓异彩纷呈。这些新模式、新方法，有的比较成熟，具有一定的可行性和推广使用价值；有的则显得繁琐且不成熟，尚不具备可行性和普适性；有的花样虽新，但缺少实质性内涵，也没有多少实用性和推广价值。因此，还需要在使用时合理筛选，去粗存精。

（二）对教育工作者的评价

在幼儿园里，对教育工作者进行评价，主要是指对教师、保育员、管理人员等的评价，其中，最重要的是对教师做出评价。幼儿园教师是履行幼儿园教育工作职责的专业人员，其整体素质与队伍发展直接影响着幼儿园教育质量的高低。如果没有一支合格的教师队伍，要把幼儿园办好是根本不可能的。

我国《幼儿园教师专业标准》指出，评价幼儿园教师的工作，可从专业理念与师德、专业知识、专业能力等方面进行。评价幼儿园教师的专业理念与师德，应重点关注教师的职业理解与认识、对幼儿的态度与行为、幼儿保育与教育的态度与行为、个人修养与行为等。评价幼儿园教师的专业知识，应关注教师是否具有幼儿发展知识、幼儿保育与教育知识、通识性知识等。从幼儿园教师的专业能力来看，评价的内容应该包括教师对环境的创设与利用、一日生活的组织与保育、游戏活动的支持与引导、教育活动的计划与实施、对幼儿的激励与评价等。

评价管理人员的重点是园长。在幼儿园，园长既是领导者又是管理者，对整个幼儿园负责。因此，对园长的评价，不是评价园长的素质如何，而是评价他们的管理工作，即通常所讲的看看园长把幼儿园管得怎么样。我国《幼儿园园长专业标准》指出园长是履行幼儿园领导与管理工作职责的专业人员，从办学理念和专业要求两个方面对园长提出了要求，因此，对园长的评价可从这两方面进行。其中，对园长办学理念的评价关注以德为先、幼儿为本、引领发展、能力为重、终身学习等方面，对园长专业要求的评价关注规划幼儿园发展、营造育人文化、领导保育教育、引领教师成长、优化内部管理、调适外部环境等方面。要注意的是，在制定关于园长的具体评价指标时，应考虑城市幼儿园与乡村幼儿园、公办幼儿园与民办幼儿园、不同等级幼儿园的不同情况，区别对待，各有侧重。

对教育工作者进行评价是为了更好地促进其专业发展并提高幼儿园教育质量。通过评价，强化教师及园长正确的教育理念与行为，控制和改进不良教育行为，使教育过程不断趋于完善与优化，从而确保高质量的幼儿园教育。

（三）对教育活动的评价

《纲要》指出："幼儿园的教育活动，是教师以多种形式有目的、有计划地引导幼儿生动、活泼、主动活动的教育过程。"《规程》指出："综合组织健康、语言、社会、科学、艺术各领域的教育内容，渗透于幼儿一日生活的各项活动中，充分发挥各种教育手段的交互作用。"关于幼儿园教育活动的类型，有各种不同的划分。有的将教育活动划分为生活活动、游戏活动和作业教学活动；[①] 有的将教育活动划分为生活活动、游戏活动、读写算活动、纪律约束和过渡活动等五类基本活动；[②] 有的将教育活动划分为生活活动、体育活动、自主游戏

① 刘焱．幼儿教育概论［M］．北京：中国劳动社会保障出版社，1999：227.

② 刘占兰．中国幼儿园教育质量评价——十一省市幼儿园教育质量调查［M］．北京：教育科学出版社，2011：115.

活动和学习活动等四种类型。[①] 不管从何种维度划分，幼儿园的任何活动，只要具有目的性与计划性，都可以看作是教育活动。

根据《纲要》的精神，对教育活动的评价宜重点考虑以下方面：教育计划和教育活动的目标是否建立在了解本班幼儿现状的基础上；教育的内容、方式、策略、环境条件是否能调动幼儿学习的积极性；教育过程是否能为幼儿提供有益的学习经验，并符合其发展需要；教育内容、要求能否兼顾群体需要和个体差异，使每个幼儿都能得到发展，都有成功感；教师的指导是否有利于幼儿主动、有效地学习。在具体实施评价时，详细的评价内容及标准还需要根据具体的评价目标、当时的具体情境等再研制。

（四）对物质环境的评价

物质环境是幼儿园开展教育活动的必备条件，是发挥幼儿园教育功能的物质基础。和物质环境相关的具体评价内容比较多，如幼儿园经费、场地、园舍、各种设备、玩教具等。有研究者提出，幼儿园物质环境的评价主要包括全园整体环境评价、室外环境评价和室内环境评价等三个部分。[②] 例如：在外围环境方面，幼儿园应建设在日照充足、交通方便、场地平整、干燥、排水通畅、环境优美、基础设施完善的地段；不应建于易发生地质灾害的地段；与易发生危险的建筑物、仓库、储罐、可燃物品和材料堆场等之间的距离应符合国家现行有关标准的规定；不应与大型公共娱乐场所、商场、批发市场等人流密集的场所相毗邻；应远离各种污染源，并应符合国家现行有关卫生、防护标准的要求；等等。[③] 此外，对幼儿园生活用房、服务管理用房、供应用房等的评价标准均可参考《托儿所、幼儿园建筑设计规范》。对幼儿园物质环境的评价，应从数量和质量两个方面去考虑，并且应把保证幼儿一日活动顺利进行的基本物质条件

---

① 广东省教育厅关于印发《广东省幼儿园一日活动指引（试行）》的通知. 粤教基〔2015〕20 号，2015-12-29.

② 王雁，司秀月. 幼儿园教育评价［M］. 北京：北京出版社，2014：208.

③ 中华人民共和国住房和城乡建设部. 托儿所、幼儿园建筑设计规范 JGJ39-2016. 中国建筑工业出版社，2016.

列入重点。对物质环境各项具体内容的评价，均应以国家颁布的相关标准为依据进行。

目前，关于是否要关注并评价幼儿园物质环境的争议比较大。尤其是办园条件较差的公办幼儿园对这个问题的态度两极分化较明显。不赞成评价物质环境的理由是：幼儿园物质条件，尤其是场地园舍条件差是客观事实，同条件好的幼儿园比是没有价值的，况且也比不过，如果勉强去比，那就可能挫伤教职工的积极性。赞成评价物质环境的理由是：通过评价幼儿园的物质条件可以找到要钱的理由，以前说条件差，上级主管领导还不一定相信，且已司空见惯，现在说条件差是经过评价得出的结论，申请经费就有根有据了，因此认为评价物质环境可以，但是得给钱，用于改善幼儿园的物质环境。

可见，针对不同的情况和想法，评价幼儿园的物质环境，应坚持从实际出发，区别不同类型幼儿园的情况，制定切实可行的评价标准和方法。

（五）对管理制度的评价

幼儿园管理制度是要求幼儿园内相关人员共同遵守的办事规程或行为准则。在幼儿园，需要执行的规章制度是比较多的，如教职工工作制度、作息制度、健康检查制度、卫生消毒制度、教研制度、奖惩制度、会议制度、档案保管制度等。这些制度具有规范性、强制性、稳定性等特点。幼儿园作为一个大集体，有了各项管理制度，就可以使教职工的工作有章可循，保证教育活动能够正常运行。

评价幼儿园的管理制度可以分为两种情况，第一，有了相关规章制度的，主要通过评价判断相关人员是否严格地执行了现有的规章制度，执行的效果怎么样。例如，可以评价幼儿园执行教研制度的情况，评价教师遵守工作岗位职责的情况等。第二，规章制度不完善的，主要通过评价判断是否因此给工作造成了损失，损失的程度多大，采取何种措施加以改进。例如：幼儿园有无消防安全制度，是否有因失职而造成安全事故的；幼儿园玩教具有无管理制度，其利用率怎么样；等等。

综上所述，幼儿园教育质量评价的对象领域可以分为三大方面：1. 对教育对象和教育工作者的评价，属于人员评价对象领域，既涵盖过程质量，又涵盖结果质量和条件质量；2. 对教育活动的评价，属于活动评价对象领域，主要涵盖过程质量；3. 对物质环境和管理制度的评价，属于条件评价对象领域，主要涵盖条件质量。把幼儿园教育质量评价的对象分为三大领域五个类别，有利于从整体上把握评价对象。幼儿园教育质量需要评价的内容很多，难以一一列出，但是做上述大体分类还是可能且可行的。至于每一个地区每一所幼儿园究竟应该评价些什么，可以从本地区各幼儿园的实际出发，确定一些重点评价项目，有目的地解决所要解决的问题，不必强求面面俱到。

二、 幼儿园教育质量评价的主体

在思考评价什么的基础上，还必须思考由谁来评价的问题，即明确幼儿园教育质量评价的主体。所谓评价主体，是指那些参与幼儿园教育质量评价活动的组织与实施，按照一定的标准对评价客体进行评价的个人或团体。无论对于哪种类型的幼儿园教育质量评价活动来说，“谁来评”都是十分重要的问题。“谁来评”是决定评价活动科学性与合理性的关键因素，直接制约着“怎么评”和“评什么”的问题。幼儿园教育质量评价从本质上讲是人的活动，不可避免地要受到评价主体价值观和知识背景的影响。建立什么样的机构或组织，选择什么样的人来进行评价，得出的评价结论可能是很不相同的。要使幼儿园教育质量评价全面、客观、科学地反映幼儿园教育的真实面貌，真正发挥评价的判断、导向和改进功能，就必须解决“谁来评”的问题。合理确立评价主体并有效发挥其作用，是幼儿园教育质量评价取得成功的根本保证。

在我国，传统幼儿园教育质量评价的主体比较单一，一般都是“教师评价幼儿、幼儿园评价教师、教育行政主管部门评价幼儿园”这样一种单一模式。在这种情况下，对幼儿园教育整体质量进行评价的主体就是教育行政主管部门。近年来，学前教育理论和实践工作者着手克服单一主体评价存在的各种弊端，以提高评价的实效和信誉。因此，本部分集中探讨两个问题：一是哪些人应该作为评价主体参与到评价过程当中；二是如何发挥不同评价主体在幼儿园教育质量评价中的作用。

（一）幼儿园教育质量评价中的多元主体分析

在幼儿园教育质量评价中，人们容易认为政府部门、幼教专家才是评价的主体。但是在质量评价的实践中，不可否认，幼儿、幼儿家长、幼儿园本身等也是评价的主体，是更直接的“利益相关者”。

1. 幼儿

幼儿是幼儿园教育的接受者。在幼儿园教育评价改革的进程中，因幼儿年龄小、认知水平低、理性判断能力较弱等原因，幼儿作为评价主体的地位很少得到认可，幼儿往往也未能实际成为教育质量评价的主体，这是一个非常值得关注的话题。①

（1）幼儿有必要参与质量评价吗？

幼儿在幼儿园教育质量评价中的特殊角色规定了其表达自身作为核心价值主体需要的独特性。我们可以合理地假设，一所幼儿园是否有显著而持久的成效，最关键的当属位于幼儿园最底部的人——幼儿，对于幼儿园的主观经验与感受。换句话说，参与其内的幼儿每天的经验及感受应该是一所幼儿园教育质量最实际且最真实的预测因素。

美国幼教专家丽莲·凯兹（Lilian Katz，以下简称凯兹）提出，可采用“由下而上”的视角，即尝试从儿童本身实际参与幼儿园活动所获得的真正经验来评价幼儿园的质量。她认为，有意义的幼儿园教育质量评价应关注“身为一个小孩，在幼儿园里感觉如何?”这一关键问题。② 也就是说，“由下而上”的评价需要评价人员去推敲幼儿园内每一个幼儿会如何回答以下问题。

---

① 刘霞. 幼儿能作为质量评价主体吗? [N]. 中国教育报，2016-9-25 (1).

② [美] 丽莲·凯兹. 与幼儿教师对话——迈向专业成长之路 [M]. 廖凤瑞，译. 南京：南京师范大学出版社，2003：122.

• 我是否常觉得我在幼儿园里是受欢迎的，而不是被孤立的？

• 我是否常觉得被大人接受、了解、保护，而不是被大人责骂或忽略？

• 我是否常被同伴接受，而不是被孤立或排斥？

• 我是否觉得大部分的活动有吸引力且具挑战性，而不只是好玩、有趣或兴奋？

• 我是否觉得幼儿园的活动大部分是有意义的，而不是没有意义的或琐碎的？

• 我是否很高兴来幼儿园，而非不愿意来或很想赶快离开？等等。①

当幼儿对上述大部分问题都给予了正向的回应时，我们可以说，该园的质量是较高的，是值得幼儿在这儿生活、学习的。但是，到底幼儿的回应要正向到什么程度才能算是“高质量”，仍有待幼教界共同决定。

凯兹同时提醒我们，上述每一个问题的答案都可能有千百种的解释。因此当幼儿的回答是负面的时，我们不该就认定是幼儿园的问题。换句话说，幼儿对于幼儿园有负面的经验与感受，并不见得一定是教师的错，也不见得是教师一个人的问题。但是，如果认为教师不用为幼儿的负面经验负责，那么其职责是什么呢？我们认为，虽然教师不需要为幼儿在幼儿园获得的所有负面经验负责，但是，在幼儿有可能获得负面经验的情况下，教师必须努力运用专业的方式方法来处理问题。

（2）幼儿应如何参与质量评价？

虽然幼儿是最重要、最直接的“利益相关者”，但他们作为评价主体在多大程度上应该参与（能够参与）何种类型的质量评价，仍是个问题。幼儿作为评价主体存在多种情况，采用个体评价和社会评价的分类，可以较好地加以区分。如前所述，个体评价是一种以个人为评价主体的评价，是个人从自身的需要、

① ［美］丽莲·凯兹. 与幼儿教师对话——迈向专业成长之路［M］. 廖凤瑞，译. 南京：南京师范大学出版社，2003：123.

利益、情感出发，对主客体价值关系的判断。[①] 幼儿作为幼儿园教育质量评价的主体，其实质应是一种个体评价。幼儿尚未成年，不负有社会评价主体的责任和义务。

研究发现，儿童使用的评价标准有三类：第一类是本能性直觉判断标准；第二类则是权威标准，指的是由儿童所依赖、尊崇的权威（如父母、教师）所给予的标准；第三类是逻辑推理标准。[②] 对于思维发展处于感知运动阶段和前运算阶段的幼儿来说，主要使用前两类标准。

尽管幼儿的评价信息带有其年龄阶段特点的一般特性和个体主观性，但对改善幼儿园教育工作却是不可缺少的。按第四代教育评价理论[③]，幼儿作为多元评价者之一的作用主要表现在采用“应答性（资料）收集法”[④] 的评价活动中。幼儿作为教育质量评价的重要参与方，他们的直接感受和想法会影响其他评价者。但是，幼儿参与质量评价应当注意方法。凯兹也曾经指出，直接问幼儿对幼儿园的主观感受，既不合乎伦理，也不切合实际；要求幼儿批评他们的老师或照顾他们的人不合伦理，况且幼儿所描述的经验很可能是不准确、不可信的。[⑤] 因此，通过“由下而上”的视角来评价幼儿园教育质量时，评价人员需要对幼儿的感受做一些推论，而这些推论最好是立足于评价人员长期、频繁

---

① 陈玉琨. 教育评价学［M］. 北京：人民教育出版社，1999：10.

② 刘五驹. 学生作为教育评价主体的意义分析［J］. 教育导刊，2012（3 上半月）：8-11.

③ 第四代教育评价理论由美国评价专家枯巴（Guba E. G.）和林肯（Lincoln Y. S.）等人提出。其基本主张是：把评价视为评价者和被评价者“协商”进行的共同心理建构过程；评价受多元主义价值观的支配：评价是一种民主协商、主体参与的过程，而非评价者对被评价者的控制过程；儿童（被评价者）也是评价的参与者、评价的主体；评价的基本方法是质性评价方法与量化评价方法相结合。目前，这些评价主张正为越来越多的人所接受，且在评价实践中得到广泛运用。

④ 美国学者斯塔克（R. E. Stake）于 1973 年提出应答评价模式，提出评价应该考虑评价者的需要、现状，采用自然的方式（观察和反应）来进行，强调把注意点集中在评价过程和评价听取人的需求上。这种模式主张评价者应该更依赖于自然的、非正式的接触、观察和交往等方式来收集资料，评价者收集人们对评价对象的担心 、怀疑、赞成或反对的一切信息，保证评价者能有针对性地对人们的问题、需求和利益做出“应答”，此即“应答性（资料）收集法”。

⑤［美］丽莲・凯兹. 与幼儿教师对话——迈向专业成长之路［M］. 廖凤瑞，译. 南京：南京师范大学出版社，2003：134.

而全面的观察以及收集到的各种资料。

(3) 幼儿参与评价应注意什么问题?

在幼儿园教育质量评价活动中，发挥幼儿的评价主体作用，应注意如下几点。

第一，幼儿一般只是多元评价主体中的一部分，并且不是最终起决定性作用的主体。我们可以借鉴陈玉琨先生关于“代理人”的观点：“从本质上说，这是一种个体评价。它从当事人的需要和愿望出发，以当事人的需要和愿望为依据，对当事人所进行和参与的教育活动符合当事人的需要的程度进行描述。……帮助当事人发现教育过程存在的问题。”①

第二，由于幼儿发展水平限制，其评价主体性的发挥具有局限性和成长性。幼儿评价的重点不在于做出价值判断，而在于让教师能够深入地了解幼儿，让教和学的节律合拍。

第三，幼儿作为主体参与幼儿园教育质量评价，其主要目的还是在于教育性和发展性。它可以使幼儿换一个角度去观察自己所熟悉的事物，开阔幼儿的视野，帮助幼儿了解和参与到成人的世界中，这是一种对未来的预演和尝试，可以在多方面增进幼儿的能力，促进幼儿的发展。

2. 家长

作为幼儿的第一监护人和主要照料者，家长成为幼儿园教育质量评价的主体是客观存在的。笔者认为，对于家长作为评价主体的地位问题，既应该看到家长视角的多元性，也应该看到家长的主观性与非专业性。从学理上看，家长在多大程度上应该且能够参与何种类型的质量评价，家长如何更有效地参与幼儿园教育质量评价，如何看待家长的评价结论，是需要深入探讨的问题。

(1) 应鼓励家长参与幼儿园教育质量评价

在现今开放的时代，家长参与幼儿园教育事务及教育质量评价，不仅是一

---

① 陈玉琨. 教育评价 [M]. 北京：人民教育出版社，1999：19.

种权利，也是一种义务。家长与幼儿长期生活在一起，相对来说，能更为深入地了解幼儿的成长经历、发展需要、兴趣特点等，因而家长是不可或缺的质量评价者。家长对幼儿园教育质量所做的评价，可以帮助当事人（教师、园方）发现教育过程中存在的问题。陈玉琨先生指出："家长对教师的评价对提高学校教育质量具有重要作用，能够促进教师改进实践行为"①。

我国《纲要》也明确提出："管理人员、教师、幼儿及其家长均是幼儿园教育评价工作的参与者。"有研究者调查了家长参与教育评价的实际状况，提出"正由于有了家长参与的、日常性和阶段性的、在生活中进行的观察和评估，及其所提供的每个孩子所具有的真实、独特的发展现状，我们才能及时了解课程的适宜性，调整和改革课程，而且也为终结性评价打下良好基础"②。

在幼儿园教育质量评价工作中，评价的组织方应当清楚家长参与质量评价可能带来的价值，应当欢迎并创造条件，引导家长参与对幼儿园教育质量的评价，并将听取家长意见作为改进幼儿园教育质量的重要途径。

（2）应明确家长参与幼儿园教育质量评价的有限权力

家长参与幼儿园教育质量评价符合国际教育分权，即教育民主的大趋势。教育分权是指"现实背景中的规划者决定教育中的哪些要素（如资金、聘任、课程开发）可以分权，以及把权力分配到哪个阶层（地方、学区还是地方、学校）"③。教育权力从国家集中到渐渐分权给社会、学校、家长等，评价主体多元化成为必然的趋势。我们所讨论的家长对幼儿园教育质量评价的参与就是教育分权的一种表现，符合教育民主发展的趋势。但是随着教育分权的发展，人们也在不断地反思，教育分权并没有带来效率的提升等结果，反而存在一些问题。因此，教育分权应当有其限度。"在高等教育分权过程中，权责对称是必须坚守的底线。坚持权责对称，需要遵循每种权力主体自身的权责对称性，使每

① 陈玉琨. 教育评价学［M］. 北京：人民教育出版社，1999：98.
② 王树红. 家长参与幼儿发展评估的实践与反思［J］. 学前教育研究，2003（7）：53-54.
③ 许杰. 教育分权：公共教育体制范式的转变［J］. 教育研究，2004（2）：10-15.

一种权力主体所拥有的权力止于其所能承担责任的边界。”① 这个论断，同样适用于幼儿园教育质量评价领域。

我国台湾地区学者张淑纯在其主编的《家长参与教育行动指南》中指出，“家长参与”一词涵盖了参与和投入两个层面，参与含有参与学校决策的权力，而投入则是指支持学校的计划及活动。广义的家长参与泛指父母对子女所有教育历程或学习活动的参与，包括学校政策的决定、亲职教育、担任学校义工、义卖捐款、亲师沟通和督导子女在家中与校外的学习活动等。在国外，美国学者斯瓦普（Swap，1993）以家庭和学校的相互关系作为参照，把家长参与分为四种模式：① 保护模式；② 丰富课程模式；③ 合作关系模式；④ 传递信息模式。② 在保护模式中，家长认为教育应由具备专业知识的教师做决定，同时也认为与教师合作解决问题并参与教育决策，是对学校教育工作的一种干预行为；丰富课程模式，指的是学校利用社区与家长资源，把家长参与行为发展成为校本或园本课程的一部分；合作关系模式，即学校和家庭共同承担教育责任，制定教育计划，做出教育决策。在传递信息模式中，家庭和学校之间仅仅是相互传递信息。美国学者盖斯特维奇（Gestwicki，1992）从参与层次的角度将家长参与分为三个层次：① 低层次的家长参与，即允许家长参与一些不会挑战到教师专业见解或是学校决策权力的活动，倾向于使家长保持距离去得知儿童在学校生活的第二手信息，如定期简讯、家长会或个别约谈；② 高层次的家长参与，即学校提供给家长自己做选择、判断的机会，如家长来校观察或做志愿者；③ 最高层次的家长参与，即学校将教师和家长双方都视为教育儿童的专业者，家长和学校都有做教育决策的权力。③

有研究者指出，“家长作为教育的评价者不可能参与幼儿园课程评价的全部

---

① 刘淑华. 权责对称：高等教育分权的底线［J］. 浙江大学学报（人文社科版），2009（3）：144-152.

② Swap S. M. Developing Home-School Partnerships［M］. New York：Teacher College Press，1993：27-59.

③ Carol Gestwicki. Home，School and Community Relations：A Guide to Working with Parents（2 ed.）［M］. New York：Delmar Publishers Inc，1992：78.

工作，不可能对幼儿教育及实施状况作全面的考核，而主要是通过对子女学习状况的了解，对教育及实施的某些内容和状况的了解，对教育做出评判”①。可见，家长参与教育有着不同的类型和情况，与之相对应，家长参与教育质量评价也有着不同的类型和情况。其实，无论对于幼儿园教育的哪一个环节，家长所能获知的都只是其中的部分信息。由于家长本身并非专业人士，且他们无法像专业的教育评价者一样全面地了解幼儿园教育的各个环节，他们对教育质量的评价基本上处于以感觉、印象等为依据的非理性评价状态，他们提出的意见可能是片面的、不合理的，所以必须为家长参与质量评价设置一个底线。

（3）要引导家长科学参与幼儿园教育质量评价

从逻辑上讲，家长要对幼儿园教育质量做出客观准确的评价，需要经过这样的评价步骤：第一步，把握核心价值主体——幼儿身心和谐发展的需要；第二步，把握价值客体——幼儿园教育的特性与功能；第三步，以幼儿身心和谐发展的需要为标准，衡量幼儿园教育的特性与功能，判断幼儿园教育是否能，以及在何种程度上满足幼儿身心和谐发展的需要。家长能否承担起幼儿园教育质量评价的责任，关键是看其能否准确把握幼儿身心和谐发展的需要，能否准确获得有关幼儿园教育的全面信息。从实际情况来看，家长明显不具备这些方面的能力和条件。而且，有研究发现，许多家长对幼儿园教育质量评价的参与意向与参与需求程度都比较低，在参与的时间、内容与形式上，都觉得只要听从幼儿园的安排就可以了，即使是类似于家长委员会这样的组织，在评价的参与过程中也经常“处于被动的地位”。②

因此，应多方共同努力，帮助家长提高评价幼儿园教育质量的能力。例如，美国《不让一个儿童落后法》不但提供了大量的资金进行教育投资，而且对家长教育孩子的权利做出明确规定：“家长依据该法有权获得子女学习状况、教师

---

① 虞永平. 幼儿园课程评价［M］. 南京：江苏教育出版社，2006：45.

② 济南市天桥区教工幼儿园课题组. 家长参与幼儿园教育现状调查报告［J］. 济南教育学院学报，2004（1）：65-69.

资格状况、子女所在学校的教育质量状况等方面的信息”。美国的相关教育法律规定，“地方教育机构应依法开展家长参与项目，并且在计划和实施家长参与项目的全过程中，均应与家长开展有意义的协商讨论，使家长对教育项目充分知晓”。但是，由于家长和幼儿园评价幼儿的标准存在差异，家长不一定具备开展教育评价的相关知识与能力。如，有研究发现家长对幼儿的评价结果与幼儿园的评价结果存在许多不一致的地方，“家长对幼儿的评价往往高于幼儿园对幼儿的评价”①。因此，必须设置科学的幼儿园教育质量评价指标体系，并对参与的家长进行必要的专业培训。在日本，许多幼儿园都专门划定一块区域作为“父母交流所”，在这里，幼儿的父母之间可以进行充分的交流，主要内容包括幼儿的成长状况与学习状况、幼儿园的师资力量与课程内容、幼儿园的管理制度与教育理念等多个方面。在家长就相关经验和意见交流之后，会在家长之间达成综合的评价。之后，家长代表以面谈或文字的形式与幼儿园的管理者和教师进行建议或备案，园方将根据这些建议或备案文件进行幼儿教育的修正和补充，将家长参与评价的机制充分发挥。② 上述做法，都可以为我们提供很好的借鉴。

此外，政府或第三方评价机构应及时向公众宣布评价结果，为家长提供质量咨询服务，引导和帮助家长树立科学的教育质量观，减少信息不对称带来的任意评价和错误评价。幼儿园还应通过家长讲座、教育沙龙、邀请家长参与课程决策和课程评价等多种形式与途径，提高对家长的开放度，帮助家长形成正确的儿童观和科学的教育观，为其有效行使教育评价权提供支持。

（4）应辩证对待家长的评价结论

在实践工作中，不少地区和幼儿园将“办家长满意的幼儿园”作为工作的出发点和归宿，将家长满意度纳入幼儿园教育质量评价的范畴。相关研究发现，一些幼儿园，尤其是自筹经费、自负盈亏的民办园，将家长满意度作为幼儿园

① 丁艳芬. 家长参与幼儿发展评价的现状与对策研究 [J]. 四川教育学院学报，2006 (8)：31-32.
② 丁静. 家长视角下的幼儿园教育质量评价研究 [D]. 四川师范大学硕士学位论文，2012：17.

教育质量评价最主要的依据。[①] 研究还发现，部分家长对幼儿园教育存在一些不合理的期望，这些期望直接影响着幼儿园的课程选择，并造成课程超载；部分幼儿园为了满足家长学得多的期望，给幼儿开设超出幼儿承受能力的课程，造成课程超载，给幼儿带来沉重的负担，不利于幼儿的发展。[②] 部分家长对幼儿园教育质量评价的目的认识不清晰，不能准确把握评价的尺度和标准；部分家长在进行评价的时候，带有很强的主观评价色彩，影响了评价的质量。[③] 类似的做法意味着这些幼儿园将家长置于众多利益相关者之上，并将家长的幼儿教育价值诉求置于绝对优势地位，过分突显了家长的评价主体地位，而忽视了其他评价主体的权利与利益，也影响了评价的质量。

那么，到底应如何对待家长的评价结论呢？笔者认为，应根据家长参与的评价类型区别对待。家长日常对幼儿园所进行的评价，实质上是一种个体评价。是家长从其需要、利益、情感出发，对幼儿园教育所做的价值判断。这也是幼儿园教育质量评价的重要组成部分，正如凯兹所提出的，理想上，对一所幼儿园的评价应该包括幼儿家长在教师处所获得的经验或体验。[④] 评价者可以通过询问家长相关问题来获得家长的相关体验，如：老师对您的态度是尊敬的，还是控制或敷衍的？老师对您采取接受、开放、包容的态度，还是拒绝、责骂、归罪或对您有偏见？老师是否尊重您对孩子所持有的目标与价值观？老师与您之间的接触是持续而频繁，还是稀少或疏离？等等。需要注意的是，可能有些家长对于某些问题有负面的回答，评价人员并不能将家长所有的负面回应全部直接、简单归咎于教职工或幼儿园。当然，从家长方面得到的负面回应可能会点出幼儿园及其教职工原本没有察觉到的一些问题，或是反映出教职工本身没

① 原晋霞. 对把家长满意度作为幼儿园教育质量评价最主要依据的质疑 [J]. 学前教育研究，2011 (12)：6-9.

② 李曼. 家长参与与幼儿园课程选择 [D]. 南京师范大学硕士学位论文，2011：37-39.

③ 丁静. 家长视角下的幼儿园教育质量评价研究 [D]. 四川师范大学硕士学位论文，2012：17.

④ [美] 丽莲·凯兹. 与幼儿教师对话——迈向专业成长之路 [M]. 廖凤瑞，译. 南京：南京师范大学出版社，2003：126.

有办法决定的一些事情，这是值得引起重视的。

在我国各地现行的幼儿园教育督导评估工作中，家长作为评价主体得出的“家长满意度”指的是家长对幼儿园教育是否满足幼儿身心和谐发展的需要及满足程度的评价。在这一评价关系中，家长是幼儿园教育质量的评价主体，幼儿园教育的特性与幼儿身心和谐发展需要之间的关系是评价客体，家长对幼儿需要的把握和理解是其衡量幼儿园教育质量的标尺。例如，广州市在依据《广东省幼儿园督导评估方案》对幼儿园进行督导评估时，通过家长座谈或家长问卷的方式，引导家长参与对幼儿园教育质量的评价。问卷的内容大致包括如下内容。

① 你认为你孩子所在班的教师能否做到：有爱心、责任心强，对幼儿细心、耐心，待人亲切、容易沟通，为人师表，受到孩子的喜爱？

② 你认为幼儿园与家长的沟通、交流的效果如何？

③ 幼儿园在正常保教时间里有没有开设收费的兴趣班？

④ 幼儿园是否给幼儿布置了书面文字作业（如写拼音、汉字、英语单词等）？您认为幼儿园重视幼儿的体育锻炼么？

⑤ 幼儿园每周都向家长公布幼儿食谱么？幼儿园每月都向家长公布幼儿膳食费收支情况么？您对幼儿园安排的幼儿膳食满意么？

⑥ 保健医生每天有没有为您的孩子晨检？您的孩子在幼儿园期间进行过视力检查么？

⑦ 幼儿园是否有体罚或变相体罚孩子的现象？

⑧ 您对幼儿园安排的课程内容满意么？幼儿园是否经常举办家长开放日、家长学校等活动？

⑨ 您认为幼儿园在促进孩子的身心和谐发展方面的整体效果（与入园前比较）如何？

⑩ 您对幼儿园教育教学、课程内容、一日生活安排、儿童健康、营养、卫生、安全等方面工作今后有什么建议？

在类似的评价中，评价组织方要采取各种办法，确保参加评价的家长确实了解受评幼儿园各方面的相关情况，并认真对待家长的评价结论，将之作为评判并改进幼儿园教育质量的有效依据。

3. 幼儿园保教人员

幼儿园保教人员是幼儿园教育活动的实施者和直接责任者。从有利于幼儿园教育质量的持续改进来看，幼儿园保教人员成为质量评价的主体是理所当然的。保教人员是幼儿园教育活动的具体实施者，他们有权对本园的教育教学工作、卫生保健工作、管理工作等进行评价，并采取一系列的改善措施，从而有效地改进幼儿园教育质量。他们可以通过评价检查各项工作的进行情况，及时发现具体操作中的不足，找到问题的关键所在，并且为解决问题采取有效的行动。

幼儿园保教人员作为一种社会职业，社会对其有着多种多样的期望与要求，这就构成了保教人员的社会角色观。与保教人员相联结的角色期待，是由“保教人员/家长”“保教人员同事之间”“保教人员/幼儿园”这样一些关系的期待所构成的。这些关系的期待使保教人员在对幼儿园做出评价时，需要考虑多个方面的期待与要求，如既要考虑幼儿园的要求，又要考虑家长的需要，同时还要关注幼儿的发展。因此，他们参与幼儿园教育质量评价时，既有理性客观的部分，又有基于自身利益及需要的片面主观的部分。

凯兹谈到从内部视角，即从在幼儿园工作的保教人员的视角来评价幼儿园教育质量时，其所考虑的方面及特征是不同的。保教人员会从自己与同事、与家长、与领导之间的关系来评价幼儿园教育质量。例如，同事之间的关系是互相支持、互相合作、互相接纳、互相信任、互相尊重的，还是互相争斗、互相竞争、互相敌视、互相猜疑、试图控制对方的？家长对教师是尊重、支持、接纳的，还是不满、猜疑、隔阂的？幼儿园目前的工作条件是否足以鼓励教师提高自己的知识、技能以及职业的责任感？幼儿园确定的工作内容与升迁计划是否妥当？教师是否常常得到尊重与了解？等等。① 有研究表明，保教人员如何

① [美] 丽莲·凯兹. 与幼儿教师对话——迈向专业成长之路 [M]. 廖凤瑞，译. 南京：南京师范大学出版社，2003：127-129.

对待幼儿与他们在幼儿园内受到何种对待有很大的关系。当照顾幼儿的保教人员被别人友好地对待时，他们就更有可能给幼儿提供良好的人际环境。因此，幼儿园教育质量评价必须重视保教人员的视角。

幼儿园活动的特点是进行集体选择或群体选择，实现教育领域的公共利益，同时追求幼儿园所代表的人群或团体自身的群体利益。在评价活动中，幼儿园一方面要承担促进幼儿身心和谐发展、面向幼儿家长提供科学育儿指导的任务，另一方面也要考虑自身的发展需要，如：如何争取更为便利的工作条件？如何吸引更多的生源？如何争取更多的政府扶持和资金支持？等等。在社会评价中，目前幼儿园开展的评价主要是作为外部评价的预评价，是为了“迎评”。此时，幼儿园评价大都是在被动的情况下发生的，接受评价是上级主管部门对幼儿园的要求，是不得已而为之的，幼儿园往往是为了应付上级评价而堆砌材料。在我国，幼儿园目前参与的等级督导评估等都直接与政府拨款、政府奖励挂钩，直接关系到幼儿园的社会声誉及经济利益。这就促使幼儿园只能“报喜”、不能“报忧”，往往出现弄虚作假、甚至腐败现象。此外，受评幼儿园为谋求自身的生存与发展，可能会盲目迎合评价指标体系，对相关评价信息掺入虚假成分，导致幼儿园教育质量评价结果的公平性、客观性、科学性缺失。

在市场经济的浪潮中，一些幼儿园园长和教师的身份非常复杂，他们不仅是教师，也是“经济人”，有为自己的生存迎合家长需求的内在动机。而家长由于不是专业的教育工作者，不了解幼儿身心健康发展的需要，在信息不对称的情况下，很容易被误导和利用。在此背景下，作为专业教育工作者的园长和教师要坚守职业良心，将对经济利益的追求建立在遵循幼儿身心和谐发展需要和幼儿教育规律的基础之上，就显得尤其必要和紧要。

4. 幼教专家群体

幼教专家作为专门从事学前教育研究的人，他们通常掌握着学前教育领域最前沿的理论，他们对幼儿园的认识相对是更为科学而全面的。目前，在国内外幼儿园教育质量评价标准的制定和质量评价实践活动中，幼教专家都是重要的主体。

幼教专家群体的构成主体是高等院校、研究机构等专业团体中的相关专业人员。这些团体基于理论研究与教育实践做出专业判断，并提出幼儿园教育质量标准，其基本诉求是获得对幼儿园教育质量标准的专业自主权和话语权，尽可能地影响学前教育资源的有效配置，促进学前教育事业的发展。幼教专家群体力量的发挥主要依靠其成员基于对幼儿园教育质量的一致理解和共同愿景所形成的文化自觉和专业自律。以此为基础，学术团体往往通过制定质量标准，提供质量认证和质量提升服务，推广和实施其心目中的质量标准。这种服务不是强制的，而是自愿的，其目的是利用自身的专业性获得号召力，通过专业咨询和指导性服务来赢得幼教机构的认可，从而获得对学前教育质量标准的话语权，进而影响资源配置。例如，全美幼教协会自 1985 年开始实施全美幼教协会机构认证评价体系，该评价系统的实际操作由两个部分组成：一是早期机构标准，即在全美幼教协会的教育理念指导下制定的一整套可以操作以获取证据的阐述，作为相对统一的高质量机构的期望性参照尺度，以衡量早期儿童教育机构的运作状况；二是早期儿童机构认证标准，亦即基于证据的有关机构认证的具体操作性阐述和工作表格。① 迄今为止，获得全美幼教协会认证已经成为美国早期教育机构最高质量标志。

幼教专家一般是在幼儿教育领域享有较高声誉的人，他们有较高的专业知识水平和社会地位，具有较强的权威性。在历史上，关于教育质量评价就曾经出现过“迷信专家”的阶段。虽然，随着社会的发展，人们素质的不断提高，对专家也不再迷信，但是，专家仍然具有相当的权威性和公信度。这就要求幼教专家在对一所幼儿园进行评价时，要站在理论的高度，对幼儿园进行系统、全面的评价，对幼儿园的发展起到引导的作用。而公众对他们的评价也有一种更高的期待，要求他们的评价更具科学性和普适性。有研究者发现，对于“好

---

① 王坚红，尹坚勤. 国际视野下的学前教育机构评估标准 [M]. 南京：南京师范大学出版社，2012：36.

幼儿园”的理解，幼教专家的认识更加全面而理性，他们的评价指标几乎涵盖了幼儿园的各个方面，他们认为幼儿园就是要为幼儿的身心发展提供良好的条件。他们的评价指标全面而抽象，是站在理论的高度，面向所有幼儿、幼儿园的具有普适性的标准，但由于他们的认识更多是一种理论上的思辨，因而有可能在某些部分和环节与具体实践脱节。①

教育专家的身份是教育科学工作者，负责任地进行科学研究，繁荣教育科学，提高教育研究的学术水平，是其应尽的职责。② 教育评价不同于教育理论研究，它本质上是一种实践活动，是要改造教育活动的。幼儿园教育质量评价需要得到幼教专家的理论指导，但除了理论指导外，质量评价还要考虑更多影响幼儿园教育质量的条件和因素，比如人力、物力、财力等。因此，幼儿园教育质量评价实际上是一种理论与实践密切结合的活动，能够指导评价实践的理论应该是国情和时代的产物，是一个时代的集体智慧的结晶，在具体评价过程中，所谓的专家个人的身份应该是淡化并隐退至无的。

5. 国家力量

在幼儿园教育质量评价体系中，立法机构以及各级各类教育行政部门代表着国家力量，国家力量代表着社会的公共利益。国家力量参与评价的目的在于使所有儿童接受保证基本质量的学前教育，且这种质量不会因儿童在社会出身、家庭经济状况上的劣势而有所减损。国家力量发挥作用的机制包括两种：第一，刚性机制，包括通过立法和制定政策对幼教机构的举办条件、准入资格和运行方式做出制度规范；第二，柔性机制，包括通过发布专业指导性文件对学前教育的质量提出原则性要求，引导幼教机构不断提升质量。更重要的是，政府直接制定质量标准、开展评价，并通过奖励、补贴等措施，激励幼教机构提升教育质量。

凯兹指出，幼儿园教育质量评价的重要视角之一为自上而下的视角，即幼儿园的教育质量可由政府的相关机构等依据一些特定的项目（如场所、设备及

① 张娜. 不同主体视野中“好幼儿园”标准的比较研究 [D]. 华中师范大学硕士学位论文，2010：43.
② 王永红，黄志鹏. 基础教育改革的利益主体及其利益分析 [J]. 当代教育科学，2006（4）：6-8.

其他特色）来加以评价。自上而下的质量评价视角，一般关注如下项目：师幼比例，教职工的资格与稳定性，成人与儿童间关系的特性，设备材料的质量与数量，每名儿童所拥有空间的质量与大小，教职工的工作环境与工作条件，卫生、保健及消防措施，等等。① 这些项目常常被列为允许幼儿园开办的条件，因为这些项目及标准是可以直接观察到并且可依法执行的，对确保幼儿园达到一定的质量非常实用。

在我国的幼儿园教育质量评价中，政府本身具有行政权力，且掌握丰富的学前教育发展资源，因此政府评价具有很高的权威性，容易得到相关各方的承认和接受。因此，政府必须切实承担起幼儿园教育质量评估与监管的责任。政府应进一步完善教育质量管理制度，建立幼儿园保教质量评估监测体系。这一评估监测体系的运转既可由政府行政机构直接掌握，也可由政府授权给独立的第三方评价机构，定期对幼儿园进行科学的质量评估。需要注意的是，政府作为幼儿园教育质量评价的主体，不仅具有综合性的特点，而且具有鲜明的社会时代性特征。因而，作为评价主体和学前教育资源的调控者，政府的评价可能会有利于幼儿园教育质量的改进和提高，在特定的历史条件下，也可能对幼儿园教育质量的改进和提高无甚裨益。

除了上述五类评价主体之外，评价信息的使用者也常常会现实地成为幼儿园教育质量评价的主体。这个群体涉及的范围极其广泛，可以是幼儿园所在社区的居民、民意代表，也可以是普通民众等。社会各界参与幼儿园教育质量评价，可以从更加广阔的视角和社会需要来检查幼儿园的教育质量，对幼儿园教育的效果进行综合性的价值判断。

（二）合理处理各评价主体之间的关系

虽然目前教育界对多元主体参与评价的呼声很高，但对于如何确定评价的主体，还没有足够的思考。《纲要》明确提出："管理人员、教师、幼儿及其家

---

①［美］丽莲·凯兹. 与幼儿教师对话——迈向专业成长之路［M］. 廖凤瑞，译. 南京：南京师范大学出版社，2003：121.

长均是幼儿园教育评价工作的参与者。评价过程是各方共同参与、相互支持与合作的过程。”这是我国幼儿园教育质量评价思想的一次显著转变，即由单一评价发展为多元评价。单一评价主体的状况正面临着挑战，评价主体的多元化已经成为教育评价活动所共同追求的一个发展方向，如何合理处理各评价主体之间的关系急需提上日程。

1. 重视多元主体的参与

与单一评价主体相比，评价主体的多元化有助于获得更广泛、更真实的信息，有助于克服偏见，多角度、全方位地评价幼儿园教育质量。同时还能增强评价各方的责任感和自信心，共同促进幼儿教育的发展。凯兹指出，幼儿园教育质量评价可能有五个视角，即自上而下的视角（评价主体为机构的举办人或政府的立案机构），自下而上的视角（评价主体为幼儿），外部/内部的视角（评价主体为幼儿园所服务的家长），内部的视角（评价主体为幼儿园内的工作人员）以及外部的视角（评价主体为幼儿园所处的社区及社会大众）。从五个视角评价幼儿园教育质量时，相应的评价主体所关注的内容是不同的。[①] 由于利益出发点不同，各评价主体的关注点可能存在很大的差异，因此，单从某一视角审视，不可能对幼儿园教育质量做出全面客观的评价。例如：某所幼儿园在设备设施、教师资历、师幼比等方面的水准相当高，但相当部分的家长却感到不受尊重甚至感到受到教师的摆布；另一所幼儿园可能空间不足或设备设施陈旧，但大部分在园的幼儿却相当满意；一所幼儿园可能使家长相当满意，但幼儿却不喜欢；等等。由此可见，幼儿园教育质量评价必须参照所有与幼儿园教育质量有利害关系的人的经验，从多重视角进行全面检视。

在幼儿园质量评价主体的重要程度上，仍然应该将幼教学术研究机构和幼儿园管理机构的评价作为主要评价。因为幼教学术研究机构的评价标准代表着最新的幼儿教育理念，而幼儿园管理机构的评价意见是基于具体的幼儿教育实

---

① ［美］丽莲·凯兹. 与幼儿教师对话——迈向专业成长之路［M］. 廖凤瑞，译. 南京：南京师范大学出版社，2003：120-130.

践，这种由最新的幼教理念与最真的幼教实践相结合所形成的评价主体必然应当占据着幼儿园教育质量评价体系的主要地位，也是最重要的。其他评价主体，包括来自于幼儿园内部的评价，如园长、教师、幼儿的自我评价，来自于幼儿园外部的评价，如家长与社会团体的评价，在整个幼儿园教育质量评价体系中起到了辅助和完善的作用，是对上述评价标准和评价结果的有益补充。

2. 强调多元主体的互动

评价主体的互动，是指各方评价主体在评价过程中共同协商、互相影响。在强调评价主体多元化的同时，许多国家的幼儿教育评价改革也关注评价主体的互动。一方面，强调评价过程中评价主体与幼儿园的双向选择、沟通和协商，关注受评幼儿园如何能最大程度地接受评价结果，而不再像以前那样主要关心评价结果本身的正确性；另一方面，使评价成为教师、管理者、幼儿和家长共同积极参与的交互活动，如教师和幼儿、教师和家长、教师和管理者就幼儿园各质量要素进行讨论。在这种评价观念的影响下，各方评价者和被评价者在评价过程中是一种“交互主体”的关系，不断进行着信息的直接和间接交流。在交流中，各方主体对评价内容和结果不断进行讨论、调整，评价过程成为一种民主参与、协商和交往的过程。

评价中多元主体的互动应当坚持“价值多元”的理念，主张让参与评价的所有人都有机会表达自己，在其交互过程中共同建构统一的观点。评价不再是评价者单一主体的判断与独裁，而是与所有参与评价者的相互协商、共同建构的过程。① 在很多国家，幼儿园教师、幼儿家长、社区人士等均可参与幼儿园教育质量评价体系或指标的建立，并可就外部评价者做出的评价结果发表不同的意见、进行申诉等。这样，传统的被评价者成为了评价主体中的一员，评价活动变成了幼儿园主动参与、自我反思、自我教育、自我发展的过程。同时，在相互沟通与协商中，增进了各评价主体之间的了解和理解，易于形成积极、

---

① 王汉澜. 教育评价学［M］. 开封：河南大学出版社，1995：11.

友好、平等和民主的评价关系。

评价主体的广泛参与、交互影响，实质上是在尊重了每一所受评幼儿园的主体性的前提下寻求共识的达成，这反映着一种深刻的民主意识，极富有时代精神。目前，评价主体多元、互动的观念正在被世界幼教工作者所接受，且在评价实践中得到越来越广泛的运用。

第三章
幼儿园教育质量评价标准研究

幼儿园教育质量评价标准是学前教育由理论到实践、从观念向行为转化的一座桥梁，它不仅反映出一个国家占主导地位的学前教育价值观的理论倾向和学前教育的科学研究水平，而且对学前教育事业的实践推动与未来发展具有较强的导向作用。建构科学合理的教育质量评价标准，是幼儿园教育质量评价工作取得成功的核心和关键。当前关于幼儿园教育质量评价标准的研究，一方面体现为研究者评析当前我国幼儿园教育质量评价标准、建构科学合理的幼儿园教育质量评价标准的研究；另一方面体现为研究者对国外幼儿园教育质量评价标准的介绍、比较和分析。

第一节　我国幼儿园教育质量评价标准研究

在我国，学前教育事业采取统一领导、地方负责、分级管理、分工负责的体制，因此，学前教育实践中普遍使用和参照的质量评价标准是各地教育行政部门颁布的幼儿园督导验收（评估）标准。那么，各地的幼儿园教育质量评价标准到底是怎样的？这些标准的施行情况如何，可以为我们提供什么样的经验和教训？这是值得我们深入研究的问题。

一、我国幼儿园教育质量评价标准的由来与发展

20世纪80年代末之前，我国学前教育事业发展的主要矛盾，一直是解决“入园难”的问题。在当时幼儿园供不应求的情况下，几乎还谈不上质量问题。改革开放十余年后，通过各级政府的努力，动员社会各方面力量办园，“入园难”的难题逐步缓解，以幼儿园分级分类验收（评估）工作为主的幼儿园教育质量评价工作自20世纪80年代末开始在各地实施，国内对幼儿园教育质量评价标准的使用和关注也始于这一时期。由此，幼儿园教育质量评价标准及评价工作逐渐受到关注。

（一）我国幼儿园教育质量评价标准的制定

1985年，中共中央发布了关于教育体制改革的决定，明确“实行基础教育由地方负责、分级管理的原则”；“基础教育管理权属于地方。除大政方针和宏观规划由中央决定外，具体政策、制度、计划的制定和实施，以及对学校的领导、管理和检查，责任和权力都交给地方”。这是新中国成立后第一次在国家层面的文件中明确提出了对学校教育要进行检查（评价）的问题。1986年，全国人大六届四次会议通过的《关于第七个五年计划的报告》中进一步指出，“各级各类教育的发展，要在适应四化建设需要进一步合理调整教育结构的同时，特别注意提高教育质量”；“要加强教育事业的管理，逐步建立系统的教育评价和监督制度”。1987年，国务院办公厅转发国家教委等部门《关于明确幼儿教育事业领导管理职责分工的请示》中提出，“教育部门负责对各类幼儿园的业务领导，建立视导和评估制度”。1989年，《幼儿园工作规程（试行）》和《幼儿园管理条例》颁布，这是我国政府加强对幼儿教育管理和指导的两个重要行政法规。国家教委在关于实施这两个文件的意见中明确提出，这两个文件“是举办、管理和评估幼儿园的基本依据”，“规定了国家对幼儿园的基本要求和管理的基本原则，各地应根据需要，按照职责、权限，制定相应的地方性行政法规和必要的规章、制度，如……幼儿园教育督导、评估制度等”；“建立督导、评估制

度，研究和探索一套科学的幼儿教育评估体系，保证改革的顺利进行”。[①] 至此，幼儿园教育质量评价标准问题自上而下地被提上了议事日程。

根据上述相关规定，各地教育行政部门大多在20世纪80年代末开始了第一轮幼儿园验收（评估）标准的颁布和实施。例如：1989年，北京市人民政府文教办公室、北京市教育局、北京市卫生局等部门联合颁布了《北京市托幼园所分级分类验收标准及细则（试行草案）》；1993年，广东省教育厅颁布了《广东省幼儿园等级评定基本标准（试行）》；等等。此后，随着验收（评估）工作的开展，各地都曾数次修订自己的验收（评估）标准。例如：北京市先后于1994年、2000年两次修订1989年制定的《北京市托幼园所分级分类验收标准及细则》（试行草案）；2000年，广东省在修订《广东省幼儿园等级评定基本标准（试行）》的基础上，颁布了《广东省一级幼儿园等级标准》，2008年，在再次修订的基础上制定了《广东省幼儿园督导评估方案》；等等。只是，上述对验收（评估）标准的修订，大多是由政府有关部门在总结托幼园所验收（评估）工作经验的基础上进行的，修订过程基本上是从实践到实践，缺乏理论的指导和提升。这些验收（评估）标准的信度、效度也基本上未经严格的检验。

迄今为止，各地幼儿园验收（评估）标准已经成为我国各地幼儿园教育实践工作普遍使用和参照的质量标准。例如，北京市明确规定，《北京市托幼园所分级分类验收标准及细则》（试行）是“评价托幼园所质量的标准和依据，也是托幼园所进行自我评价、自我监督、自我提高的指导性文件”[②]。广东省明确规定，《广东省幼儿园督导评估方案》“既是幼儿园等级评估（复评）申报书，也是幼儿园学年自评工作呈报书……全省各幼儿园在每学年结束时，应对照本方

① 国家教委关于实施《幼儿园管理条例》和《幼儿园工作规程（试行）》的意见（1989年12月16日）[G] //中国学前教育研究会. 中华人民共和国幼儿教育重要文献汇编. 北京：北京师范大学出版社，1999：304-305.

② 北京市教育委员会，北京市卫生局．关于印发进一步做好托幼园所分级分类验收和年度考核工作意见的通知．京教学前［2000］004号.

案进行自评，并将自评结果报当地教育督导部门备案”[①]。

（二）对我国幼儿园教育质量评价标准的早期研究

随着各地幼儿园验收（评估）标准的使用，我国学前教育理论界开始了对这些质量评价标准的反思与研究。

研究者们指出，评价由各地幼教行政部门发起，缺乏有专门知识和技术的专家、研究人员的参与，缺乏评价理论与方法的指导，因此在评价标准的可行性、评价组织实施的严密性和评价结果的科学性与权威性方面，尚有待提高；[②]验收标准的制定一般基于专家和实践工作者的意见与经验，无研究的支持与深化；[③]一些地方的分级分类验收标准简单套用《规程》中的教育原则作为评价幼儿园教育工作的标准，导致评价标准抽象笼统，造成在实际评价过程中的歧义现象，影响评价工作的信效度以及客观公正性；[④]等等。总体来说，早期对幼儿园教育质量评价标准的探讨，大多是研究者们理论思辨与逻辑分析的结果，缺乏对标准具体结构及内容的深入研究。

进入21世纪以后，研究者们开始采用实证研究方法对幼儿园教育质量评价标准进行研究。2003年，笔者采用文献研究法，收集我国广东、北京、上海、福建、江西等五地使用的验收（评估）标准，从结构和类型两个方面对五地幼儿园教育质量评价标准进行了比较研究。分析发现，当时使用的幼儿园教育质量评价标准过于注重园所管理，其次为幼儿发展和人员条件、物质条件等内容，相对忽视教育活动部分的内容。[⑤]2006年，刘丽湘对北京、上海、广东、福建、江西、山西等地的六份验收（评估）标准进行分析后同样指出，各地质量标准存在以幼儿的绝对发展水平为标准衡量教师的教育水平与幼儿园的教育质量，注重条件、结果性质量评价而忽视过程性质量评价，验收标准的内容结构不合

① 广东省人民政府教育督导室．广东省幼儿园督导评估方案．2008．

② 王坚红．现代学前教育评价的发展趋势与特点［J］．学前教育研究，1992（1）：15-16．

③ 项宗萍等．六省市幼儿园教育质量评价研究［M］．北京：教育科学出版社，1995：84．

④ 刘焱．试论托幼机构教育质量评价的几个问题［J］．学前教育研究，1998（3）：14-17．

⑤ 戴双翔、刘霞．我国现行幼儿园教育质量评价工具研究［J］．学前教育研究，2003（7-8）：39-41．

理，评价指标笼统、难以操作等问题。① 类似的研究比较细致和深入，但仍有不足之处，对现行的幼儿园教育质量评价标准的深入研究和分析较少涉及。

综上所述，最近三十年来，我国各地幼儿园教育质量评价标准日益受到学前教育理论界和实践工作者的重视，所取得的成果也是显著的。随着学前教育事业的发展，我们有必要对我国现行使用的幼儿园教育质量评价标准进行进一步的审视和研究。

二、 对我国现行幼儿园教育质量评价标准的深入分析

考虑到地域性的特点，笔者从我国北部、东部、南部各选择一份验收（评估）标准（这些标准是所在地区目前仍在使用的标准）②，从标准的构成和类型两个方面，对 3 份幼儿园教育质量评价标准进行比较研究，同时兼对国内其他地区的相关验收（评估）标准进行综合分析，以此了解我国现行幼儿园教育质量评价标准在结构和类型上的特点，分析其合理与不合理之处。

（一）我国现行幼儿园教育质量评价标准的构成分析

通过对幼儿园教育质量评价标准结构的具体分析，笔者发现，我国现行幼儿园教育质量评价标准基本由人员条件、物质条件、教育活动、幼儿发展和园所管理五类要素构成。

——人员条件。人员条件指的是幼儿园为教育活动所提供的人员方面的投入，包括人员配备、人员资格、班级规模等具体项目。

——物质条件。物质条件指的是幼儿园为教育活动所提供的物质方面的投入，包括园舍、场地、设施设备等具体项目。

——教育活动。教育活动指的是以教师行为为核心的班级教育活动，包括

---

① 刘丽湘. 当前我国幼儿园教育质量评价工作的误区及调整策略［J］. 学前教育研究，2006（7-8）：85-87.

② 这三份质量标准分别为：北京市托幼园所分级分类验收标准及细则（试行）. 京教学前［2000］005 号；上海市托幼园所办学等级标准（试行）. 沪教委基［2003］62 号；广东省幼儿园督导评估方案. 广东省人民政府教育督导室，2008.

课程、师幼互动、教师对教育环境的创设与利用、教师与家长的交流等具体项目。

——幼儿发展。幼儿发展指的是在园幼儿在健康、语言、社会、科学、艺术等领域的发展状况。

——园所管理。园所管理指的是幼儿园管理人员针对本机构人、财、物、事、时、空等因素所进行的计划、组织、检查、调整、总结等工作，包括办园方向、组织管理、后勤管理、教职工管理、卫生保健管理、教育教学管理等具体项目。

我们采用了以下分析步骤：首先，将幼儿园教育质量评价标准的构成因素分成人员条件、物质条件、教育活动、幼儿发展和园所管理五个部分；然后，分析三份幼儿园教育质量评价标准中各个评价项目的具体内容，并算出各个项目在各份质量评价标准中所占的权重；将各个项目分别归入上述五个构成因素之中，累加五个构成因素中所有项目的权重，得到各构成因素在各质量标准中所占的权重。分析结果显示，在我国现行幼儿园教育质量评价标准中，这五类因素都占有一定比例（见表 3-1）。

表 3-1　我国现行幼儿园教育质量评价标准的构成分析表

构成因素 / 质量标准 / 地区	人员条件	物质条件	教育活动	幼儿发展	园所管理
北京	0.15	0.15	0.13	0.13	0.44
上海	0.09	0.06	0.18	0.20	0.47
广东	0.10	0.22	0.19	0.05	0.44

（注：表中数据代表各构成因素在各地质量标准中所占的权重。）

从表 3-1 可以看出。

第一，“园所管理”在各地质量标准中所占权重最高，是各地质量标准最主要的构成因素。各地质量标准中的“园所管理”基本上都是从办园方向、组织管理、后勤管理、教职工管理、卫生保健管理、教育教学管理等具体项目来评价幼儿园教育质量。

第二，“教育活动”在各地质量标准中所占权重偏低，权重在0.13—0.19之间。在各地质量标准中，“教育活动”基本上都是从教师对教育环境的创设与利用、教师与幼儿的交往等具体项目来评价幼儿园教育质量，其中，只有一份质量标准（北京）在“家园共育”一项中涉及教师与家长的交流活动。

第三，“幼儿发展”是各地质量标准中的一个主要构成因素，最低占有0.05的权重，高的达到了0.20的权重。在这部分，各地质量标准一方面注重的是幼儿群体的发展水平。如广东省提出，“幼儿生长发育达标率达95%以上”；北京市提出，儿童体质测试，一类幼儿园应达到合格率90%以上。另一方面，各地质量标准关注的是幼儿的绝对发展水平。例如，北京市在“儿童身心发展”部分提出“幼儿身体、动作、认知、语言各方面的发展均达到本年龄段儿童发展水平”；上海市在“婴幼儿发展水平”部分提出“身体发育良好”“动作发展良好”“行为习惯良好”等标准。

第四，除了一份质量标准（上海）之外，“物质条件”在各地质量标准中所占权重较高。各地质量标准中，“物质条件”中的评价项目基本上是以园所为单位进行的，主要评价幼儿园的场地园舍（包括建筑场地、生均面积、各类场室配置等）、教育玩具设备设施等的数量和种类。例如，上海市在“设备设施”一项中提出“配备大型运动器具、专用室，设有嬉水池、沙池（或沙箱）、动物饲养角和种植角，便于幼儿活动与操作”；广东省在“场地园舍”项中提出“有玩沙池、玩水池、游泳池、大型器械运动区、30米直跑道、运动场、种植园地、饲养角”，“有音乐活动室（120—160 m^2）、美工活动室、科学启蒙室、体育活动室、图书阅览室、综合游戏室等，功能齐全、实用，按教育教学活动和孩子发展需要设计与提供玩具材料”等。

第五，“人员条件”所占权重在0.09—0.15之间。“人员条件”中的评价项目基本上也是以园所为单位进行的。对人员任职资格的评价不仅包括对与幼儿发生直接互动的教师和保育员的学历、资格的评价，还包括对园长、保健员、炊事员、财会人员等不与幼儿发生直接互动的工作人员资格的评价。人员配备方面，对师幼比例的计算不是计算实际教育活动中的师幼比例，而是以园所为单位，计算教职工与幼儿的比例。例如，广东省在“教职工配备”一项中提出教职工与幼儿比例“省一级全日制为1∶6，寄宿制幼儿园为1∶4—1∶5；市一级全日制为1∶6.1—1∶6.9，寄宿制幼儿园为1∶5.1—1∶5.9；县一级全日制为1∶7，寄宿制幼儿园为1∶6”。

综上所述，我国现行幼儿园教育质量评价标准注重评价园所管理，其次为幼儿发展和人员条件、物质条件等内容，忽视对教育活动的评价。即，重视条件质量和结果质量，忽视过程质量。

（二）我国现行幼儿园教育质量评价标准的类型分析

幼儿园教育质量评价标准通常由素质标准、职责标准、效率标准、效果标准四种类型的标准构成①，对这四类标准的运用情况会影响幼儿园教育质量评价标准的具体内容。我们先来看相关的操作定义。

1. 素质标准

素质标准是指从承担各种职责或完成各项任务应具备的条件的角度提出的标准。从被评价的人员来说，素质标准指的是幼儿园工作人员承担或完成幼儿园工作任务的条件，通常包括就业资格、专业经验等；从被评价的物质条件来说，素质标准指的是开展幼儿园教育活动所具备的物质条件，如玩教具、图书资料、活动场地等；从管理来说，素质标准指的是幼儿园所具备的规章制度、文件、档案、计划、总结等。

2. 职责标准

职责标准是指从评价对象所应承担的责任和完成任务的情况的角度提出的

① 陈帼眉. 学前儿童发展与教育评价手册［M］. 北京：北京师范大学出版社，1994：28.

标准。工作人员的职责标准就是对工作人员履行所承担的任务的要求，如在一日生活的各个环节中，教师应该做什么和应该怎么做的规定。例如，关于师幼互动的评价，不是泛泛地提出教师应尊重、热爱幼儿，而是可以使用职责标准明确提出如下具体要求：在一天当中，教师主动与幼儿进行有意义的谈话，并通过微笑、抚摸、拥抱等非言语方式与幼儿交往；教师以友好的、平等的、积极礼貌的方式与幼儿谈话；教师经常与幼儿处于同一视线水平谈话；等等。

3. 效率标准

效率标准指的是以投入与产出的比例为依据评价幼儿园教育业绩的标准，例如对场地、设备、器械的使用率、合理利用的情况以及保养状况等的规定。例如：关于幼儿园“室内空间”的评价，不仅要关注室内空间的面积等素质标准，更应关注室内空间是否干净整洁且保持良好；当前使用的室内空间是否是每一个幼儿都能自主使用的（例如，绘画用的纸张和颜料放在幼儿易于取放的地方，而不是放在只有成人才够得着的柜子里）；等等。

4. 效果标准

效果标准是从工作效果的角度来确定的标准，用以考查幼儿园教育工作的成效。一般情况下，往往以儿童发展、家长满意度、儿童入学适应情况等作为考查指标。

我们采用了以下分析步骤：首先，将各质量标准所使用的评价标准分成素质标准、职责标准、效率标准和效果标准四种类型；然后，分析三份质量标准中各个评价项目的具体内容，并算出各个项目在各质量评价标准中所占的权重；将各个项目分别归入上述四种类型的标准之中，累加四种类型的标准中所有项目的权重，得到各种类型的标准在各质量标准中所占的权重，具体分析结果见表 3-2。

第一，各地质量标准都普遍使用了效果标准，但效果标准在各地质量标准中所占权重不一，权重从 0.06 到 0.23。

表 3-2　我国现行幼儿园教育质量评价标准的类型分析表

标准类型 / 质量标准 / 地区	素质标准			职责标准	效率标准	效果标准
	人员	物质	管理			
北京	0.15	0.13	0.43	0.14	0.02	0.13
上海	0.06	0.05	0.42	0.19	0.05	0.23
广东	0.09	0.19	0.35	0.27	0.04	0.06

（注：表中数据代表各种类型的标准在各地质量标准中所占的权重。）

虽然效果标准在各地质量标准中所占权重不一样，但运用效果标准的评价项目基本上是相同的，都是在“幼儿发展”这部分内容中使用了效果标准。此外，广东省在“社区工作”部分提出“家长满意率达 98%以上”，所占权重为 0.004。效果标准可以使人们关心、重视幼儿园教育实践活动的效果，但由于教育效果具有综合性、迟缓性、复杂性等特点，用效果来评价幼儿园教育质量还有一定的困难，而且，如果过分注重用效果标准进行评价，就可能出现只看结果不看过程的现象，可能会造成幼儿园为了追求结果而不择手段。

第二，关于人员的质量标准中，素质标准和职责标准都占有一定的权重。

运用工作人员素质标准的项目主要涉及工作人员，包括园长、教师、保育员、保健医师、炊事员、财会人员的编制及其任职资格。运用工作人员职责标准的项目主要涉及教师对教育环境的创设与利用、师幼互动等，此外，还涉及对炊事员、保健医师和财会人员职责的描述。但是，在各地质量标准中，运用工作人员职责标准的项目普遍存在抽象笼统、可操作性差的特点，如要求教师“尊重、热爱每一个幼儿”，“能因地制宜，满足幼儿发展的需要，让幼儿成为环境的主人”等。类似的项目实际上是简单套用《规程》中的教育原则，没有把教育原则转化为可观察的教育行为，或者可观察的职责标准。幼儿园工作人员的素质标准是工作人员开展工作的前提条件，但在“人员”部分的质量标准中，工作人员的职责标准更为重要，职责标准是对幼儿园工作人员教育行为的规范，它直接影响幼儿的各方面发展，是影响幼儿园教育质量的关键因素。

第三，关于物质条件的质量标准中，使用素质标准的项目远远高于使用效率标准的项目，使用效率标准的项目在各地质量标准中所占的权重较低。

在各地质量标准中的物质条件部分，使用素质标准的项目基本上都详细规定了幼儿园园舍、活动场地的类型与面积，以及应具备的设备、设施和材料的数量和种类。但是，关于上述物质条件的使用率、合理利用的情况以及保养情况的项目极少，如只简单提到“（自制玩教具、音像资料等）能满足各类活动需要”，“（活动区）使用率高、效果好”（广东）；“各种大型器械、玩教具、图书资料能得到充分利用”（北京）；“（玩具、图书等）使用率高”，“（大型运动器具等）便于幼儿运动与操作”（上海）。在幼儿园教育质量评价标准中，我们虽然不需要把效率作为最根本的标准，但是把它放在一定的地位还是必要的。特别在我国相当多的幼儿园中，在办园条件上，往往不注重效率标准，更注重追求办园条件的豪华，只着意于本园“有什么”，添置的东西往往大而无用、多而无当，实际使用情况极不理想，在人力物力上存在着巨大的浪费。幼儿园中存在着不讲效率的问题，如果质量标准再不注意使用效率标准，幼儿园教育实践活动中效率低的问题就会愈演愈烈。

第四，关于园所管理工作的项目主要使用的是素质标准，且所占权重最高，权重为 0.35—0.43。

在各地质量标准中的园所管理部分，使用素质标准的项目基本上都是着重对幼儿园文件、档案、记录、规章制度等的检查，如广东省明确规定要“有符合本园实际的近期和远期发展规划，有保障幼儿园可持续发展的机制和措施，有阶段性总结、分析和后续方案”，“各项规章制度经过民主程序产生，不断健全完善，可操作性强，形成互相支持、运转高效的工作机制，各级人员岗位职责明确，有考核、有检查”等。类似的项目带有文牍主义的倾向，相对忽视了园所管理为“人”服务的宗旨。

综上所述，笔者认为，我国各地幼儿园教育质量标准自 20 世纪 80 年代末期颁布并实施以来，为推动我国学前教育事业的发展做出了积极的贡献。但是，这些质量标准的制定主要来自于当时行政管理工作的需要以及幼儿园生存与发展的需要，而对于什么是幼儿园教育的真正“质量”，哪些内容是适宜和必要的，哪些内容是不适宜的，迄今尚没有展开过明确、充分、广泛的讨论。所以，尽管二十多年来，各地颁布并实施的验收（评估）标准在实践中进行了不断地修正和完善，但仍然还有诸多值得商酌之处。

第二节　西方托幼机构教育质量评价标准研究

自 1951 年《政务院关于改革学制的规定》中明确规定“实施幼儿教育的组织为幼儿园。幼儿园收三足岁到七足岁的幼儿，使他们的身心在入小学前获得健全的发育”①，到 2016 年新修订的《规程》规定“幼儿园是对 3 周岁以上学龄前幼儿实施保育和教育的机构。幼儿园教育是基础教育的重要组成部分，是学校教育制度的基础阶段”，我国实施学前教育的正规机构一直是“幼儿园”。而在西方，自 1837 年福禄培尔在德国创设世界上第一所收托 1—7 岁儿童的正规教育机构——幼儿园始，在随后的一百多年中，受历史传统和社会需求等多种因素的影响，西方各国正规托幼机构的名称、服务领域及职能颇有差异。②因此，本节论述教育质量评价标准时，统一使用“托幼机构教育质量评价标准”的提法。

自 20 世纪 60 年代开始，以美国为代表的西方托幼机构教育质量及标准研

① 政务院关于改革学制的规定 [G]. //中国学前教育研究会. 中华人民共和国幼儿教育重要文献汇编. 北京：北京师范大学出版社，1999：43.

② 刘霞. 国外托幼机构的发展概况及趋势 [J]. 教育导刊·幼儿教育，2000 (4)：38-40.

究迄今已走过50余年的历程，其研究问题日益深入，研究方法逐渐完善。对西方托幼机构教育质量评价标准进行梳理和分析，将有助于我国幼儿园教育质量评价标准研究与实践的深化和提高。

一、 西方托幼机构教育质量评价标准的由来与发展

虽然教育评价制度的最初萌芽是我国古代的考试制度，但教育评价制度和理论的真正形成和发展是19世纪后半叶以来，西方尤其是美国教育家努力的结果。托幼机构教育质量评价的发展是包含在教育评价的发展之中的。西方学前教育评价的发展经历了从测验到评价的发展过程。20世纪50年代之后，西方的学前教育测验时期进入尾声，学前教育评价时期开始，学前教育评价工作得到了西方各国的重视，但彼时，托幼机构的教育质量及质量评价还并没有受到普遍的重视。尽管托幼机构这一形式早在19世纪初就出现在西方国家，但对托幼机构教育质量评价工作的研究与实践工作却直到20世纪下半叶才开始。综观半个多世纪的发展历程，美国有关托幼机构教育质量的研究逐渐深入，从一般性的“托幼机构教育是否有利于儿童发展”转化到“什么样的托幼机构教育对儿童有利”和“如何提供高质量的托幼机构教育”，为人们认识托幼机构教育质量提供了翔实可靠的信息。

（一）工业社会早期

在工业社会早期，出现了最早的托幼机构，但还没有涉及托幼机构教育质量及质量评价问题。

虽然自从有了人类社会就有了幼儿教育，但是，托幼机构却直到工业社会早期才出现。在原始社会和农业社会，对幼儿的养育都是在家庭之内进行的，直到工业社会，机器的使用简化和降低了对劳动的要求，使得劳动阶层的妇女也进入工厂参加劳动。这样，工人阶级的孩子往往得不到父母的照顾，很多孩子流落街头、冻饿伤残、甚至打架斗殴、犯罪，成为西方工业社会发展之初严重的社会问题。在这种历史背景下，出现了最早的托幼机构，如罗伯特·欧文

(Owen R.) 1809 年在英国开办的专门收托 1—6 岁贫穷儿童的"幼儿学校"，蒙台梭利（Montessori M.）1907 年在罗马贫民区创办的"儿童之家"等。这些早期的托幼机构主要是为贫民阶层家庭的子女设立的，大多设备简陋，孩子多，照看者未受过训练，慈善济贫、重保轻教的性质相当明显。而在富裕的中产阶层家庭，则是由母亲或母亲在家庭教师的帮助下，在家庭内抚育幼儿。总之，在西方工业社会发展早期，托幼机构的数量少，托幼机构并没有受到社会的普遍重视，此阶段自然也就谈不上对托幼机构教育质量及质量评价的关注与研究了。

（二）二十世纪六七十年代

在这一时期，托幼机构教育质量开始在世界范围内受到关注，但所有的托幼机构教育都被视为同质现象。

西方对托幼机构教育质量的关注始于二十世纪六十年代。这一时期，幼儿教育进入了飞速发展的时期。婴幼儿生理学、心理学与教育学方面的科研成果说明了早期教育的重要性与必要性。此外，科学发展和社会进步带来了对早期教育的客观需求，在西方世界形成了"早期教育热"。各国政府加大了对幼儿教育的资金投入，如美国大规模实施以贫穷儿童为对象的"提前开端计划"(Head Start)。据统计，二十世纪六十年代和七十年代，美国联邦政府每年为参加该项计划的每名幼儿投资约 3000 美元。英国政府于 1968 年开始实施一项"援助城市计划"，6 年之内向贫困地区拨款 6000 万英镑，其中三分之一以上用于开展 5 岁以下幼儿的教育工作。这种种因素使得托幼机构的数量得到了空前的发展。当托幼机构的数量发展到一定程度时，人们必然会开始关注托幼机构教育的质量。但是，此阶段的研究虽然关注托幼机构教育，但大多局限于以亲子依恋和智力发展作为参照指标，以检测家庭之外的集体保育对儿童发展的有利或不利影响。在这些研究中，家庭之外的所有托幼机构都被视为同质现象。

（三）二十世纪七十年代末期至今

在这一时期，托幼机构教育质量评价的理论与实践工作在世界范围内迅速展开。

二十世纪七十年代末期以来，家庭结构发生巨大变化。妇女在就业人员中所占的比例逐年增加，在美国，有学龄儿童子女的妇女参加工作的占60%，有6岁以下子女的妇女参加工作的占比也达到40%。此外，单亲家庭数量逐年增多，据1982年统计，美国单身父母比1970年增加了一倍，离婚率高达50%，约有1700万儿童生活在“破裂家庭”中。1991年年初，全美家庭教育调查表明，在小学低年级儿童中，只有2%的儿童没有接受过托幼机构教育。这种情况使得幼教工作者不得不正视现实：作为一种社会需求，托幼机构的发展已经成为不以人们的主观意志为转移的现实，继续讨论“家庭以外的集体保育对儿童会有哪些影响”已经变得毫无意义。将托幼机构教育作为同质现象所进行的研究不仅已经过时，而且会误导人们产生错误观念。人们开始比较不同类型托幼机构的教育效果，如1979年的纽约市婴儿日托研究就开始更多地关注托幼机构本身的特点。通过研究，人们认识到托幼机构对幼儿发展的影响是好是坏，主要取决于托幼机构教育工作的质量。因此，从二十世纪七十年代末期开始，人们把为家庭与幼儿提供高质量的教育作为托幼机构追求的目标，以美国为中心，托幼机构教育质量评价工作大面积展开，其理论和实践工作主要集中在对托幼机构教育质量评价标准的研制。

随着对托幼机构教育质量的持续关注，各种各样的质量标准或评价工具不断被开发，如：托幼机构环境评价量表及其修订版（Harms & Clifford, 1980）；全美幼教协会高质量托幼机构认证标准（NAEYC，1984，1991，2005）；日托之家评价方案（Abbott-Sbim & Sibly，1987）；学前儿童、婴儿和学龄儿童机构评价方案（Abbott-Sbim & Sibly，1987）；婴儿和学步儿机构评价工具（加州教育部，1988）；日托之家评价量表（Harms & Clifford，1989）；婴儿/学步儿机构环境评价量表（Harms，Cryer & Clifford，1990）。这些评价标准的开发和研制，极大地促进了西方托幼机构教育质量评价工作的开展。

在专业研究者（研究组织）层面，目前在世界范围内应用最为广泛并得到众多研究支撑的托幼机构教育质量评价标准之一，是美国北卡罗莱纳大学 FPC 儿童发展研究中心（Frank Porter Graham Child Development Center）哈姆斯等人（T. Harms et al.）编制的“托幼机构环境评价量表”（Early Childhood Environment Rating Scale，简称 ECERS）及其修订版（ECERS-R）。此外，全美幼教协会自 1984 年起研制并不断修订的“高质量托幼机构认证标准”，在美国以及其他一些国家具有较大的影响力。其中，“幼儿活动室观察评价量表”是全美幼教协会高质量托幼机构认证标准体系中非常重要的一个评价标准。我们在后文会对“托幼机构环境评价量表（修订版）”和“全美幼教协会幼儿活动室观察评价量表”展开较深入的阐述。

二、“托幼机构环境评价量表（修订版）”述评

从 1988 年开始，我国就先后有学者对“托幼机构环境评价量表（ECERS）”做过介绍，但介绍的都是 1980 年的旧版本。[①] 而早在 1998 年，哈姆斯等人在对 1980 年量表继承与创新的基础上，出版了修订版，并明确指出新的量表反映了自 1980 年出版原量表以来学前教育领域所发生的一系列变化，并且体现了他们自己对怎样评价质量的进一步理解。“托幼机构环境评价量表（修订版）（ECERS-R）”可以说是目前世界范围内影响极为广泛的托幼机构教育质量评价工具之一。其中的“环境”一词包括托幼机构中直接影响幼儿和成人的各种空间特征、活动安排特征和人际关系特征，该量表从空间与设备、日常生活护理、语言/推理、活动、互动、作息制度、家长和教师七个方面全面考查托幼机构教育质量。

（一）“托幼机构环境评价量表（修订版）”的结构与内容

“托幼机构环境评价量表（修订版）”包括 7 大类 43 个项目（见表 3-3），采用了 7 分量表的形式，每个项目都有 7 个评分等级，其中有 4 个等级标明了

① 参见：郑晓边. 学前教育机构环境质量评价——Harms-Clifford 环境评价介绍［J］. 教育研究与实验，1988（4）；刘焱，等. “托幼机构环境评价量表”述评［J］. 学前教育研究，1998（3）.

具体的标准，这 4 个等级为：1（不适宜的）、3（一般的）、5（好的）、7（优秀的）。我们以第 1 个项目“室内空间”为例，展示该量表的评分等级（见表 3-4）。

表 3-3　托幼机构环境评价量表（修订版）结构

空间和设备	1. 室内空间 2. 日常保育、游戏和学习的家具 3. 使幼儿放松、舒适的家具 4. 游戏活动的空间安排 5. 私人空间 6. 与幼儿有关的环境布置 7. 大肌肉活动场地 8. 大肌肉活动设施
日常生活护理	9. 来园/离园 10. 进餐/点心 11. 午睡/休息 12. 入厕/换尿布 13. 健康措施 14. 安全措施
语言/推理	15. 图书和图片 16. 鼓励幼儿交流 17. 运用语言发展幼儿的推理技能 18. 语言的非正规运用

续表

活动	19. 小肌肉活动 20. 美工活动 21. 音乐/律动活动 22. 积木活动 23. 沙/水活动 24. 表演游戏 25. 自然/科学活动 26. 数学/数字活动 27. 电视、录像和/或电脑的使用 28. 促进对多样性的认同
互动	29. 对大肌肉活动的指导 30. 对幼儿的一般性指导（不包括大肌肉活动） 31. 纪律 32. 师幼互动 33. 幼儿与幼儿之间的互动
作息制度	34. 日程安排 35. 自由游戏 36. 集体活动时间 37. 对残疾儿童的帮助
家长和教师	38. 对家长的帮助 39. 对教师个人需要的帮助 40. 对教师专业需要的帮助 41. 教师之间的互动与合作 42. 对教师的指导与评价 43. 教师专业成长的机会

表 3-4　托幼机构环境评价量表（修订版）评分等级（以项目“室内空间”为例）

不适宜 1	2	一般 3	4	好 5	6	优秀 7
1.1 幼儿、成人使用的空间及摆放家具设备的空间不够。 1.2 房间照明、通风、温度控制以及隔音效果不好。 1.3 房间需要维修（例如，墙壁和天花板需要粉刷，地板粗糙且不安全）。 1.4 房间需要清洁（例如，地板脏乱，地板上有垃圾）。		3.1 有足够的供幼儿、成人使用的空间以及摆放家具设备的空间。 3.2 房间照明、通风、温度控制以及隔音效果较好。 3.3 房间维修良好。 3.4 房间相当整洁且保持良好。 3.5 当前使用的室内空间是每一个幼儿和成人都适用的（例如，为残疾人设置的斜道和扶手，便于轮椅和步行者通行）。 不适用的。		5.1 有宽敞的、幼儿和成人可以自由活动的室内空间（例如，家具设备没有限制幼儿的行动；有充足的空间摆放残疾儿童所需的设备）。 5.2 通风条件良好，自然光线能从窗子或天窗照射进房间。 5.3 残疾儿童和成人可以利用室内空间。		7.1 能够调节自然光线（例如，有百叶窗或窗帘）。 7.2 能够调节室内通风（例如，窗户可以打开，有由教师控制的排气扇）。

接下来，概述7大类43个项目的主要内容及评价标准如下。

第一类 空间和设备

1. 室内空间：幼儿、教师使用的空间及摆放家具设备的空间是否足够；房间照明、通风、温度控制以及隔音条件如何；房间的维修及清洁状况如何。

2. 日常保育、游戏和学习的家具：日常保育、游戏和学习所需的基本家具是否充足；家具是否牢固、结实且维修良好；家具尺寸是否符合幼儿身材；是否便于幼儿使用。

3. 使幼儿放松、舒适的家具：是否为幼儿提供了柔软的家具、设备、玩具或者专门创设了柔软、舒适的区域；柔软的家具设备是否清洁且维修良好。

4. 游戏活动的空间安排：是否设置了多个活动区；活动区的空间安排是否合理、是否有利于幼儿独立使用；是否及时添加材料或更换活动区。

5. 私人空间：是否为幼儿留出不受他人干扰的私人空间；幼儿是否可以使用私人空间；是否在私人空间为幼儿提供远离集体的活动。

6. 与幼儿有关的环境布置：是否陈列幼儿作品；幼儿作品是否多样且有个性；陈列的材料是否适合幼儿年龄特点；环境布置与当前活动及幼儿是否密切相关；是否由幼儿完成大部分环境布置。

7. 大肌肉活动场地：户外大肌肉活动场地是否充足、安全、类型多样；场地安排是否合理；是否有保护措施。

8. 大肌肉活动设施：大肌肉活动设施是否充足、结实、牢固且适合幼儿的年龄和能力；能否促进幼儿各种技能的发展。

第二类 日常生活护理

9. 来园/离园：教师是否热情地问候幼儿及家长；教师是否做离园准备；教师是否把来园、离园时间作为与家长交流信息的时间。

10. 进餐/点心：进餐/点心时间安排是否合理；食物营养是否均衡；卫生条件是否有保证；进餐氛围如何；是否注意幼儿的自我服务及幼儿自理能力的培养；是否把进餐/点心时间作为交谈的时间。

11. 午睡/休息：午睡/休息的时间安排是否适合大多数幼儿，是否考虑到幼儿的个别需要；午睡/休息的条件是否卫生；是否有足够的管理；对提前起床的幼儿和不睡觉的幼儿是否另有安排。

12. 入厕/换尿布：是否有必要的设备；便具是否适合幼儿身材、是否清洁卫生；教师与幼儿之间是否有令人愉快的交往；是否注意培养幼儿的自理能力。

13. 健康措施：是否采取措施减少细菌的传播；户内、户外是否及时给幼儿添换衣服；教师是否做好幼儿健康保健的示范；是否教幼儿独立地掌握健康措施。

14. 安全措施：户内或户外是否有安全隐患；是否有充分的措施保证幼儿的安全；是否有处理紧急事件的必要设施；幼儿是否遵守安全制度。

第三类 语言/推理

15. 图书和图片：是否给幼儿提供图书材料，图书、语言材料和活动是否适合幼儿年龄；是否有与当前的活动室活动或主题相关的图书；图书是否摆放在某个阅读区内；是否轮换图书和语言材料；教师是否给幼儿读书。

16. 鼓励幼儿交流：是否有鼓励幼儿交流的材料和活动；教师是否均衡安排适合幼儿年龄和能力的听和说的活动；教师是否将幼儿的口头交流与书面语言相结合。

17. 运用语言发展幼儿的推理技能：教师是否与幼儿谈论逻辑关系或概念；教师是否鼓励幼儿在解决问题的过程中谈论或解释自己的推理；教师能否根据幼儿解决问题的兴趣或需要介绍相应概念。

18. 语言的非正规运用：教师是否与幼儿交谈；是否丰富幼儿谈话的内容；是否向幼儿提出问题以鼓励幼儿做出比较长的和更加复杂的回答；是否鼓励幼儿之间交谈。

第四类　活动

19. 小肌肉活动：小肌肉活动材料是否充足多样，是否与幼儿发展水平相适宜；材料安排是否合理；是否轮换材料；是否注意培养幼儿的自理能力。

20. 美工活动：美工材料是否充足多样；幼儿在使用美工材料时是否有个性化表现；是否有与活动室中的其他活动相关的美工活动。

21. 音乐/律动活动：音乐材料和音乐是否充足多样；每天是否有自选音乐活动和集体音乐活动；音乐活动中是否鼓励幼儿发挥创造性。

22. 积木活动：场地、积木和辅助材料是否充足；材料摆放和场地安排是否合理；是否每天都有积木活动时间。

23. 沙/水活动：户内或户外是否有沙/水活动的设备、材料；是否每天都安排沙/水活动；是否有各种不同的沙/水活动。

24. 表演游戏：表演游戏材料和设备是否充足多样；是否有明确的表演游戏活动区；是否根据不同的主题轮换材料；教

师是否通过图片、故事和远足活动丰富表演游戏。

25. 自然/科学活动：自然/科学材料是否充足多样；是否摆放合理且保养较好；日常是否安排有自然/科学活动。

26. 数学/数字活动：数学/数字材料是否充足多样，是否适合幼儿发展水平；是否摆放合理且保养较好；教师是否通过日常活动促进数学/数字学习；是否轮换材料。

27. 电视、录像和/或电脑的使用：材料是否适合幼儿发展水平，是否鼓励幼儿积极参与及发挥创造性；教师是否积极参与使用电视、录像或电脑；所使用的材料能否支持并扩展活动室中的各种主题和活动。

28. 促进对多样性的认同：提供的书籍、图片和材料是否表现了不同种族、文化、年龄、能力和性别；日常活动和游戏活动是否体现多样性；活动是否有助于幼儿理解和接受多样性。

第五类　互动

29. 对大肌肉活动的指导：教师的管理是否足以保护幼儿的健康和安全；教师是否帮助幼儿掌握使用设备所需的技能；师幼之间的交往是否愉快且有益；教师是否帮助幼儿进行积极的社会交往。

30. 对幼儿的一般性指导（不包括大肌肉活动）：对幼儿的指导是否足以保护幼儿的安全；能否针对幼儿不同的年龄和能力，细心地管理所有幼儿；教师是否在必要时，给予幼儿帮助和鼓励；与单个幼儿或小组幼儿一起活动时，教师是否表现出对整个班级的关注；教师是否和幼儿讨论与游戏相关的看法，提出问题并增加信息以扩展幼儿的思维。

31. 纪律：教师能否有效地使用不带惩罚性的约束方法；不同教师对幼儿的行为反应是否一致；教师是否引导幼儿积极

参与解决冲突和问题；教师是否通过活动帮助幼儿掌握社会性技能。

32. 师幼互动：教师是否通过适宜的身体接触表达对幼儿的爱；教师是否尊重幼儿；教师是否回应那些难过的、受伤的或生气的幼儿；教师是否鼓励幼儿与成人之间互相尊重。

33. 幼儿与幼儿之间的互动：教师是否为幼儿示范良好的社会性技能；教师是否帮助幼儿发展与同伴之间的适宜的社会行为；幼儿之间的互动是否积极；教师是否为幼儿提供一些共同完成任务的机会。

第六类　作息制度

34. 日程安排：是否有幼儿熟悉的基本的日程安排；是否每天都安排有大肌肉活动和相对静态的游戏；是否每天都安排有教师指导的和幼儿发起的游戏活动；日常活动过渡是否顺利；是否变动日程安排以满足幼儿的个别需要。

35. 自由游戏：是否每天都有户内和户外的自由游戏；是否为幼儿的自由游戏提供玩具、游戏和设备；教师是否把对幼儿自由游戏的指导作为一种教育性互动；是否定期给幼儿的自由游戏增加新材料。

36. 集体活动时间：集体活动的时间是否较短并适合幼儿的年龄和个别需要；活动是否多以小组或个别活动的形式进行；一天当中，教师能否根据幼儿不同的学习速度进行不同的分组活动；教师是否既参与集体活动，也参与和小组及个别幼儿的教育性互动。

37. 对残疾儿童的帮助：教师是否调整环境、活动及日程安排以满足残疾儿童的需要；残疾儿童是否与正常儿童一起参与班级大多数活动；教师是否与家长一起分享信息、制定目标，并对活动情况给予反馈。

第七类　家长和教师

38. 对家长的帮助：家长是否了解托幼机构的教育理念和教育方法；教师是否和家长分享与幼儿有关的信息；是否运用各种方法鼓励家庭参与幼儿在机构中的活动；家长能否参与对托幼机构的评价以及托幼机构重大问题的决策。

39. 对教师个人需要的帮助：教师是否有单独的卫生间及休息处；教师是否有方便、安全的存放个人物品的地方；教师是否有休息时间；是否为教师提供烹调食物、点心的设备。

40. 对教师专业需要的帮助：资料是否充足；是否有地方存放教师的材料；是否有单独的、用于托幼机构管理的办公场所；是否有开展研讨活动和成人会议的场所；办公室设备是否齐全。

41. 教师之间的互动与合作：教师之间是否每天都交流与幼儿有关的信息；教师之间的互动是否积极；托幼机构是否促进教师之间的积极互动；教师的职责界定是否清晰；教师是否分担职责以便顺利安排保育和游戏活动。

42. 对教师的指导与评价：教师是否进行自我评价；托幼机构是否经常观察教师表现并提供反馈；是否以一种有益的、支持性的方式给予教师指导和反馈。

43. 教师专业成长的机会：是否为新教师提供全面的指导；托幼机构是否定期为教师提供在职培训；是否支持教师参加机构内不能提供的课程、会议或研讨活动；专业资料是否健全。

（二）对“托幼机构环境评价量表（修订版）”的分析

“托幼机构环境评价量表（修订版）”并不是一个新的评价量表，它是原有量表的蜕变和升华，在扬与弃、吸收与创新的基础上，具备了以下新特点。

1. 以班级为单位，注重对过程变量，尤其是教师行为的评价

现有研究表明，以教师行为为核心的班级教育活动是体现托幼机构教育质量的核心因素。“托幼机构环境评价量表（修订版）”以班级为单位，突出了对各种过程变量，尤其是教师行为的评价。“空间和设备”“日常生活护理”“语言/推理”“活动”“互动”，以及“作息制度”中的各项标准都体现了对教师行为的评价，尽管“教师和家长”一项的评价指标中没有明确指出，但其内容也是指向于教师行为的。例如：在“空间和设备”的具体评价指标中，强调教师对室内外物质环境的安排与利用；在“语言/推理”及“活动”的各项具体评价指标中，强调教师通过各种教育活动与幼儿进行积极的社会性交往，支持幼儿的学习和发展；等等。这些都说明教师行为在该量表中的地位，它不仅占较大比重，而且贯穿于各方面的标准之中。这样，就形成了一个以教师行为为核心的，相互衔接、相互联系的有系统的评价体系。

2. 以托幼机构教育满足幼儿、家长和教师需要的程度为评价的核心

总体看来，整个量表充满了人文关怀色彩，突出托幼机构教育为“人”服务的宗旨，以托幼机构教育满足幼儿、家长和教师需要的程度为评价的核心。

在序言中，作者就明确指出，“托幼机构环境评价量表（修订版）”的焦点“是幼儿的各种需要，以及当前我们对如何最好地满足幼儿的这些需要的理解”。该量表的相关评价指标，都突出强调了托幼机构教育要兼顾幼儿的年龄适宜性和个别适宜性。例如：“空间和设备”中要求托幼机构提供的家具、设备及环境布置要适合幼儿的年龄特点；“语言/推理”和“活动”中的评价指标要求托幼机构提供的材料和活动要适合该年龄阶段的幼儿使用；等等。除了要求托幼机构教育要满足幼儿的年龄特点，该量表还强调托幼机构要充分尊重幼儿作为一个独立的“人”的权利，要满足幼儿的个别差异。例如：在“午睡/休息”中提出“午睡/休息的时间安排考虑到幼儿的个别需要”；“对提前起床的幼儿和不睡觉的幼儿另有安排（例如，允许提前起床的幼儿看书或安静游戏；为不睡觉的幼儿安排空间和活动）”；等等。

一个有利于幼儿发展的地方，一定也是有利于成人发展的地方。因此，该量表除了强调托幼机构教育要满足幼儿的需要外，也充分顾及家长和教师的需要，注重家长和教师在托幼机构教育中的重要作用。该量表单列出“对家长的帮助”一项作为考查托幼机构教育质量的依据。在该项中，明确提出：“给家长提供与托幼机构管理有关的书面信息（如费用、开放时间、幼儿来园的健康制度）”；“教师和家长分享许多与幼儿有关的信息（如经常的非正式交流、针对所有幼儿的定期会议、家长会、时事通讯、有用的教育资料等）”；“运用各种方法鼓励家庭参与幼儿在机构中的活动”；等等。在教师方面，则从对教师专业需要的帮助、教师之间的互动与合作、对教师的指导与评价、教师专业成长的机会四个方面提出了相应的评价标准，注重为教师创设良好的工作条件，激发教师工作的积极性。

3. 反映了世界学前教育领域的最新变化

在序言中，作者就提出他们更新和扩展这个工具的目的在于“使托幼机构环境评价量表能够反映自 1980 年出版该量表以来学前教育领域所发生的一系列变化”。自 20 世纪 80 年代以来，随着全美幼教协会认证制度的发展，以及数种早期教育评价工具的出版，质量评价本身越来越多地受到人们的关注。很多评价工具都强调文化多元性、家庭所关心的事务以及儿童的个别需要。此外，残疾儿童教育以及对多元文化的敏感性都已经成为托幼机构教育质量评价的重要问题。“托幼机构环境评价量表（修订版）”充分体现了世界学前教育领域发生的这些变化。该量表渗透了全纳教育的思想，重视对多元文化的接纳。除了在“作息制度”中单列“对残疾儿童的帮助”一项来考查托幼机构教育质量之外，在其他一些项目中也明确提出对随班就读残疾儿童的教育问题。例如：在“空间与设备”中提出“残疾儿童拥有适合他们需要的、改装过的家具”“为残疾儿童改装大肌肉活动设施或提供特殊的设施”；在“语言/推理”中提出“教师鼓励幼儿，包括残疾儿童之间交谈（如提醒幼儿倾听对方的谈话，如果有幼儿使用手语，则鼓励其他幼儿学习手语）”；等等。此外，该量表单列了“促进对多样性的认同”一项，提出“给幼儿提供许多表现不同种族、文化、年龄、能力和性别的书籍、图片和材料”“日常活动和游戏活动中体现多样性”“活动有助于幼儿理解和接受多样性”，注重培养幼儿对多元文化的理解和认同。

4. 评价指标具体，具有可操作性

“托幼机构环境评价量表（修订版）”中的多数指标都是极为具体的。例如，在“日常生活护理”中，提出教师在来园环节要热情地问候幼儿（如教师表现出很高兴见到孩子，微笑，用愉悦的语调和孩子说话）；教师是幼儿健康保健的好榜样（如在幼儿面前只吃健康食品，检查并冲洗厕所）。在“语言/推理”中，提出教师要向幼儿提出问题以鼓励他们做出比较长的和更加复杂的回答（例如，向年幼的孩子提“什么”或“哪儿”的问题，向年长些的孩子提“为什么”或“怎么样”的问题）。在“互动”中提出教师表现出对幼儿的尊重（例如，注意倾听幼儿谈话，和幼儿进行视线的接触，公平地对待幼儿，不歧视幼儿）；同伴之间的互动基本上是积极的（例如，年长的幼儿经常与同伴合作、分享，幼儿经常友好地在一起游戏而不会打架）。凭借具体、操作性强的评价指标，评价者可以对托幼机构方方面面的工作做出比较客观的观察与判断，避免了评价的主观随意性。据此，我们在制定或者修订原有的评价工具时，应吸取与借鉴他国经验，注重评价标准的可操作性。

该量表自问世以来，已经陆续被翻译成 14 种以上文字，国际上许多相关研究都曾使用这一量表来评价托幼机构的整体质量。已有研究表明，该量表具有良好的信度和效度，托幼机构运用该量表的评价得分与幼儿学习成就和发展结果之间存在显著的相关。同时，多项跨文化应用研究证明，该量表的信效度并没有因为文化差异而受到显著影响。“托幼机构环境评价量表（修订版）”有许多值得我们借鉴的地方，但也存在一些问题，如该量表在重视教师行为等过程变量的同时，相对忽视了班级规模、师幼比例、教师资格等结构变量。不管怎样，在完善我国现行托幼机构教育质量评价工具的过程中，了解、借鉴和吸收国外托幼机构教育质量评价的先进经验，有助于我们建构一份既与国际幼儿教育学术水平接轨、又适合我国国情和文化背景的托幼机构教育质量评价工具，丰富和发展我国托幼机构教育质量评价的理论研究与实践工作。

三、“全美幼教协会幼儿活动室观察评价量表”述评

“全美幼教协会幼儿活动室观察评价量表”作为全美幼教协会——美国最大的幼教学术团体——所发起并开展的托幼机构教育质量认证体系的一部分，目的在于帮助观察并评价托幼机构的质量水平。全美幼教协会认为，一所托幼机构的教育质量如何，与该机构幼儿活动室中所发生的事项有关，因此，为确定一所托幼机构教育质量的水平，必须对各活动室进行观察评价。该量表所依据的“高质量托幼机构认证标准”不仅被美国，而且正被世界范围的幼教界人士所接受。“全美幼教协会幼儿活动室观察评价量表”也已经成为当前美国应用极为广泛的托幼机构教育质量评价工具之一。

（一）“全美幼教协会幼儿活动室观察评价量表”的结构与内容

“全美幼教协会幼儿活动室观察评价量表”从教师与幼儿的相互作用、课程、物质环境、健康与安全、营养与膳食5个方面考查托幼机构活动室的情况，进而以此考查托幼机构教育质量。该量表共包括65个项目，每个项目包括具体的评价标准，各项标准后面附有在评价时必须考虑的一系列具体的指标，有时也提供了一些范例以帮助评价者明确相关标准。对各项目的评价分为三个等级，实施3分制：“1”代表“不符合所定标准”，“2”代表“部分符合所定标准”，“3”代表“完全符合所定标准”。现概述5大类65个项目的主要内容及评价标准如下。

第一类　教师与儿童的互动

1. 教师经常与儿童交往，并表现出对儿童的关爱、兴趣和尊重。

2. 教师在儿童视线可及的地方，并且对儿童做出反应。

3. 教师以友好的、积极礼貌的方式与儿童谈话。

4. 教师与儿童个别交谈，并鼓励所有的儿童运用语言。

5. 教师平等地对待与尊重不同种族、宗教信仰、家庭背景和文化背景的儿童。

6. 教师为不同性别的儿童提供参与所有活动的平等机会。

7. 教师鼓励与儿童发展相适宜的独立性。教师培养与年龄相适宜的自理技能，如捡起玩具、擦去泼洒物、个人清洁（入厕、洗手）、取运材料及其他技能。（家庭或社会的文化观或许会影响对儿童独立性的期望）

8. 教师促进儿童责任感、自我调节力及自控力的发展。

9. 教师没有运用会对儿童造成伤害、羞辱或恐吓的体罚或其他的惩戒方式。

10. 大多数时候，活动室中整体的声音是愉快的。

11. 教师支持儿童情感的发展，帮助儿童处于舒适、轻松和愉快的状态，并鼓励儿童参与游戏和其他活动。

12. 教师认可并鼓励儿童的亲社会行为，如合作、轮流、以讨论的方式解决问题、关心他人。对儿童社会性行为的期望是发展适宜性的。教师支持儿童之间萌发的友谊，并给儿童提供和同伴及成人相互学习的机会。

13. 在一天当中，教师运用多种教学策略促进儿童的学习和发展。

第二类　课程

14. 所有年龄班儿童每天有户外游戏活动，并提供保障儿童健康和安全的环境。

15. 日常安排表保障静态游戏和动态游戏活动时间的平衡。

16. 日常安排表保障大肌肉活动和小肌肉活动的平衡。

17. 在一天当中的大多数时间，儿童有权选择个别、小组或集体等不同的活动形式。不要求婴儿和学步儿参加集体活动。

18. 保障儿童发起的活动与教师发起的活动的平衡。限定集体活动及教师发起的活动的时间。

19. 材料和设备（包括书籍、玩具娃娃、玩具、表演道具、图片、照片、音乐）适宜于特定年龄的儿童，并照顾到儿童的不同种族、性别和年龄特点。

20. 给婴儿、学步儿、幼儿园儿童、学前班儿童或学龄儿童提供发展适宜性的材料和设备。

21. 有儿童可以控制的积极的媒体，如可以在活动室中使用的、作为积极的学习材料的录音机、照相机、录像机和具发展适宜性的电脑软件。如果采用了类似的技术，托幼机构应为所有儿童提供同等的机会。教师帮助儿童尽可能独立地使用这些媒体。

22. 消极媒体，如电视、电影、录像带、录音带按发展适宜性计划被限制使用。

23. 培养具有积极的自我认同感和情感丰富的个人。

24. 发展社会性技能。

25. 鼓励儿童思考、推理、提问和实验。

26. 鼓励言语和读写能力的发展。

27. 加强身体及技能的发展。

28. 鼓励并示范正确的健康、安全和营养练习。

29. 鼓励儿童对艺术的创造性表现、表征和欣赏。

30. 尊重文化的差异。

31. 工作人员在一天中要为儿童提供材料和时间，以便他们选择自己的活动。

32. 教师要使各个活动环节之间顺畅自然地过渡。

33. 教师在改变事先计划好的活动或日常活动时，很灵活。

34. 工作人员把常规作为促进儿童学习能力、自理能力和社会能力发展的手段，并纳入课程计划之中。

第三类　物质环境

35. 有够用的室内场地，儿童不会感到拥挤。

36. 有各年龄班儿童够用的户外游戏场地。

37. 场地安排有利于儿童进行个别的、小组的、集体的活动。

38. 给儿童提供户内、户外使用的适宜于年龄特点的各种材料和设备。

39. 为儿童提供存放个人物品的空间。

40. 户内、户外有儿童能独自游戏或工作，或与同伴一起游戏或工作的个人空间。

41. 环境中包括柔软的物品。

42. 有消音材料，如用来减少噪音的顶棚瓦片和地毯。

43. 可全年在户外进行的各种活动。

44. 用栅栏或自然障碍物把户外游戏场地与街道及其他危险隔开。

第四类　健康和安全

45. 儿童一直处于成人的看管之下。

46. 为儿童穿上合适的衣服进行户内动态活动或户外活动。

47. 当儿童使用设备时，工作人员和儿童适度地保持区域的清洁。

48. 对厕所和浴室设备进行了消毒。

49. 在适宜的时候，工作人员用液体肥皂和流动水洗手。

50. 工作人员遵循正确的洗手程序。

51. 在换洗尿布和儿童入厕的地方，应有一个流动冷热水的池子，并贴有标志，提醒工作人员正确的洗手程序。

52. 房屋建筑、游戏场地以及所有设备都保持安全、清洁，并处于良好的维修保养状态。

53. 婴儿和学步儿的玩具应够大，以防止儿童吞咽或窒息。

54. 当婴儿在床上时，床的两边处于被固定的状态。当婴儿睡着时，应让他们保持仰睡状态。

55. 儿童易于够到盥洗水、饮用水以及洗手的设备。

56. 提供液体肥皂和一次性毛巾。

57. 儿童在入厕后、进餐前洗手。

58. 儿童所使用的地方应光线充足、空气流通，并保持适宜的温度。

59. 电源插座盖有防护盖（这一标准仅适用于学龄儿童活动室）。

60. 地板覆盖物是防滑的、无毒的材料。

61. 游戏场地中的设备下应使用防震材料（沙、木屑、碎石）。

62. 安全放置攀登架、秋千和大型设备（如果放置情况不易观察到，托幼机构提交证明材料）。

63. 所有化学物品和有潜在危险的物品，如药物或清洗剂，应存放在原有的、有标签的容器中，并锁在壁橱中，确保儿童够不着（稀释的漂白水不用锁起来，但应确保儿童够不着）。

64. 在明显的地方张贴有紧急行动程序。

第五类　营养和膳食

65. 儿童的进餐时间是一个愉快的社会交往和学习的体验时间。

（二）对“全美幼教协会幼儿活动室观察评价量表”的分析评价

“全美幼教协会幼儿活动室观察评价量表”作为全美幼教协会认证工作基本的评价工具之一，有其自身特色。

1. 重视对教师行为的评价

现有研究表明，教师行为影响着托幼机构的教育质量，是托幼机构教育质量评价中的关键要素。在“全美幼教协会幼儿活动室观察评价量表”中，突出了对教师行为的评价，把师幼互动的评价列在了评价标准的第一部分。“课程”“物质环境”“健康与安全”以及“营养与膳食”中的各项标准也体现了对教师行为的评价，尽管有的评价指标中没有明确指出，但其内容是指向于教师行为的。例如：在“物质环境”中的具体指标中，强调教师对物质环境的安排与利用；在“营养与膳食”中，强调教师要通过进餐与儿童进行社会性交往，并鼓励儿童的学习；等等。这些都说明教师行为在该量表中的地位，它不仅占较大比重，而且贯穿于各方面的标准之中。这样，就形成了一个以教师行为为核心的，相互衔接、相互联系的有机评价体系。

“全美幼教协会幼儿活动室观察评价量表”为什么将对教师行为的评价置于如此重要的地位呢？全美幼教协会认为，任何好的托幼机构教育必须是一个由教师仔细设计、准备和控制的有高度组织与结构的教育环境。幼儿的全面发展是通过与成人积极的、主动的和个别的交往获得的，尊重幼儿的积极主动性，并不意味着教师可以不教，让幼儿控制教室。从根本上讲，教师在幼儿学习与体验知识的过程中起着至关重要的作用，教师的行为直接影响幼儿发展与教育的效果。因此，对教师行为的评价应该是托幼机构教育质量评价的中心内容。

2. 评价指标具体，具有可操作性

“全美幼教协会幼儿活动室观察评价量表”中的许多指标都是极为具体的。例如，在“教师与幼儿的互动”中，提出教师要通过微笑、抚摸、拥抱等方式与幼儿交往，要经常与幼儿处于同一视线水平谈话；环境中的声音应是愉快的交谈声、自然的笑声和兴奋的叫声，而不是尖利的、令人压抑的噪声或强制性的安静。在“课程”中，提出教师可以通过“帮助有困难的儿童进入游戏情境或积极选择自选活动；给儿童提供分享、关爱、互助的机会，如给某个生病的儿童制作问候卡或照料小动物”等，发展儿童的社会性技能。这样，凭借具体、操作性强的评价指标，评价者可以对托幼机构活动室方方面面的工作做出比较客观的观察与判断，避免了评价的主观随意性。

3. 主要使用职责标准和效率标准

职责标准是对托幼机构工作人员教育行为的规范，它直接影响幼儿的各方面发展，是影响托幼机构教育质量的关键因素。“全美幼教协会幼儿活动室观察评价量表”中非常强调教师的职责标准。如：在“教师与幼儿的互动”中提出“教师抚慰受到伤害的、恐惧的或是难过的孩子”，“教师没有运用会对儿童造成伤害、羞辱或恐吓的体罚或其他的惩戒方式”；在“健康和安全”中提出“儿童一直处于成人的看管之下，工作人员用声音和视线看管儿童，儿童或许不在成人视线范围之内，但工作人员知道儿童在什么地方以及在做什么”；等等。

效率标准是以投入与产出的比例为依据评价托幼机构教育质量的标准，例如对场地、设备、器械的使用率、合理利用的情况以及保养状况等的评价。在“物质环境”方面的项目中，“全美幼教协会幼儿活动室观察评价量表”不是罗列托幼机构该有多大的空间和场地，托幼机构应该具备什么样的设备和材料，而注重考查各种物质设备和场地的实际使用情况。例如，该量表提出“有够用的室内场地，儿童不会感到拥挤”，“有各年龄班儿童够用的户外游戏场地，如不同年龄班使用不同区域，或不同年龄班安排在不同的时间使用同一区域”等。在我国相当多的托幼机构中，在办园条件上，往往不注重效率，过度追求办园条件的豪华，只着意于本园“有什么”，添置的东西往往大而无用、多而无当，实际使用情况极不理想，在人力、物力上存在着巨大的浪费。托幼机构中存在着不讲效率的问题，我国托幼机构教育质量评价工作应吸取与借鉴他国经验，注重对效率标准的使用。

借助现有的“托幼机构环境评价量表（修订版）”“全美幼教协会高质量托

幼机构认证标准”等较科学严谨的幼儿园教育质量评价标准体系，西方国家一方面设置了评价托幼机构教育质量的专业标准，极大地促进了西方托幼机构教育质量及质量评价工作的改进与提高；另一方面，这些标准也被其他国家和地区的幼教工作者借鉴和使用，在一定程度上促进了世界范围内托幼机构教育质量及评价工作的改进。值得我们注意的是，西方研究人员不是停留在现有的成果上，在编制发表评价工具之后，他们往往对这些评价工具的信度和效度进行长期的、细致的研究，像“托幼机构环境评价量表”和“全美幼教协会高质量托幼机构认证标准”都经过了多项研究的验证，其信度和效度都是相当高的，这就从根本上保证了评价工作的科学性、合理性。

第三节　制定幼儿园教育质量国家标准的构想

从管理层级上划分，教育质量标准可以分为国际教育质量标准、国家教育质量标准、省（州）级教育质量标准、地方教育质量标准和学校教育质量标准。[①]《国家中长期教育改革和发展规划纲要（2010—2020 年）》（简称《教育规划纲要》）指出，提高质量是教育改革发展的核心任务，要制定教育质量国家标准，并提及学前教育领域一些关键的教育质量指标。[②] 2016 年，教育部在《关于实施第三期学前教育行动计划的意见（征求意见稿）》中进一步明确提出“教育部研究制定《幼儿园教育质量评估指南》，建立科学的评估导向”的工作任务。上述规定充分体现了国家对建立幼儿园教育质量国家标准，以及开展全

① 中国教育科学研究院教育质量标准研究课题组. 教育质量国家标准及其制定 [J]. 教育研究，2013 (6)：4-16.

② 冯晓霞，等. 聚焦《国家中长期教育改革和发展规划纲要》——对学前教育建言的分析 [J]. 学前教育研究，2009 (6)：3-9.

国性幼儿园教育质量评价工作的高度重视和坚定信念。

一、 制定幼儿园教育质量国家标准的意义

在我国，目前全国范围的幼儿园教育质量评价工作，主要包括中央政府部门组织开展的教育统计工作和教育督导工作。教育部发展规划司每年组织开展的教育统计工作主要是收集并统计各地幼儿园基本情况（园数、班数、入园人数等），幼儿园教职工数，幼儿园园长、专任教师学历、职称情况，幼儿园办学条件等最基本的学前教育事业发展指标。长期以来，教育部定期发布的教育统计数据是加强宏观管理、进行科学决策的重要依据，但这些统计数据尚未能涵盖幼儿园教育质量的核心标准。在我国，教育督导有督政和督学两项基本职能，但在实际工作中，当前国家层面教育督导工作着眼于督政而非督学，主要在于监督、检查各级政府部门贯彻落实国家教育法律法规、政策方针等的情况。在实际工作中，因幼儿园教育质量国家标准的缺失，导致在判断、比较全国范围或某个区域（省、市、区）的幼儿园教育质量时，出现众口不一、难以达成共识的现象。加之目前各地使用的幼儿园教育质量标准不一致，部分地区存在标准过高或随意浮动的情况，甚至有研究者从“质量话语”理论的视角从根本上否定“质量标准”的必要性。为此，十分有必要聚焦幼儿园教育质量国家标准的制定，以便为提高我国幼儿园教育质量提供制度保障和评价依据。

（一）制定国家标准是加强学前教育质量管理的世界趋势

制定教育质量国家标准并实施缜密的评价工作，是当前各发达国家与国际组织加强学前教育质量管理的通行做法。教育质量的提高可以将共同的质量标准作为起点和依据。当前各发达国家的重要改革举措之一，就是基于国家标准的教育改革。尤其在一些实施教育分权管理的国家，因各地对学前教育机构质量的要求及标准不一致，导致各地学前教育机构质量参差不齐，给学前教育质量管理及幼儿的发展造成了消极的影响。

许多国家为了提高学前教育机构的质量，保障每个学前儿童得到有质量的

教育，纷纷出台了国家层面的机构课程标准、机构质量标准和幼儿学习标准。例如，2003年，芬兰政府颁布了《幼儿教育和保育国家课程指导》，这是一个具有指导意义的国家工具，旨在提高芬兰幼儿教育和保育活动质量，实现芬兰全国范围内幼儿教育和保育活动的平等实施，为芬兰地方的幼儿教育和保育政策及内容的制定、实施、评价提供框架。① 又如，澳大利亚于2010年开始逐步实施新的全国性质量标准。新的机构质量标准分为课程及其实施、儿童健康与安全、物质环境、教师员工、与儿童的关系、家庭与社区、领导与管理七个部分。澳大利亚全部的幼教机构，包括全日制机构、家庭日托、放学以后的托儿班、学前班等，均必须全面实行该标准。② 综上所述，制定幼儿园教育质量国家标准，是当前世界各国学前教育质量管理的共同趋势。

（二）制定国家标准有助于解决学前教育质量与公平问题

在新的历史发展时期，我国学前教育产生了诸多新的热点和难点问题。其中，学前教育质量和学前教育公平问题尤受关注。借助幼儿园教育质量国家标准，可以对目前凸显的质量与公平问题加以制约和匡正。

整体、全面提高幼儿园教育质量的重要途径之一，是制定并切实落实幼儿园教育质量国家标准。只有立足于国家标准，幼儿园教育质量的提升才有可能真正落到实处。若标准缺失、缺乏共识，则幼儿园教育质量的提升将失去前行的方向。各幼儿园整体教育质量的提升，应以国家标准为起点和评价依据。因此，为了更好地指导、规范幼儿园教育并提升其教育质量，一套科学完善、切实可行的幼儿园教育质量国家标准体系的建立，势在必行。实现学前教育公平，也离不开幼儿园教育质量国家标准的制定。《教育规划纲要》倡导“促进教育公平”，要加快缩小教育差距，公共教育资源要向农村地区、边远贫困地区和民族地区倾斜。我国学前教育不公平的焦点，目前主要还是在于教育资源配备上的

---

① 参见王坚红，尹坚勤. 国家视野下的学前教育机构评估标准 [M]. 南京：南京师范大学出版社，2012：242-267.

② 来源于澳大利亚教育部官方网站。

不均衡，包括园舍设施设备等物力方面的不均衡、教师配备等人力方面的不均衡、教育经费等财力方面的不均衡等。制定并切实执行幼儿园教育质量国家标准，可以让全国所有地区、所有幼儿园都在统一标准的指引下开展教育工作。这样做，是保障幼儿园教育质量底线的公平，至少能确保所有地区、所有幼儿园在教育经费、师资配备、办园条件等质量基本要素方面达标。

（三）制定国家标准有助于规范幼儿园的办园行为

相关实证研究表明，20世纪中期以来，幼儿园教育质量决定着幼儿园教育对幼儿身心发展能否产生积极影响。幼儿身心健康发展离不开符合其身心发展规律及学习特点的、科学且高质量的幼儿园教育。《教育规划纲要》倡导学前教育要以遵循幼儿身心发展规律，保障幼儿健康快乐成长，坚持科学保教方法为前提，基于此才提出到2020年我国学前教育基本普及的目标。然而近年来，一些幼儿园出于营利或吸引眼球等目的，聘用不合专业资质的教职员工，采用违反幼儿身心发展规律的教育内容和途径，更有甚者，基本的物质条件都无法达标。种种不规范的办园行为的出现，严重影响了幼儿身心健康发展。

中国教育科学研究院对11个省市幼儿园教育质量进行了抽样调查，结果显示，在幼儿每日户外活动时间方面，有60%的幼儿园没有达到《规程》所要求的"幼儿每日户外活动时间不能少于2小时"的规定，其中有半数幼儿园无法保证幼儿每日户外活动1.5个小时，有26%的幼儿园每日户外活动时间为40分钟以下，有15%的幼儿园每日户外活动时间不足25分钟。在师幼比方面，超过一半的幼儿园班级的师幼比是超标的，更有甚者，超出国家规定的二到三倍。在教育工作者专业资质方面，园长和教师的专业素质偏低，仅有30%的园长是大学本科及以上学历，15%的园长没有取得教师资格证书，38%的幼儿教师没有取得教师资格证书，近半数教师未取得专业技术职称。① 相关调查显示，当前幼儿园教育普遍存在材料的提供不适合幼儿的发展需求，课程随意性大、过分强

① 刘占兰. 幼儿园的保教质量是入园率的意义前提［J］. 学前教育研究，2010（5）：9-10.

调特色，幼儿的学习内容不均衡，教师倾听和关注幼儿少，幼儿的语言表达和交流少等突出问题。① 制定幼儿园教育质量国家标准，并开展常规性的、全覆盖的幼儿园教育质量评价，有助于纠正现实中的种种偏差和问题，有助于政府加强学前教育管理，将所有类型的幼儿园，包括民办幼儿园纳入教育质量评价体系，杜绝违背幼儿身心特点和发展规律的教育内容进入幼儿园，杜绝不合资质的人员进入幼儿园，规范各类幼儿园的办园行为，最终确保幼儿身心健康和谐发展。

（四）制定国家标准有助于营造正确的社会主流舆论

近年来，大量研究发现，虽然广大幼儿家长对幼儿发展及学前教育的重视程度不断提高，但家长普遍缺乏正确的教育观念和科学的引导，加上各种不良商业性宣传的误导以及应试教育压力的下移，学前教育领域乱象丛生。

一些幼儿园教育中存在严重的“小学化”“学科化”现象：部分幼儿园以集体上课作为主要活动形式，提前进行识字、拼音、计算等，甚至布置家庭作业；还有些幼儿园在一日活动中安排了大量如英语课程、蒙氏课程、舞蹈课程、计算机课程等“特色”课程。上述种种作为，导致幼儿园保教活动严重偏离了幼儿园教育正确的发展轨道与方向，为幼儿增加了本不应有的学习负担。对上述幼儿园教育“小学化”“学科化”的现象，仅有10.9％的幼儿园教师完全否定“小学化”，9.4％的教师肯定“小学化”做法但有前提条件，5.7％的教师感觉是不得已而为之，74％的教师持中庸态度；70％的幼儿家长反对幼儿园“小学化”的教育方式，主张以玩为主，寓教于乐，给孩子一个轻松、快乐的童年，30％的家长既反对幼儿园教育的“小学化”，又觉得幼儿园还是要教些东西的，否则，担心孩子难以适应小学的学习和生活，处于比较矛盾的境地。② 这在一

---

① 刘占兰，等．中国幼儿园教育质量评价——十一省市幼儿园教育质量调查［M］．北京：教育科学出版社，2011：388-390.

② 参见：程秀兰．多学科视野中幼儿园教育“小学化”现象透视［J］．教育研究，2014（9）：69-76；李大维，刘秀丽．幼儿教育“小学化”倾向的现状与对策［J］．东北师大学报（哲学社会科学版），2006（6）：164-167；原晋霞，等．幼小衔接并非超前学习小学知识［N］．中国教育报，2011-08-26（7）；苏令．别让“超前”教育毁了孩子童年［N］．中国教育报，2011-05-17（6）.

定程度上说明，我国学前教育领域目前尚未形成正确的社会主流舆论。还有相当部分的幼儿家长及专业幼教工作者盲目追求“提前教育”“超前学习”，这不仅让幼儿“伤”在、“输”在起跑线上，也严重阻碍了幼儿园教育质量的整体提升。经合组织（OECD）对发达国家相关学前教育政策的研究结果表明，由政府和教育部门制定并推行幼儿园教育质量标准、幼儿学习与发展标准、课程标准等，能有效转变公众的教育观念。

我国幅员辽阔，各地区学前教育发展和质量参差不齐，幼儿园教育质量国家标准的建立，必然能强有力地体现国家所倡导的学前教育质量观，有助于不同地区的家长、教师、媒体工作人员等在统一的标准下加强交流，形成共识。这对形成正确的社会主流舆论、创设有利于幼儿健康成长的良好社会环境具有重要的现实意义。

二、 制定幼儿园教育质量国家标准的思路

幼儿园教育质量国家标准的制定是一项复杂、艰巨的系统工程。国家标准不仅应体现国家学前教育的方针政策，引导幼儿园教育质量评价的方向，同时也应反映各利益群体对幼儿园教育质量的理解以及诉求。制定幼儿园教育质量国家标准，可以从如下方面考虑。

（一）以国家教育方针和幼儿园保教目标为指引

教育质量国家标准是全国范围内相关教育机构及人员必须共同遵守的衡量教育质量的准则和依据，一般是由国家级行政部门批准和发布的、对教育质量所作的统一规定。国家教育方针和政策是幼儿园教育质量标准及评价总体方向的把握，从国际经验来看，世界各国的教育质量标准均以其国家政策法规规定的教育目标为指引，以教育目标的实现为最终宗旨。因此，我国国家层面上规定的幼儿园保教目标，是制定幼儿园教育质量国家标准的基本出发点。

在我国，2016 年教育部最新修订并颁发的《幼儿园工作规程》第五条明确规定了幼儿园保育和教育的主要目标：（1）体育方面的目标，包括增强幼儿的

体质并促进其心理健康，促进幼儿身体正常发展和机能的协调发展，培养幼儿参加体育活动的兴趣和良好的生活习惯及卫生习惯；（2）智育方面的目标，包括培养幼儿正确运用感官和运用语言交往的基本能力，发展幼儿的智力，培养幼儿有益的兴趣、求知欲和初步的动手探究能力；（3）德育方面的目标，包括萌发幼儿爱祖国、爱家乡、爱集体、爱劳动、爱科学的情感，培养幼儿诚实、自信等良好的品德行为和习惯及活泼开朗的性格；（4）美育方面的目标，包括培养幼儿初步的感受美、表现美的情趣及能力。另外，《幼儿园教育指导纲要（试行）》《3—6岁儿童学习与发展指南》等国家层面的政策文件及其中的保教目标和要求，都可以综合考虑，作为制定教育质量国家标准的依据。

幼儿园教育质量国家标准应是上述政策文件目标的具体化，国家标准中对幼儿园教育质量各方面的具体要求均应指向并有助于上述幼儿园保教目标的达成。

（二）以学前教育领域重要文件为依据

近年来，我国政府密集出台了一系列学前教育文件，包括《幼儿园教师专业标准（试行）》（简称《教师专业标准》）、《幼儿园教职工配备标准（暂行）》（简称《配备标准》），还有前述提到的《幼儿园工作规程》《3—6岁儿童学习与发展指南》等。

一般来说，幼儿园教育质量标准大致包括物质条件、人员条件、教育活动、幼儿发展及幼儿园管理五大类构成要素。[①] 上述文件中的标准是制定我国幼儿园教育质量国家标准的重要依据。例如，在制定幼儿园教育质量国家标准中人员条件部分的标准时，可充分依据《规程》《配备标准》中的相关规定。《配备标准》指出，幼儿园保教人员包括专任教师和保育员；幼儿园教职工包括专任教师、保育员、教辅人员、卫生保健人员、行政人员和工勤人员。以《配备标准》为依据，幼儿园教育质量国家标准应明确要求，幼儿园要配齐配全各类教

---

① 刘霞．我国幼儿园教育质量标准研究［G］//杨宁．广东省幼儿园园长培训手册（上）．广州：广东高等教育出版社，2013：108.

职工，以满足保教工作的基本需要。此外，幼儿园教育质量国家标准应以《配备标准》中的规定为依据，明确全日制幼儿园保教人员的配备数量：全日制幼儿园每个班级配备 2 位专任教师及 1 位保育员，或者配备 3 位专任教师；保教人员与幼儿比应达到 1∶7—1∶9。半日制幼儿园每个班级配备 2 位专任教师，其中有条件的幼儿园可以加配 1 位保育员；保教人员与幼儿比应达到 1∶11—1∶13。

又如，《规程》中规定，幼儿园园长应当具有《教师资格条例》规定的教师资格、具备大专以上学历、有三年以上幼儿园工作经历，有一定的组织管理能力，已经取得园长岗位培训合格证书。以此为依据，幼儿园教育质量国家标准中对园长资质的要求就可以非常清晰明了。

再如，《教师专业标准》体现出国家对幼儿园教师专业素质的基本要求，如教师要尊重幼儿的人格，维护幼儿的合法权益，要平等地对待每一个幼儿，做到不讽刺、挖苦和歧视幼儿，不体罚或变相体罚幼儿；教师还要与幼儿建立良好的师幼关系并帮助幼儿建立良好的同伴关系，让幼儿感受到温暖和愉悦；等等。类似的标准为制定幼儿园教育质量国家标准中的教师行为标准提供了很好的依据与参考。

（三）充分了解并借鉴其他国家的有益经验

一些发达国家，如德国、英国、澳大利亚等，都先后建立了不同形式的国家学前教育质量标准与评价体系。充分了解并借鉴这些国家的有益经验，有助于我国幼儿园教育质量国家标准的研制。

1999 年，德国启动了“全国儿童日托机构系统质量推动研究”。这项规模庞大的研究计划，由该国的联邦家庭、老人、妇女、少年儿童工作部发起。它首次在德国全国跨州和跨组织研究的基础上，制定了一个关于日托机构质量的标准体系。其研制的《儿童日托机构的教育质量：国家标准集》共提出了涵盖儿童日托机构工作各个方面的 1364 个质量标准条目，把儿童日托机构的质量归纳为 5 个层次和 20 个领域，其中，20 个领域包括给儿童创设的空间、一日流程设计、餐点和营养、健康与身体照料、睡觉与休息、情感与社会性发展、语言与交流、运动、安全等。① 这一标准在德国得到广泛的认可。

2009 年，澳大利亚政府通过了政务院关于在英联邦国家和地区政府之间合作，建立早期儿童教育和看护国家质量标准的提议，并制定国家质量标准体系（包括幼儿学习大纲和全国质量评级体系）。全国性幼儿学习大纲（Early Years Learning Framework，简称 EYLF）被视为国家质量的第一要素，包括了儿童有强烈的身份感、儿童有强烈的归属感、儿童有强烈的幸福感、儿童成为一名自信的参与式学习者、儿童成为成功的交流者五个学习目标，该大纲为澳大利亚的幼教工作者提供了指南，确保了幼儿在托幼机构获得高质量的体验。同年，澳大利亚政务院颁布了《早期儿童教育与保育国家质量标准》，提出了教育方案与活动、儿童的健康与安全、物理环境、人员安排、与儿童的关系、与家庭和社区的合作关系、机构的领导及管理七个质量领域，并分别具体阐述了托幼机构在上述七个方面能做什么事情。为配合新的质量标准的推行，澳大利亚还发布了《质量标准实施指南》，提供关于质量标准进一步的信息和法案、条例中相关规定的解释。从 2012 年 1 月 1 日起，澳大利亚所有的托幼机构都要按照新的全国质量标准参加评估。

2008 年，《英国早期儿童奠基阶段标准》（Statutory Framework for the Early Years Foundation Stage）被纳入英国的法制体系。《英国早期儿童奠基阶段标准》整合了《基础阶段课程指导》《0—3 岁很重要》《8 岁以下儿童日托和居家保姆全国标准》等文件，建立起 0—5 岁儿童学习、发展和教育的统一框架。此标准包括完整的方案框架、儿童学习标准、发展目标和实施指导。其中，儿童学习和发展领域与具体要求包括了个性、社会性与情感，交流、语言与文字，解决问题、推理与数理能力，对周围世界的认识与理解，身体的发展，创

① 参见郭良菁. 德国研制《儿童日托机构的教育质量：国家标准集》的启示——兼论我国制订质量评价标准体系的若干问题 [J]. 学前教育研究，2004 (9)：58-60.

造力的发展六个方面。[1] 在英国，不论什么类型的机构及其幼教工作者，都必须采用《英国早期儿童奠基阶段标准》，以满足幼儿及其家长对于高质量教育的需求。

上述幼儿园教育质量国家标准在内容指向、侧重点、表达方式等方面都互不相同，各有特色，为我们从不同角度建立我国幼儿园教育质量国家标准提供了丰富的启发和多样的思路。

（四）成立教育质量国家标准专设机构

主要发达国家的教育质量标准研制和监管主体，可以归纳为三类：第一类，由国家教育部直属的研究部门或者行政部门，直接负责教育质量国家标准的制定与应用；第二类，由专业的学会（或者协会）组织，负责教育质量国家标准的制定与应用；第三类，由专门的独立机构，负责教育质量国家标准的制定及应用工作。[2] 从文献分析的结果来看，无论何种教育管理体制下，第三类，即成立专门的独立机构，业已成为近年来新的一种发展趋势。

例如，为了提高教育质量，英国专门成立了“教育标准办公室”。该办公室独立于教育部和劳动技能部之外，负责制定英国全国统一的服务质量规范标准，并且负责注册、督导及检查工作。[3] 此外，该办公室独立聘用来自社会各服务部门的督察员，定期进行培训，在各地区形成了教育质量督导网络。借鉴类似经验，我国成立专设的教育质量标准管理机构，如教育部直属的具有第三方独立性质的专设机构或是全国教育质量标准化委员会，具体负责启动幼儿园教育质量国家标准的制定和应用工作，就目前情况而言是具有一定可行性的。

需要注意的是，在借助幼儿园教育质量国家标准对全国范围的幼儿园教育质量做出统一规定的同时，一定要给各地及各幼儿园留出一定的弹性空间和自

---

① 参见王坚红，尹坚勤．国家视野下的学前教育机构评估标准［M］．南京：南京师范大学出版社，2012：112-144.

② 中国教育科学研究院国际比较教育研究中心．时代的选择：建立教育质量国家标准［J］．人民教育，2012（11）：4-7.

③ 刘焱．英国学前教育的现行国家政策与改革［J］．比较教育研究，2003（9）：11-16.

主空间。制定幼儿园教育质量国家标准，不宜完全采用“一刀切”的做法，而要注意尊重不同地区、不同幼儿园之间的现实差异，确保教育质量标准及其应用过程中的多样性。否则，幼儿园教育质量国家标准将难以落实和得到有效的执行。

第四章
幼儿园教育质量评价的一般程序

幼儿园教育质量评价是一项专业性和技术性较强的系统工程。只有科学、严格地按照一定程序组织实施，才能保障评价工作的质量和评价结果的可靠性与有效性，从而实现评价目的。在不同类型的幼儿园教育质量评价中，评价具体的组织形式、方法和内容不尽相同。本章着重探讨幼儿园教育质量评价的一般程序。

关于教育评价过程的组织步骤与阶段，研究界有不同的主张。加拿大维多利亚大学教授梅森（Masson M.）将教育评价过程分为三个阶段：形成具体的教育目标；描述或测量有关的行为形式；进行判断。我国台湾地区学者李聪明按照评价的实施程序，将评价过程分解为四个步骤：分析评价的目标；选定评价的时机；选择、制作与利用评价用具；处理、解释与利用评价资料。也有研究者根据评价信息的处理过程，将评价过程分为信息的输入、信息的处理、原因的分析、确认—报告—传达—决定四个步骤。[①] 整合多家观点，可将幼儿园教育质量评价简要划分为三个阶段：评价准备阶段、评价实施阶段、结果处理与反馈阶段。本章对这三个阶段分节依次做介绍。

① 参见刘本固. 教育评价的理论与实践［M］. 杭州：浙江教育出版社，2000：259-262.

第一节　幼儿园教育质量评价的准备

准备阶段是幼儿园教育质量评价具体实施前的预备阶段。“凡事预则立，不预则废。”准备阶段对于科学的评价程序来说，是必不可少的一个步骤，是成功地开展幼儿园教育质量评价的前提和基础。准备工作的好坏，将直接影响评价的质量，影响评价功能的发挥。一般来说，幼儿园教育质量评价准备阶段的具体工作，包括评价方案设计和组织管理工作两方面的内容。

一、幼儿园教育质量评价方案的设计

评价方案是评价活动的先行组织者，它是依据一定的评价目的，根据教育活动和评价活动的一般规律，对评价的内容、范围、方法、手段和程序等方面加以规范的基本文件。① 评价方案是幼儿园教育质量评价工作的关键性指南，也是整个评价过程中技术性最强的一环。评价方案具有目的性、规范性和可操作性等特点。只有在对评价方案做了充分酝酿、构思，对诸多相关问题做了周密细致的考虑和安排的基础上，幼儿园教育质量评价才能达到预期的效果。设计优秀的评价方案，对整个评价过程具有举足轻重的影响，在评价的各个阶段都具有指导意义。一般而言，设计评价方案时应包括以下各项内容。

（一）明确评价目的

设计评价方案，首要的问题是要搞清楚即将实施的评价的目的，为什么要进行这种评价，评价使用者的意图是什么。② 评价目的直接影响评价方案的整

① 陈玉琨. 教育评价学［M］. 北京：人民教育出版社，1999：32.
② 侯光文. 教育评价概论［M］. 石家庄：河北教育出版社，1996：118.

个设计，对其有定向的作用。不同的评价目的，使用者的不同意图，需要通过不同的方案来实现。如果是为了分等选拔，在设计评价方案时，就需要注意拉开档次，选取相对评价的方法，从收集信息到处理信息以及评价结果的解释等做出相应的安排；如果是为了鉴定幼儿园是否达到了预定的标准，评价方案则需为完成此目的在方法的选取、信息收集等方面做合理的筹划。

无论何种类型的评价，评价发起人首先应当确定自己的评价概念框架，决定本次评价所要解决的主要问题，然后将评价问题具体化和操作化，并定义可测定的评价结果。[①] 明确评价的目的，涉及三个方面的问题。

首先，明确为什么评价，也就是当前评价的直接目的是什么。例如，是为了鉴定某类（些）幼儿园的质量类型，判断它们是否已经达到某类评价标准？还是幼儿园内部为了找到当前本园保教工作存在的问题与不足，通过评价改进保教质量？或是为了树立某类（些）幼儿园为标杆，在区域内发挥示范、辐射作用？还是通过评价监测某类（些）幼儿园的教育质量，为区域内学前教育政策与管理提供参考与借鉴？评价目的不同，评价的具体内容、组织方式、收集资料的方法会有较大的差别。

其次，明确由谁来评价，即评价的主要组织者和评审者是谁。如果评价的目的是鉴定幼儿园教育质量，则评价一般由上级教育行政管理部门执行，评价者一般是幼儿园以外的专门人员。如果评价是为了改进本园的工作，则幼儿园内领导和教师的自我评价和相互评价将发挥主要作用。

最后，明确评价什么，即评价的具体内容和对象是什么。例如，在组织开展对幼儿园教育质量的评价时，是对幼儿园教育质量进行全面系统的评价，还是针对某些质量要素的评价？在决定评价目的时，应当做出慎重的考虑，尽量在主客观条件许可下，在可行的范围内选择有实际意义的主要方面加以评价。

例如，笔者在 2003—2005 年主持《广州市示范性幼儿园认定标准》的研制

---

① 王坚红. 学前教育评价［M］. 北京：人民教育出版社，2010：99.

工作时，首先要明确办好广州市示范性幼儿园的指导思想是：“要有计划地推动我市示范性幼儿园建设，在城乡各类社会力量举办的幼儿园中扶持一批办学方向端正、管理严格、教育质量好并具有良好社会信誉的幼儿园成为示范性幼儿园，充分发挥示范性幼儿园在贯彻幼儿教育法律法规、传播科学教育理念、开展教育科学研究、培训师资和指导家庭、社区早期教育等方面的示范、辐射作用，带动本地区幼儿教育事业的整体发展和教育质量的提高。”这也是开展广州市示范性幼儿园认定工作的主要目的。从这一目的出发，最终出台的《广州市示范性幼儿园认定标准》采用了整体质量评价法，从物质环境、人员配置、幼儿园管理、教师与幼儿的交往、生活管理、教育活动、家长和社区工作、幼儿园特色8个板块43个项目，对申报的幼儿园进行了较全面、系统的评价。

又如，笔者在2013—2014年主持了《广州市幼儿园保教质量评估监测指标》的研制工作。开展此项评估监测工作的目的是：“以科学的幼儿园保教质量评估监测体系，促进广州市学前教育决策和管理的科学化，指导和改进广州市幼儿园保教工作，促进广州市幼儿园保教质量的有效提升。”从这一目的出发，基于客观、简洁和可得的原则，根据广州市学前教育发展实际，借鉴国内外学前教育质量评估与监测的经验，最终研制的广州市幼儿园保教质量监测指标，采用了关键指标监测法，选取了班级规模、师幼比、专任教师学历、专任教师职称、专任教师的幼儿园教师资格证持有情况、专任教师的收入、保教人员年流动率、幼儿身高达标率、幼儿体重达标率九个关键指标开展对幼儿园保教质量的评估监测工作。

综上所述，在进行评价方案设计的开始，就要很好地把握评价目的，并将其作为方案的重要内容，用文字加以规范，做简要的说明。这样，既使评价方案的设计者在思想上更加明确，同时也为评价的操作者提供明确的方向和准绳。

（二）编制评价标准

幼儿园教育质量评价，本质上是对幼儿园教育的价值进行判断的过程。但是，如何把教育的价值准确地表现出来？编制评价标准，是幼儿园教育质量评价工作的关键。所谓评价标准，就是对一切教育活动质量或数量要求的规定。它一般包括评价指标和评定标准。评价指标是评价幼儿园教育质量时要考虑的因素，它是对评价内容的规定，针对具体评价对象规定从哪些方面去评。而评定标准是指规定对应于相应的指标，被评价对象达到什么程度，才可获得相应的分数、等级或评语。

编制评价标准的过程可分解为两个基本步骤。首先，要在明确影响幼儿园教育质量的因素及其相互关系的基础上，确定评价指标。影响幼儿园教育质量的因素是多方面的，例如人际互动（包括幼儿与成人、幼儿与幼儿、成人与成人之间的互动等）、教育活动、物质环境、作息制度、管理工作、家园联系等。在列出各种影响因素的基础上，进一步明确这些因素之间的关系：哪些因素是影响幼儿园教育质量的结构因素？哪些因素是影响幼儿园教育质量的过程因素？哪些因素是影响幼儿园教育质量的支持因素？在明确这些因素的作用及相互关系之后，可以初步确定评价指标，并为确定评价工作的重点和评价的权重提供依据。其次，要确定各项评价指标的评定标准。在确定评价指标的基础上，需要进一步确定评价这些指标的标准。可以通过多种方式确定评定标准。有时，可以通过分析达到质量标准所需的条件（包括人员、设备、场地等），来制定相应的评定标准，例如关于师幼比例和班级规模的标准。制定这类评定标准时，应当考虑本地区幼儿园的实际情况，使所制定的标准有一定的可行性，主要使用素质标准与效率标准作为评定标准。有时，可以通过分析工作人员要达到所制定的质量标准所需进行的活动，来制定出相应的评价标准。例如，为了保证幼儿的安全与健康，工作人员应当做些什么和怎么做。在这里，主要使用职责标准作为评价标准。有时，可以通过分析在所制定的质量标准的指导下教育工作可能产生的结果，再选择恰当的效果评价标准。这里的主要问题是选择恰当的、与作为指导思想的价值观相一致的效果标准作为评价标准。例如，如果我们以促进幼儿创造性发展而不是以死记硬背某些知识、概念作为课程的价值取向，那么效果评价标准应当与这种价值观相一致。如果我们在效果标准中选择了不恰当的指标，如将背诵或模仿能力作为评价指标，那么就会出现自相矛盾的情况，从而影响质量评价标准的效度和内部一致性。

下面，以笔者主持研制的《广州市示范性幼儿园认定标准》为例，简要说明评价标准的编制过程。

首先，确定广州市示范性幼儿园认定标准的主要评价指标。在研制《广州市示范性幼儿园认定标准》的过程中，我们立足“优质的幼儿园教育应满足幼儿身心健康发展的需要”，首先从物质环境、人员配置、幼儿园管理、教师与幼儿的交往、生活管理、教育活动、家长和社区工作、幼儿园特色八个方面构成了《广州市示范性幼儿园认定标准》的主体框架。① 具体如下。

物质环境包括室内空间、室外空间、私人空间、空间安排、材料和设备、与幼儿有关的环境布置、与教师有关的环境布置七个方面，主要是要求示范性幼儿园具备开展生活护理和教育活动所必需的空间、材料和设备，以及要妥善维护、安排与使用这些空间、材料和设备等。其中，“与幼儿有关的环境布置”一项强调指出：“环境布置适合幼儿的年龄特点和学习方式；环境布置与当前活动及幼儿经验密切相关；悬挂、陈列的作品处于幼儿视线水平。”

人员配置从工作人员资格、班级规模、师幼比、教师的稳定性、教师专业成长的机会五个方面要求示范性幼儿园具备能够保障幼儿生存与发展的基本人员条件。针对部分幼儿园存在的班级规模过大和师幼比过低的不良现象，“班级规模”和“师幼比”两项强调示范性幼儿园各年龄班幼儿人数必须按《幼儿园工作规程》中规定的班额数执行，同时对班级中保教人员与幼儿之比提出了明确具体的要求。

---

① 沈慧洁，刘霞. 彰显幼儿本体 关注教育过程——《广州市示范性幼儿园建设指导意见》解读[J]. 教育导刊（幼儿教育），2006（2）：7-10.

幼儿园管理从办园方向、管理制度、卫生保健制度、评价、工作氛围五个方面要求示范性幼儿园具备相关的管理制度以及良好的工作氛围。

教师与幼儿的交往则从教师与幼儿的谈话、平等对待幼儿、纪律与惩戒、班级气氛四个方面对教师的教育行为提出了明确具体的要求。其中，“纪律与惩戒”一项强调指出：“教师有效地使用不带惩罚性的约束方法；教师引导幼儿积极参与解决冲突和问题；教师通过活动帮助幼儿形成良好的社会交往态度，初步掌握社会性技能。”此外，针对部分幼儿园存在班级气氛压抑或过度亢奋等问题，在“班级气氛”一项中强调指出：“教师经常以温和的、支持性的方式回应幼儿；幼儿之间的交往基本上是积极的；大多数时候活动室中整体的声音是愉快的、和谐的。”

生活管理包括来园/离园、进餐/点心、午睡/休息、入厕、健康措施、安全措施六个方面，主要涉及与幼儿生活护理、健康和安全有关的活动与要求。其中，“安全措施”一项强调指出：“确保户内或户外没有安全隐患；有处理紧急事件的必要设施；教师向幼儿解释所制定的安全制度，幼儿通常遵守安全制度。”

教育活动包括日程安排，小肌肉活动，大肌肉活动，语言活动，美工活动，音乐活动，科学活动，数学活动，积木活动，表演游戏，沙/水活动，电视、录像和/或电脑的使用十二个具体方面，主要要求示范性幼儿园通过使用适当的材料、开展相应的教育活动来促进幼儿各方面的发展。

家长和社区工作从家长工作和社区工作两个方面对示范性幼儿园提出了具体要求，以期逐步建立完善的家庭、社区参与幼儿园教育，以及幼儿园服务家庭、社区的幼儿教育模式。

幼儿园特色则从保教工作示范基地和教改科研基地两个方面

对示范性幼儿园提出了具体要求，强调示范性幼儿园要挖掘自身在办园体制和机制上的有利条件，带动本区域幼儿教育工作的发展，以进一步体现和发挥各类型示范性幼儿园的示范性和辐射性。

其次，要确定各项评价指标的评定标准。要如何做好广州市示范性幼儿园的认定工作？在此过程中需要贯彻何种思想与理念？我们在充分吸收和借鉴现有理论研究成果及教育共识的基础上，确定广州市在建设示范性幼儿园时，要着力彰显“以幼儿发展为本，关注教育过程”的优质幼儿园教育的新内涵。下面以第四板块“教师与幼儿的交往”为例进行说明（见表 4-1）。

表 4-1 《广州市示范性幼儿园认定标准》之“教师与幼儿的交往”

项目与认定标准	认定结果		
(四) 教师与幼儿的交往	达标	部分达标	未达标
1. 教师与幼儿的谈话 □ 在一天当中，教师主动与幼儿进行有意义的谈话，并通过微笑、抚摸、拥抱等非言语方式与幼儿交往。 □ 教师以友好的、平等的、积极礼貌的方式与幼儿谈话，教师经常与幼儿处于同一视线水平谈话。 □ 在教育活动和常规活动（入园、离园、进餐）时，教师与幼儿个别交谈并倾听他们的谈话。			
2. 平等对待幼儿 □ 教师平等地对待与尊重不同种族、民族、宗教信仰、家庭背景和文化背景的幼儿。例如：教师使幼儿明确永远不可仅因为某人的身份（年龄、种族、民族、家庭生活、身体特征和能力等）而嘲弄或拒绝某人；教师以积极的方式讨论每个幼儿的身体特征和家庭传统。			

续表

项目与认定标准	认定结果		
	达标	部分达标	未达标
□ 教师为不同性别的幼儿提供参与所有活动的平等机会。例如：提供与传统性别角色定位不同的材料、道具和真实的形象，如女消防员、男护士；当表扬幼儿时，避免语言中的性别偏向（如对不同性别的幼儿都使用坚强的、漂亮的等词汇）。 □ 教师了解特殊儿童（或残疾儿童）的需要，并提供适宜的环境、活动与日程安排及个别化的指导与帮助。 3. 纪律与惩戒 □ 教师有效地使用不带惩罚性的约束方法（例如，关注幼儿的积极行为，使幼儿从令人不能接受的活动转向令人可以接受的活动）。 □ 教师引导幼儿积极参与解决冲突和问题（例如，引导幼儿讨论问题并想出解决方法，引导幼儿理解他人的感受）。 □ 教师通过活动帮助幼儿形成良好的社会交往态度，初步掌握社会性技能（例如，通过阅读故事书和小组讨论与幼儿一起解决常见的冲突）。 4. 班级气氛 □ 教师经常以温和的、支持性的方式回应幼儿（例如，教师看上去喜欢和幼儿待在一起，声音愉悦，经常微笑，很少出现令人不快的师幼互动）。 □ 幼儿之间的交往基本上是积极的（例如，年长的幼儿经常与同伴合作、分享，幼儿经常友好地在一起游戏，不会打架）。 □ 大多数时候，活动室中整体的声音应是愉快的、和谐的（例如，活动室充满愉快的笑声，兴奋的叫声，忙碌的活动声，愉快的交谈声，而不是尖利的、令人压抑的噪声或强制性的安静，教师的声音不占主导地位）。			

在表 4-1 中，左边是评价的项目及指标，每个项目后面都附有在评价中必须考虑的一系列具体的指标，这些指标放置于“□”之后。有些项目后面提供了一些范例以帮助评价者理解所定标准，评价者并不是一定要观察到这些特定的范例，而应是看到相似的事件。评价者以指标为依据进行观察，并在“□”中划上“√”或“×”的标记。各个项目的评价使用下面的尺度：“达标”指相应项目完全符合所定标准，即该项目中的所有指标都是“√”的标记。“部分达标”指相应项目部分符合所定标准，即该项目中的部分指标出现“×”的标记。“未达标”指相应项目完全不符合所定标准，即该项目中的所有指标都是“×”的标记。所有“部分达标”和“未达标”的情况必须附有书面备注。

（三）确定收集评价信息的方法与步骤

幼儿园教育质量评价中收集评价信息有多种方法，如观察法、访谈法、问卷法、查阅资料法、测验法、口头或书面汇报等。这些方法各自有其特点，应用范围和处理对象也各有不同之处。在评价准备环节，应根据评价的目的、内容等适当地选用收集评价信息的方法。有时，可以用多种方法结合进行，并相互印证所获得资料的一致程度，提高评价的可靠性。在设计评价方案时就确定好方法与具体步骤，才能保证评价的实际过程有计划地、有条不紊地进行。本书第五章将详述收集评价信息的各类方法与手段。

在《广州市示范性幼儿园认定操作手册》中，明确了认定广州市示范性幼儿园的方法与具体步骤，具体如下。

8：30　到园。专家小组组长随机抽取大、中、小班各 1 个，并安排组员进班。

8：45—11：30　以幼儿班级为单位观察幼儿半日活动，包括班级中的物质环境、人员配置、教师与幼儿的交往、生活管理、教育活动等内容，并随机个别访谈教师或幼儿（实地观察法、访谈法）。

14：00—15：30　专家小组 2 名成员随机抽取 10 名以上教师召开

教师座谈会（为获得客观、全面的评价信息，专家小组成员在观察幼儿活动、查阅资料的基础上，围绕相关项目及指标进行座谈）；专家小组另外1名成员查阅资料，根据幼儿园填报的《广州市示范性幼儿园申报单位自评表》，复核工作人员资格、管理制度、卫生保健制度等相关内容；查阅并收集展示幼儿园特色和示范作用的材料。回收并统计家长问卷（请申报单位按指定时间在教育局领取《家长问卷》并发放给家长填写，在专家小组实地考察的当天设密封的问卷回收箱回收）（访谈法、查阅资料法、问卷法）。

15：30—15：50 申报单位园长汇报幼儿园自评情况（听取汇报法）。

15：50—16：00 区（县级市）教育局（托幼办）同志宣读推荐意见（听取汇报法）。

16：00—16：30 专家小组组长小结。

（四）准备收集评价信息的工具

在设计评价方案时，应根据评价的指标体系及计划所采取的方法，制定出适宜可行的收集评价信息的工具。此部分工作包括设计和印制各种表格和问卷，准备相应的材料和工具，以供收集评价信息时使用。幼儿园教育质量评价中所涉及的各类表格、工具和问卷多种多样，有用于观察记录的，有用于意见调查的，也有用于检核评定的。例如，广东省在进行幼儿园督导评估时，准备了《评估意见表》《扣分说明表》《教职工问卷调查表》《家长问卷调查表》《幼儿园教师座谈和行政专访提纲》《座谈会记录表》等一系列收集评价信息的工具。

一般来说，收集评价信息的各种记录表格与工具，包括为各种对象（如评审专家、行政领导、教师或幼儿家长等）需要的表格及其详细的使用说明；访谈时的提问或汇报提纲；各分类资料的汇总表格等。在设计表格时，应当注意全面、合理、科学，尽量考虑周全，保证重要评价信息不至于遗漏，并力求精炼、简明、统一，让使用者能方便、准确地使用。广州市示范性幼儿园实地评审认定时，也准备了《广州市示范性幼儿园专家小组评审表》(见表4-2)，要求各专家小组组长组织本小组成员讨论并汇总实地考察情况后，要及时填写《广州市示范性幼儿园专家小组评审表》。

表4-2　广州市示范性幼儿园专家小组评审表

区（县）　　园		评审时间：　　年　　月　　日			
项目		达标	部分达标	未达标	备注
物质环境	1. 室内空间				
	2. 室外空间				
	3. 私人空间				
	4. 空间安排				
	5. 材料和设备				
	6. 与幼儿有关的环境布置				
	7. 与教师有关的环境				
人员配置	1. 工作人员资格				
	2. 班级规模				
	3. 师幼比				
	4. 教师的稳定性				
	5. 教师专业成长的机会				
幼儿园管理	1. 办园方向				
	2. 管理制度				
	3. 卫生保健制度				
	4. 评价				
	5. 工作氛围				

续表

项目		达标	部分达标	未达标	备注
教师与幼儿的交往	1. 教师与幼儿的谈话				
	2. 平等对待幼儿				
	3. 纪律与惩戒				
	4. 班级气氛				
生活活动	1. 来园/离园				
	2. 进餐/点心				
	3. 午睡/休息				
	4. 入厕				
	5. 健康措施				
	6. 安全措施				
教育活动	1. 日程安排				
	2. 小肌肉活动				
	3. 大肌肉活动				
	4. 语言活动				
	5. 美工活动				
	6. 音乐活动				
	7. 科学活动				
	8. 数学活动				
	9. 积木活动				
	10. 表演游戏				
	11. 沙/水活动				
	12. 电视、录像和/或电脑的使用				

续表

项目		达标	部分达标	未达标	备注
家长和社区工作	1. 家长工作				
	2. 社区工作				
幼儿园特色	1. 保教工作示范基地				
	2. 教改科研基地				
综合意见	专家签名：				

（五）制定评价信息分析计划

根据所收集到的评价信息的性质和特点，选择处理评价信息的方法。各类统计方法都对数据有一定的要求与限制，以及关于适用条件的理论假定。预先计划有助于保证资料的可用性和结果的合理性。这部分工作通常与资料收集的方法和程序密切相关。

除了上述内容，评价方案还应包括评价项目的人员配备、费用预算、完成各阶段任务的时间表等。

二、幼儿园教育质量评价的组织与管理

幼儿园教育质量评价在有了切实可行的评价方案之后，随后的工作就是要做好组织管理工作。关于教育评价的组织，有两种含义，一是从工作机构方面

加以理解，另一方面可以从工作管理的角度来解释。下面分别加以讨论。

（一）成立评价组织机构

教育评价的组织机构是指为了实现一定的教育评价目的而建立的人的集合体，是教育评价工作人员进行评价工作的构架系统。[①] 成立评价组织机构，是评价的组织者按照一定的任务要求，事先确定组织中各部分之间的关系和成员的工作范围及方式。机构的设置直接决定了组织的指挥系统和沟通网络，它影响着评价信息资料的收集与处理，决定着评价组织功能的发挥。幼儿园教育质量评价的组织机构通过对评价职能的分化和人力的分工，使系统优化，进而达到既定的教育质量评价工作目标。

1. 评价组织机构的类型

按照不同的角度，评价组织机构可以划分为不同的类型。

（1）按评价组织者划分，可以有自评组织机构和他评组织机构。自评组织机构是幼儿园为进行自我评价而建立的评价机构。这种自我评价可以是幼儿园内部为了对本园教育质量进行监控而进行的自我评价，也可以是由上级部门统一进行的系统评价的一个组成部分，为他评做准备。一般来说，自评组织机构应由幼儿园的负责人牵头并吸收各部门负责人和教职工代表组成，对本园进行全面的或侧重某一方面的评价。

他评组织机构指的是为开展外部评价而设置的评价机构。这类评价可以是上级教育行政部门或社会力量组织的不同形式的他评，也可以是同行或同级单位之间的互评。在国外，对幼儿园教育质量的评价通常由民间具有一定权威性的学术机构来组织进行。例如，全美幼教协会下属的学前教育机构标准与质量认定委员会，是对全美学前教育机构的质量进行评定的一个权威机构。认定委员会在加强认定体系的可靠性方面采取了一系列新的措施：成立一个公开的监督性机构来对机构认定的过程与结果加以检查；通过正式程序雇佣能力强的、

---

① 侯光文. 教育评价概论［M］. 石家庄：河北教育出版社，1996：148.

来自多种工作背景的评价人员。自1984年成立以来，该委员会在学前教育机构质量认定的政策、程序和标准的制定方面做了大量工作，对提高美国学前教育机构的质量做出了贡献。①

在我国，对幼儿园教育质量的评价多由教育行政部门委托专家组或评估组进行。例如，在《广州市幼儿园督导评估工作指南》中明确提出，评估组受广州市教育局委派，由广州市教育评估和教师继续教育指导中心根据评估工作的需要，从督学、特约教育督导员和教育评估员库中选调评估人员，必要时邀请符合条件的人员参加，每个评估组由7—8名成员组成，设组长1名，副组长1—2名。评估程序的第一步就是评估组全体成员进园评估前集中培训学习，明确评估目的和要求，熟悉评估方案各项指标内涵及评分操作办法，明确工作分工。

(2) 按设置时间划分，有常设评价机构和临时性评价机构。目前部分幼儿园会设置常设机构负责幼儿园中的评价工作，它是幼儿园管理机构的一个重要组成部分，平时进行资料收集与积累，并定期加以处理，在学期末进行系统评价，评价对象主要是教师、幼儿及各类教育工作。现在各地的教育督导评估机构，在一定意义上也可以视为常设的评价机构。因为督导离不开评价，评价是督导工作的基础，评价工作在督导中占有重要地位并发挥重要作用。临时性评价机构指的是为了某些特定的评价目的而设置的评价机构，评价结束，该组织机构即行撤销。有些地方和幼儿园，对一些不定期开展的评价项目，如对《3—6岁儿童学习与发展指南》实验幼儿园的评估选拔，会采取建立临时性评价组织机构的办法，评价开始时组建机构，结束时解散。这样的评价组织应注意保持人员的相对稳定性。

2. 设置评价组织机构的原则

(1) 有效性原则

---

① 周欣. 美国学前教育机构质量标准与认定体系的重建 [J]. 早期教育，2005 (12)：4-7.

一切评价组织机构都是为实现一定的教育评价目的和任务而设置的，是办具体实事的人的集合体。因此教育评价组织机构应是精干的、有力的、有效的，不可虚设，摆空架子。机构成员应是熟悉评价业务的专业人员。

（2）精简性原则

评价组织机构应力求精简，切忌机构臃肿、人浮于事。否则不仅无助于评价工作，反而容易出现内耗，造成混乱，产生反作用。要在服从工作需要的前提下，尽力减少层次，精简机构，充分调动评价人员的积极性，提高工作效率。

（3）分工合作原则

评价组织机构应从教育评价各种具体任务出发，明确各单位及成员的分工协作关系，并实现有效的控制，较好地发挥各单位和所有成员的作用，使得评价的每项工作有人分管，责任明确，既不相互扯皮推诿，又能协调一致，共同协作，完成好评价任务。

（4）稳定性与灵活性相结合的原则

对于一个单位特别是一所幼儿园内部设置的评价机构，其人员应该相对稳定，以便熟悉业务。对于一些临时组建的评价组织，在人员的遴选上，也需要注意其稳定性，以便保持评价工作的连续一贯。同时，评价组织还要注意内部和外部条件的变化，随时进行必要的调整，以适应各种变化的要求。

（二）开展组织与管理工作

评价组织机构的建立，为幼儿园教育质量评价活动的开展提供了组织保证，是顺利进行评价活动的前提。但是，组织机构仅仅是开展评价工作的一个构架系统，是工作人员的集合体。幼儿园教育质量评价的开展还需要通过一定的组织管理工作，才能实现评价的目的，取得预期效果。

按照职责要求，评价组织机构在确定目标、制定方案的前提下，重点要做好以下几项组织与管理工作。

1. 搞好宣传教育

要对接受评价的机构及人员加强宣传教育，这种宣传教育应贯穿评价活动的整个过程，特别是评价开始之初更应加强。可以采取专题报告、举办讲座、学习文件等形式进行。使被评人员能明确评价的目的，提高对评价的认识，积极参与评价活动。同时，要宣传评价方案，让被评对象了解评价的步骤，理解评价的标准，使他们主动配合评价活动。

2. 做好协调工作

教育评价活动是一种涉及各方面人员、且与他们的切身利益与发展密切相关的活动，在评价活动期间，各种矛盾易于表面化，各类思想问题和心理上的障碍也容易发生和暴露。同时，在评价活动进行的过程中，由于评价人员业务不熟悉、评价态度差等原因，可能会使评价偏离方向，或者出现一些方法技术上的问题。类似的情况会导致评价不仅达不到预期的评价目的，有时甚至会产生负面效应，给今后工作带来诸多不便。因此，在整个评价活动中，评价的组织机构要特别注意做好协调和控制工作。要及时发现问题，把握动向，协调好各方面的关系，包括主评与被评的关系，主评内部以及被评内部的关系等，以保证评价活动的顺利开展，并取得良好的效果，实现预期目标。

3. 制定必要的规章制度

在教育评价活动中，尤其是较大规模的评价活动或者是经常开展的评价活动，应当建立健全规章制度，如评价人员的岗位职责、评价组织工作条例，评价资料管理制度、评价质量的再评价制度等，使评价工作有依据、少走弯路，提高工作效率，减少不必要的损失。例如，广州市在组织开展幼儿园督导评估工作中，制定了《广州市幼儿园督导评估工作指南》，明确规定了评估组成员工作职责，其中，对评估组组长工作职责的具体规定如下。

(1) 全面负责评估组的评估工作，并就评估工作的过程和结果，对市教育局全面负责。

(2) 与幼儿园商定有关评估事宜，审定评估工作计划和日程安排；根据评估要求，合理安排评估组成员分工，并负责组织实施。

(3) 评估过程中，根据工作进展情况，及时调整评估组成员任务。

(4) 召开评估意见讨论会，组织评估组成员汇报分工条目的评价意见，然后集体讨论对幼儿园的综合评价意见，最后根据各成员提交的书面材料和评估组讨论的结果，汇总撰写《评估意见》，代表评估组向幼儿园及其主管部门反馈评估意见，并认真听取他们对评估意见的反映。

(5) 负责收集整理改进评估工作（包括评估方案、评估组织工作和评估操作方法等方面）的意见和建议。

(6) 负责在评估结束后将相关归档材料送市教育评估和教师继续教育指导中心。①

4. 做好评价者的选择与培训

做好幼儿园教育质量评价的组织与管理工作，要特别注意评价人员的选择问题。评价人员是幼儿园教育质量评价工作的实际实施者，其素质和水平很大程度上决定了评价工作的质量，也直接影响着幼儿园园长、教职工、幼儿家长等相关人员对评价的印象。在组织准备阶段，除了要关注聘请的专家是否具备幼儿园教育质量及质量评价的有关知识外，也要注意他们是否掌握教育评价的一般理论与技术，以及是否具备公正、清廉等品质。

此外，组织者还应特别注意做好评价人员的培训工作。评价人员构成了一个评价群体，由于评价人员的个体差异，因此会造成群体内部可能对评价标准的理解和认识有所不同，进而影响评价的效果。提前开展针对评价人员的培训，有助于解决评价群体内部的不同认识，充分探讨对评价标准的不同理解，进而达到对评价标准的一致性认识，达到较高的信效度，在评价过程中能够统一行动，使得评价过程和结果更加可靠。例如，全美幼教协会学前教育机构标准与质量认定委员会要求对评价人员进行全面的训练，根据机构标准制定了具体的执行标准，要求评价人员参加协会免费举办的评价工作培训班。广州市教育评估和教师继续教育指导中心每年定期对广州市幼儿园教育评估员进行集中的培

① 广州市人民政府教育督导室，广州市教育评估和教师继续教育指导中心. 广州市幼儿园督导评估工作手册（试行）. 2014.

训，以使评估人员能掌握一定的评价理论和评价技术，熟悉广州市幼儿园教育督导评估的内容、方法和基本要求。

5. 及时检查并总结

为了保证评价工作按计划顺利进行，在评价的组织管理工作中，要抓好检查这一环节。如果计划与实际情况不符，应通过一定程序对计划进行修订。否则应及时改进工作，确保计划的顺利实施。检查的方式可以是自上而下逐级检查，也可以是自我检查。在检查的基础上要适时总结。通过检查和总结，对成绩加以肯定，对不足及时改进，探索评价工作的规律，为下一步的评价活动奠定良好的基础，并提供有益的经验。总结工作可以与工作考核以及表彰奖励相结合，以便鼓励先进、鞭策后进，使评价活动健康开展、更富成效。

第二节　幼儿园教育质量评价的实施

幼儿园教育质量评价的实施阶段，就是指实际进行评价活动的阶段，它是整个评价程序的中心环节。这个阶段的主要任务就是运用收集评价信息的方法，系统地、全面地、准确地收集评价信息。幼儿园教育质量评价的实施，一般可分为预评价和再评价两个基本步骤。

一、预评价

预评价也称“预备性评价”，通常是被评者的自我评价。幼儿园自评是整个幼儿园教育质量评价工作的基础，自评是幼儿园对自身教育质量的全面认识。当前，在国内外的教育行政部门或是一些民间机构组织的幼儿园教育质量评价工作中，一般都把幼儿园的自评作为整个评价工作的基础。

（一）预评价的现状

在我国现行的幼儿园教育质量评价工作中，不少地方政府明文规定了自评这一程序。例如，北京市在《北京市托幼园所分级分类验收标准及细则（试行）》中明确提出："实施《标准及细则》的过程，即是园（所）领导以己为主体，紧密结合幼儿园日常工作进行自我评价的动态过程。……对本园的工作和幼儿发展水平做出定性和定量相结合的评价判断、认定等，肯定成绩，总结经验，找出薄弱环节，研究改进意见。"福建省在《福建省各级实验幼儿园评定标准》中提出："实施本标准以自我评估和组织评估相结合。幼儿园的自我评估一般每学年进行一次，通过评估总结工作，修订计划，提出下年度的工作计划。每年自我评估的结果应存档，并上报同级教育行政部门。"江西省在《江西省幼儿园评估定级方案（试行）》中也提出："各幼儿园应按《方案》自查，写出自评报告，然后向所在县（市、区）教育行政部门申报……幼儿园每学年均应进行一次自评。"

一般来说，幼儿园自评具有双重功能，一是促进幼儿园自我调整、自我改进。在自评过程中，幼儿园园长、教师等相关人员对影响幼儿园教育质量的各项要素，如课程建设、师幼互动、环境创设、与家长的互动等进行全面检视与分析，从中发现问题，及时进行调整改进，进而提高教育质量。在此过程中，园方要做层层发动工作。这是园长、教师等相关人员思想最为活跃、注意力最为集中的阶段，也是推动幼儿园改进各项工作最为有利的时机。二是自评能为实地评价奠定良好的基础。有效的自评能为实地评价提供翔实和必要的数据及文字资料等基础材料，借助自评资料，评价人员能更为高效地进行再评价，并得出更加客观、全面的评价结论。要充分发挥幼儿园教育质量评价的改进功能，接受评价的幼儿园必须提前做好自我评价。

自评在幼儿园教育质量评价实际工作中的运用情况如何呢？2016 年 3—4 月，笔者对广东省内接受过幼儿园教育督导评估的 208 名幼儿园园长开展了问卷调查及个别访谈，从自评目的、自评频率、自评持续时间三个方面调查了园长对自评的理解与运用。就“贵园进行自评的主要目的是什么?”这一问题，72.1%的园长选择了“改进教育质量”，有26.4%的园长选择了“迎接评估”。研究还发现，不同评估等级、不同地域和不同类型幼儿园园长的选择有所不同。省一级幼儿园园长选择自评目的为“迎接评估”的占比（38%）远远高于市一级幼儿园（18.4%）和区一级幼儿园（24.2%）。城区幼儿园园长选择自评目的为“迎接评估”的占比（30.8%）远远高于镇区幼儿园（20%）和乡村幼儿园（17.9%）。教育及其他部门办园园长选择自评目的为“迎接评估”的占比（29.9%）高于民办园（27.3%）和村集体办园（16.7%）。这在一定程度上说明，省一级及城区幼儿园、教育及其他部门办园在自评目的方面的偏差更大。关于自评频率的调查结果显示，仅有40.9%的幼儿园每学年进行一次自评，每4年进行一次自评的幼儿园占比高达31.1%，不定期进行自评的幼儿园占比为28%。在不同评估等级的幼儿园中，每学年进行一次自评的幼儿园占比最高的是市一级幼儿园（47.4%），高于区一级幼儿园（42.5%）和省一级幼儿园（32%）。在不同地域的幼儿园中，每学年进行一次自评的幼儿园占比高的是乡村幼儿园（46.4%）和镇区幼儿园（44%），均高于城区幼儿园（38.5%）。在不同类型的幼儿园中，每学年进行一次自评的幼儿园占比最高的是民办园（50.6%），明显高于村集体办园（41.7%）、街道集体办园（40%）、教育及其他部门办园（35.6%）。总体上看，幼儿园进行自评的频率偏低，尤其要关注省一级幼儿园、城区幼儿园、教育及其他部门办园。从自评持续的时间来看，一半以上的幼儿园（60.6%）自评持续的时间只有一个月左右或一周左右，其中27.9%的幼儿园自评持续时间为一周左右。自评持续时间在不同评估等级、不同地域、不同类型的幼儿园之间没有明显区别。

以上关于自评目的、自评频率及自评持续时间等方面的调查结果提示，在当前幼儿园教育督导评估工作的实际实施过程中，幼儿园自评流于表面和形式化，自评的作用未能得到充分发挥。

（二）预评价的改进

如前所述，自评在幼儿园教育质量评价工作中具有非常重要的作用。全美幼教协会实施的幼儿园认证明确指出："自评是认证工作的核心，目的是为幼儿园所有的工作人员和幼儿家长提供检查幼儿园工作的机会，明确该机构的优劣。自评意味着幼儿园愿意进行自我改进和自我提高。"① 按照全美幼教协会的标准，幼教机构进行自我评价的时间一般不少于 9 个月，自我评价报告应尽可能地反映本机构的现状、存在的问题，而不是走过场、形式般地"唱赞歌"。全美幼教协会要求机构的自我评价包括如下一些内容：运用提供的工具，如对家长及教职员工的调查问卷、活动室观察表收集各种信息；机构教职员工对全美幼教协会认证标准的理解、认同，发现机构的强项与弱项，提出改进计划，对开展自评以来机构的改进的记录等。②

笔者的相关调查发现，当前部分幼儿园存在"为迎接评估而自评"、自评频率偏低、自评持续时间过短等问题，自评流于表面和形式化。关于如何改进幼儿园教育质量评价阶段中的预评价，我国香港地区给了我们很好的启示。2000—2003 年，香港特别行政区教育局制定了一套适用于香港地区学前教育机构的《表现指标》，目的是协助学前教育机构建立自我评估机制，向公众提供评鉴学前教育质量和水平的参考准则。为进一步推动学前教育机构不断自我完善，香港特别行政区教育局于 2003—2004 学年开始进行质量评核。学前教育机构需要先进行自我评估，通过分析评估数据，撰写学校报告和周年学校计划，再由教育局外评人员到校核实机构的自评结果。在质量评核的过程中，香港幼教机构要运用《表现指标》进行自我评估与自我完善，一般会经历如下步骤：组建自评工作小组，学习、理解《表现指标》，形成共识；确定机构自评模式，选择自评策略；明确机构自评重点及各项分工；运用《学前教育机构表现指标"学与教"范畴应用指引》进行自评；根据自评结果确认机构的强项、弱项及亟须改变的方面，制定行动计划书；集中机构内外资源，改善重点项目；评估改善

① 周欣. 美国学前教育机构质量标准及认定体系的重建［J］. 早期教育，2005（12）：4-7.
② 鄢超云. 学前教育评价［M］. 北京：高等教育出版社，2010：238.

工作的成效，撰写检讨报告，为下一轮自评及机构自我完善做好准备；等等。①

要更充分发挥幼儿园教育质量评价的改进功能，接受评价的幼儿园必须提前做好自我评价。在实际工作中，部分幼儿园及园长缺乏开展有效自评工作的能力，在组织开展自评时存在着诸多现实困难。这提醒幼儿园教育质量评价工作的组织机构要采取各种办法，如定期指导、委托相关机构或人员指导幼儿园开展自评工作，并强制建立幼儿园自评机制等。唯有如此，才能使幼儿园增强自我诊断、自我改进和自主发展的能力，为科学和客观地判断幼儿园教育质量奠定基础。

二、再评价

再评价也称"确定性评价"，是在幼儿园自我评价的基础上进行的外部评价，一般是专家组的评价。再评价是指评价组织机构派出的评价人员通过自己的感官亲自获取第一手材料，以审核幼儿园自评资料的可信程度，并在此基础上，经过分析，做出评价结论及建议。

（一）再评价的意义

在幼儿园教育质量评价的整个过程中，设置专家组再评价这一阶段，意义重大。第一，再评价有助于提高评价的可靠性。在幼儿园的自评中，由于各种原因，"报喜不报忧"的现象是经常可能出现的，有的可能夸大自己的情况，有的可能是掩饰本园的某些不足之处。在评价中出现这种虚假信息，既不利于上级管理部门形成正确的决策，也不利于被评幼儿园改进自身工作。再评价是对自评信息的再鉴定，因此，它是克服种种错误倾向的重要途径。此外，由外部对幼儿园进行评价，有利于在各幼儿园之间进行横向比较，易于发现被评幼儿园自身所忽视的问题。第二，再评价有助于提高评价结论的客观性和权威性。专家组的成员来自幼儿园外部，相对来说，他们比较超脱，由他们开展评价工

① 黄艾珍，李辉. 香港《表现指标》之推行研究及其启示［J］. 幼儿教育（教育科学版），2006（1）：38-41.

作，有助于提高评价的客观性，使评价结论易于为各方人员接受。

（二）再评价的现状

当前幼儿园教育质量评价工作的现状如何？实际效果究竟怎样？存在哪些需要改进的地方？笔者体会，对行业相关人员的态度及看法进行实地调研是不可或缺的重要途径，幼儿园教育质量评价工作需要倾听不同利益相关者的感受和评价。所谓利益相关者，指的是“能够影响组织目标实现，或者为组织目标实现过程所影响的个人或集团”①。作为非常重要的利益相关者之一，园长对幼儿园教育质量评价有着更为直观、深刻的感受和评价。园长们对教育质量评价的关注、理解与认识的程度，直接关系到评价工作的实效。基于此，笔者在2016年3—4月，通过调查广东省幼儿园园长对于幼儿园教育督导评估工作的理解、感受与评价，从园长的视角探讨当前广东省幼儿园教育督导评估工作的成效、存在的问题与不足。我们采用自编问卷《广东省幼儿园教育督导评估工作调查问卷》，分别从总体满意度、督导评估功能、督导评估人员、督导评估方案及标准的使用等方面，调查208名园长对当前幼儿园教育督导评估的认识、感受与评价。为更清楚地了解被调查者对所调查问题的理解以及看法的倾向性，在问卷调查的同时，辅以非正式访谈。访谈内容主要是了解园长对幼儿园教育督导评估各方面工作的满意程度，以及对当前幼儿园教育督导评估工作的建议与意见。

1. 园长对幼儿园教育督导评估工作的总体评价

调查显示，园长们对当前的幼儿园教育督导评估工作总体上持肯定态度。具体表现为：99%的园长对幼儿园所接受过的督导评估持肯定态度，其中30.8%选择了“非常满意”；93.8%的园长认可督导评估提高了幼儿园的教育质量，仅有1.9%的园长持否定意见，4.3%持不确定意见。在访谈中，大部分园长都表示幼儿园所接受的督导评估“提升了办园硬件，改善了办园条件”；“幼

① 江若玫，靳云汇. 企业利益相关者理论与实践应用［M］. 北京：北京大学出版社，2009：5.

儿园管理、教育教学及教研工作更加规范”；“完善了各项设施设备，整体提高了教师教育水平，幼儿园管理、师资、设施设备等有了很明显的改进”；“通过提升幼儿园办园质量及教育水平让幼儿得到更好的发展”；“扩大了幼儿园的影响力及实力”；“幼儿园获得声誉及利益”；“明确了本园的优势和不足，以及今后的发展方向”；等等。更有园长提出：“接受评估虽然是一个艰苦劳累的过程，但也是一个快乐进步的过程，更是不断提升的过程。”由此可见，从总体上看，园长们对于当前的幼儿园教育督导评估工作基本满意，一定程度上说明当前的幼儿园教育督导评估对幼儿园各项工作起到了较为明显的促进作用。

2. 园长对幼儿园教育督导评估功能的认识与评价

教育部在《关于加强教育督导与评估工作的意见》中指出：“评估既是教育督导的重要手段，又是教育督导的一项重要职能。”督导评估是教育督导部门进行的教育行政评估，是代表政府和教育行政部门按照国家教育法律、法规和方针、政策，对有关部门、学校的教育管理工作，教育质量、效益，以及发展水平进行价值判断的过程。督导评估具有鉴定、激励、导向、调控等功能。在北京市教育委员会等单位颁发的《关于印发进一步做好托幼园所分级分类验收和年度考核工作意见的通知》中明确提出：“对托幼园所进行分级分类验收和年度考核，目的在于规范园所的办园行为，促进园所总结成绩和经验，找出差距和不足，提出改进意见，使其明确努力方向，增强质量意识，自觉改进工作”。2014 年，浙江省教育厅为进一步发挥等级评定在促进各类幼儿园提升保育教育质量中的作用，修订并印发了《浙江省幼儿园等级评定实施办法》和《浙江省幼儿园等级评定标准》。显然，尽管地区不同，但幼儿园教育督导评估的主要功能都是一样的，即：帮助幼儿园提升教育质量（改进功能），判断幼儿园教育质量水平（鉴定功能）。其中，改进功能应是幼儿园教育督导评估最为重要的功能。那么，幼儿园教育实际中，园长们认为幼儿园教育督导评估的主要功能应该是什么？他们在接受督导评估过程中感受到的功能又是什么呢？

调查结果显示，超过一半的园长（51.4%）认为督导评估工作的主要功能应该是“帮助幼儿园改进教育质量”；但落到实际感受上，则仅有34.5%的园长感受到所接受的督导评估是“帮助幼儿园改进教育质量的”，高达64.1%的园长感受到所接受的督导评估主要是“鉴定幼儿园教育质量水平的”。这在一定程度上显示出幼儿园督导评估工作的功能在政策导向和实际操作中存在矛盾之处：在政策导向上，政府强调为了“帮助幼儿园不断提高质量”而进行评估，重视评估的改进功能；在实际操作中，督导评估工作更多偏重于对幼儿园教育质量水平进行鉴定，评估的鉴定功能被扩大，其改进功能相对被弱化。

3. 园长对教育督导评估人员的认识与评价

在我国，对幼儿园进行的督导评估多由教育行政部门委托评估组进行。教育督导评估人员是幼儿园教育督导评估工作的实施者，他们的素质和水平很大程度上决定了现场督导评估工作的质量，也直接影响着幼儿园园长及教职工对督导评估的印象。

在“一名合格的幼儿园教育质量评估人员最应具备的条件”一项中，41.4%的园长选择了“要了解幼儿园教育实践工作”，34.6%的园长选择了“要有正确的评价态度，如公正、客观”，22.1%的园长选择了“要有专门的评价技能和评价知识”。在“对贵园进行督导评估的专家最需要改进的方面”一项中，40.3%的园长选择了“要更加了解幼儿园教育实践工作”，35.3%的园长选择了“评价态度应更加公正、客观”，24.1%的园长选择了“要有专门的评价技能和评价知识”。访谈过程中，有园长提出：要提高评估人员的教育诊断与评价水平，结合幼儿园的实际提出可行的建议或意见，确保受评的单位得到提升；要提升评估人员的专业评价技能和评价知识体系，消除个人主观意识的影响；态度应公正、公平，发现问题时提出的解决方案要有可实施性，不要以偏概全；希望督导人员放平心态、不要摆官腔；督导评估人员的指导要求应尽可能地统一，而不是每位专家有不同甚至相左的意见，令幼儿园无所适从；要加强对区级评估员的培训；等等。以上数据及访谈结果显示，教育督导评估人员各方面的素质有待进一步提高。

4. 园长对督导评估方案及标准的认识与使用

督导评估方案是督导评估工作的总体结构与工作计划，是督导评估工作的关键性指南，其中评估标准（指标）是督导评估方案的核心内容。接受督导评估的幼儿园园长及教师是否了解并自觉使用督导评估方案及标准，直接影响幼儿园督导评估工作的成效。

针对“您管理幼儿园各项工作时，会以《广东省幼儿园督导评估方案》①中的相关内容为依据吗?”“您在指导本园教育教学活动时，会以《广东省幼儿园督导评估方案》中的相关内容为依据吗?”的问题，被调查的208名园长都持肯定回答。但在“贵园平时是否会依据《广东省幼儿园督导评估方案》进行自评?”一题中，16.8%的园长选择了“不会”，31.3%的园长选择了“偶尔”，这说明相当一部分园长在实际工作中并不能自觉使用督导评估方案及标准。针对“贵园教师了解《广东省幼儿园督导评估方案》的具体内容吗?”的问题，80.5%的园长认为教师了解，17.1%的园长认为教师不了解，还有2.4%表示不知道。此外，调查发现，不同评估等级、不同地域、不同类型幼儿园园长的回答有差异，有23.2%的区一级幼儿园园长认为教师不了解，且比例明显高于省一级幼儿园园长（13%）和市一级幼儿园园长（10.5%）；乡村幼儿园（26.0%）明显高于城区幼儿园（10.8%）和镇村幼儿园（3.6%）；民办园（24.2%）明显高于教育及其他部门办园（11.5%）。上述结果表明，即使是接受过督导评估的幼儿园，也并没有真正使用好督导评估方案及标准。其中，尤其要关注区一级幼儿园、乡村幼儿园以及民办园对督导评估方案及标准的学习与运用。

（三）实施再评价的注意事项

一般来说，对幼儿园教育质量进行再评价的时间有限（一般是一两天到一

① 《广东省幼儿园督导评估方案》2008年6月由广东省人民政府教育督导室颁布，该方案包括广东省幼儿园督导评估指标体系、幼儿园基本情况统计表、幼儿园自评报告、教育行政部门意见、督导评估组意见五个部分。该方案既是广东省内各级教育行政部门对幼儿园进行等级评估（复评）的基本依据，也是广东省内各类幼儿园参加等级评估（复评）的申报书，对2008年以来至今的广东省幼儿园督导评估工作起到了方向性的规范及引领作用。

星期），为了在较短的时间里完成再评价的任务，评审人员要提前做好再评价的准备工作：第一要研究评价标准，统一评价方式；第二要熟悉自评材料，寻找自评材料中的不足之处和问题，确定再评价的重点内容。在再评价时，评审人员要根据评审日程安排和内部分工，运用各种方式，开展评价活动，再评价的重点应该放在核实自评材料和分析问题所需的依据上。在再评价的基础上，评审人员之间要交流各自的调查情况和分析意见，对再评价的主要内容交换意见，并研究基于评价结论的建议。最后，在讨论的基础上，负责人员根据民主集中制的原则，提出总体评价（包括肯定成绩、指出不足）、改进措施和基于评价结论的建议。评审人员结束再评价后，在一定时间内向评价组织机构提交正式报告，正式的评价报告通常包括四个部分，即：再评价的工作情况简述，对受评幼儿园的评价和依据，提出受评幼儿园存在的问题和改进意见，基于评价结论的建议。

再评价是幼儿园教育质量评价活动的一个重要步骤。做好这步的关键，在于接受评价的幼儿园的密切配合，这要求幼儿园以实事求是的态度接受再评价，不弄虚作假，不仅要实事求是地全面地提供各种材料，而且还要为评审人员提供有利的工作条件。同时，在这一步骤中，评价工作的组织机构要注意加强监督、检查，防止和杜绝各种虚假和不良行为的发生。例如，全美幼教协会认定委员会在加强认定体系的可靠性方面采取了一系列新的措施，如：成立公开的监督性机构；通过正式程序雇佣评价人员；规定学前机构实地考察的时间为 15 天，但只提前一天通知；每年按比例对已经获得认证的机构进行抽查；在认定结果类别中增加了“否决”的类别；此外，那些没能一次通过认定的机构可以请另一个评定小组做第二次评定；等等。①

基于上述讨论，为改进当前的幼儿园教育督导评估工作，构建更为科学的幼儿园教育质量评价体系，再评价时，应重点关注以下几个方面。

---

① 周欣. 美国学前教育机构质量标准与认定体系的重建 [J]. 早期教育，2005（12）：4-7.

1. 要注意发挥幼儿园教育督导评估的改进功能

幼儿园教育质量评价主要具有判断、导向、改进三大功能，可以从多方面推动和促进学前教育的发展。① 调查研究发现，当前的幼儿园教育督导评估工作更多地侧重于对幼儿园进行质量水平鉴定的判断功能，而相对忽视其改进功能的发挥，呈现出较为明显的重判断、轻改进的倾向。实际上，改进应是幼儿园教育督导评估的主要功能之一，也是进行幼儿园教育督导评估的主要目的之一。重视幼儿园教育督导评估的判断、导向功能，其最终目的也是为了改进幼儿园各项工作，提高幼儿园教育质量。此外，上述研究发现，省一级幼儿园、城区幼儿园和民办幼儿园园长对“当前幼儿园教育督导评估工作的实际主要功能是帮助幼儿园改进教育质量”的认可度相对更低，这提醒我们评估的改进功能可能未能充分发挥。我们认为，只有充分发挥督导评估的改进功能，幼儿园教育督导评估和幼儿园教育质量提升之间才能形成良性的互动关系，才会真正出现教育督导评估促进教育质量提升的良好局面。

2. 要加强对督导评估人员的遴选与培训

调查表明，有园长对部分督导评估人员的水平及能力提出了质疑，如质疑督导评估人员不够了解幼儿园教育实践工作、评价态度不够公正客观等。也有研究发现：在幼儿园督导评估中存在着专家遴选标准较模糊、资质要求偏低的问题；有的地区在聘请督学时暗箱操作，没有标准可依；有的地区没有按要求建立幼儿园督导评估专家库，对幼儿园进行督导评估时，往往临时拉起队伍就开评；有的地区即使建立了专家库，既未能进行有效的管理，也没有进行相应的系统培训；有的地区随意安排不专业甚至不够资质的人员进入评估组参与评估工作；等等。② 我们认为，应特别慎重地遴选评估人员、组织评估专家组。要明确对督导评估专家的素质要求，聘请的专家既要具有与其评价工作范围相称的专业知识，还要注意其公正、客观等行为品质，以及是否掌握教育评价的

① 刘霞. 幼儿园教育质量评价的功能及其实现 [J]. 早期教育・教师版，2014 (6)：13-15.

② 刘景容. 对广东省幼儿园评估工作的建议 [J]. 上海教育评估研究，2013 (9)：68-71.

理论与技术。[①] 此外，组织者还应特别注意做好评估人员的培训工作。例如，《广州市幼儿园督导评估工作指南》提出，幼儿园督导评估工作的第一环节，就是在对幼儿园进行实地评估之前，先专门组织评估组全体成员进行集中培训学习，明确幼儿园教育督导评估的目的和要求，熟悉督导评估方案中各项评估指标的内涵及评分操作办法，明确评估组成员的分工等。此外，该机构还每年定期对全市督导评估人员进行集中培训，以确保评估人员掌握相应的评价理论和评价技术，熟悉幼儿园教育督导评估的内容、方法和基本要求。

3. 要加强对督导评估方案及标准的宣传与使用

督导评估方案及标准应该是各地每一所幼儿园进行自我管理、自我评价的工具。多年来，因缺乏相应的宣传、培训和管理机制，幼儿园对督导评估方案及标准的使用形成了诸多的误解。例如：在访谈中，部分园长认为督导评估方案及标准仅仅是幼儿园等级评估工具，只是面向极少数需要申报等级评估的幼儿园；督导评估方案及标准仅在幼儿园要接受评估组的督导评估时才使用；督导评估方案及标准主要是供评估专家使用的，园长虽有必要了解，但和教师无关；等等。

我们认为，各地要围绕督导评估方案的有效实施开展系列宣传及培训，并形成明确的机制。相关的宣传及培训不应仅仅针对督导评估方案及标准本身，要包括对督导评估方案的使用对象、范围、各项评估指标的意义、评估方法等的解释，也应包括对幼儿园如何申报等级评估、如何准备评估、如何接待实地评估等操作过程的介绍；培训对象既要包括各级督学、幼教行政管理人员和教科研人员、准备申报等级评估的幼儿园园长等，更要覆盖辖区内所有幼儿园的园长、中层干部及一般的教职员工。只有这样，才能真正增强幼儿园教育督导评估工作的透明度，使幼儿园及相关人员真正理解、接纳督导评估，使“以评促建”“以评促改”成为可能，从而真正提升幼儿园教育质量。

---

① 陈玉琨. 教育评价学［M］. 北京：人民教育出版社，1999：46.

第三节　评价结果的处理与反馈

幼儿园教育质量评价的最后一个阶段，就是对评价结果进行处理并反馈。这一阶段的工作质量，直接关系到评价作用的发挥，关系到评价目的能否得到实现，也关系到评价工作能否不断深入发展和提高。因此，必须认真负责地做好这一阶段的工作。

一、评价结果的处理

评价人员应在采用适宜的量化方法或质性评价方法、全面认真地分析全部资料之后，形成对受评幼儿园的综合性判断意见，做出评价结论。在这个阶段，主要应做好以下几项工作。

（一）形成综合判断

形成综合判断就是从总体上对受评幼儿园做出关于其工作的定性或定量的综合意见。在必要的时候，对受评幼儿园做出优良程度的区分或对受评幼儿园做出关于其教育质量是否达到应有标准的结论。例如，依据《广东省幼儿园督导评估方案》，“评估指标体系总分为500分。两个一级指标的权重分配为：办园条件150分（占总分30%）；幼儿园管理350分（占总分70%）；为激励幼儿园提高管理水平和办学效益，附设了效益得分。凡申报省一级幼儿园的，办园条件和幼儿园管理两大部分的得分，要分别达到其总分的85%以上；且办园条件得分、幼儿园管理得分、效益得分的合计分要达到总分的90%以上。凡申报市（地级市）一级幼儿园的，办园条件和幼儿园管理两大部分的得分，要分别达到其总分的75%以上；且办园条件得分、幼儿园管理得分、效益得分的合计分要达到总分的80%以上。凡申报县（市、区）一级幼儿园的，办园条件和幼儿园管理两大部分的得分，要分别达到其总分的60%以上；且办园条件得分、幼儿园管理得分、效益得分的合计分要达到总分的70%以上。”评价人员在对与办园条件及幼儿园管理有关的逐级指标得分进行综合性评价之后，要对受评幼儿园所属的质量等级做出鉴定。

（二）分析诊断问题

综合判断的形成并不意味着评价工作的结束。在形成综合判断的基础上，还需要对评价过程中得到的信息进行细致的分析，对受评幼儿园工作的优劣得失进行系统的评论，帮助受评幼儿园找出存在的问题及问题的症结所在，从而更好地帮助受评幼儿园改进工作。例如，广东省幼儿园实地督导评估工作的最后一个程序就是评估意见反馈会，在反馈会上，由评估组长（或副组长）代表评估组向受评幼儿园及主管部门领导反馈评估意见，肯定成绩，提出改进幼儿园工作的意见和建议。“评估意见”要客观、准确，重点突出，要反映受评幼儿园的实际情况和特点。其中，总体评价力求简练、浓缩和高度概括；经验和成绩要突出幼儿园办学的主要特点，充分肯定幼儿园改革和建设等方面所取得的成绩；提出的意见要准确抓住影响幼儿园发展的突出问题，改进建议要具有较强的针对性、可行性和可操作性。

二、评价结果的反馈

为了发挥幼儿园教育质量评价的作用，评价的结果应向有关方面进行反馈。一般来说，由评价获得的信息一般需要向三方进行报告：第一，要向有关教育行政部门汇报评价结果，为政府的决策提供依据；第二，向受评幼儿园进行反馈，必要时对有些结论做出慎重的解释，并向受评幼儿园提出今后改进工作的建议；第三，在有些情况下，还需要在一定范围内公布评价的结果。例如，广州市在开展幼儿园督导评估工作时，在广州市幼儿园督导评估系统网站上设有“结论公示”一栏，会对受评幼儿园的督导评估结论进行网上公示，使同行能相互借鉴、相互督促和相互鞭策。全美幼教协会也通过协会的网站，为家长和其他人提供质量认定方面的信息。此外，还要对评价工作进行总结。

（一）完成评价报告

为了便于迅速、准确地反馈，一般情况下必须完成评价报告。所谓评价报告，就是在幼儿园教育质量评价工作结束以后，为了便于反馈评价信息和结论，对评价过程、结论进行全面叙述和提出相关建议的报告。正式、完整的幼儿园教育质量评价报告有助于准确发现被评幼儿园取得的成绩及存在的问题，并为以后的评价工作提供宝贵的资料。由于幼儿园教育质量评价工作的内容不同，评价报告的内容也有所不同，但其主要目的都是要把有利于正确决策或改进工作的评价信息全部传递给有关人员。下面，以笔者执笔撰写的关于某幼儿园申报市一级幼儿园的评估意见为例，简述评价报告的撰写。

※标题

关于××幼儿园申报某市一级幼儿园的评估意见

※总述部分

总述部分要概述评估组工作概况，包括受评幼儿园、评估组人数、评估起讫日期、评估方式和主要工作过程。

受某市教育局的委托，某市一级幼儿园评估组一行7人于6月15日至17日，对××幼儿园进行某市一级幼儿园评估。评估组认真听取了园长的自评报告、某大学某校长和某区教育局副局长的推荐意见；察看了园舍环境和教育教学设施设备；观察了幼儿的一日生活；随机抽取18名幼儿进行了体能测查；分别召开了教职工和社区人士、家长代表座谈会；发放了6个班118名幼儿家长及40名教职工调查问卷；对部分行政干部和教职工进行了专访；查阅了有关档案资料，比较全面地了解了幼儿园近年来的办园情况。评估组依据《××省幼儿园督导评估方案》的标准和要求，本着实事求是和认真负责的工作态度，对采集到的各种数据及信息，进行了充分的讨论和分析，形成对××幼儿园的评估意见。

※总体评价

总体评价应力求简练、浓缩和高度概括。

××幼儿园建于1958年，是一所某大学主办的全日制附属公办幼儿园。幼儿园现有全日制教学班11个，小小班3个，在园幼儿405名，教职工60人；专任教师大专以上学历占90%以上，教师专业合格率100%，各类人员均能按要求持证上岗。幼儿园占地面积3687m^2，户外场地面积2274m^2，建筑面积3838m^2，建筑场地独立完整，环境优美舒适，各类生活、教学和行政用房配备基本齐全，设施设备较为充足，为幼儿的学习和生活提供了较好的物质条件。

办园以来，幼儿园树立正确的办园思想，坚持“倾听童声，给孩子以价值感；且教且育，给孩子以成长感；立足侨校，给孩子以书香感”的办园理念，努力打造厚德、关爱、博学、善思的专业化团队，建立和谐、平等的师幼关系和家园关系，促进幼儿身心全面和谐发展，取得了较好的办园成效：2009年获评区一级幼儿园，幼儿园连续10年被评为某区好园所，是某区片长园，某市幼儿师范学校、某省技术师范学院的实习基地。

评估组认为：××幼儿园是一所办园思想端正、管理规范、师资优良、环境优美、家长满意、幼儿喜欢、社会美誉度较高的幼儿园。

※办园的主要经验与成绩

经验与成绩部分要突出幼儿园办学的主要特点，充分肯定幼儿园改革和建设等方面所取得的成绩。

1. 领导重视，有力保障幼儿园可持续发展某大学高度重视学前教育，大学历届领导对幼儿园人员配备、经费投入、政策措施等给予了大力的支持，使幼儿园具备了持续、健康发展的良好条件。

近三年，某大学不断加大对幼儿园的投入，改善办园条件。先后投入约150万元，更换走廊地板胶、重铺户外活动场地、改造幼儿洗手间、重新创设幼儿综合游戏室和图书阅览室、购置乐高材料等。自2010年起，先后投入近12万元逐步更新图书和教玩具。近两年，幼儿园还得到政府资助20万元购置了电子白板一体机、增置电脑、照相机等物品。目前，幼儿园音乐活动室、美术活动室、科学启蒙室、图书阅览室、综合游戏室等功能室配备基本齐全，户外场地较充足，游戏活动材料较丰富，办公和教学设备设施较完善，较好地满足教育教学需要。

在幼儿园的队伍建设、人员编制、工资福利待遇等方面，某大学给予幼儿园政策支持，多次提高招聘教师的待遇，近年有7位优秀的招聘教师转为合同制职工，增强了教师们的归属感，有效地稳定了教职工队伍。

2. 加强管理，不断提高管理效能

幼儿园领导班子对幼儿园的发展有明确的思路，认真落实园长负责制，班子成员团结合作、求真务实，立足本园实际，不断探索适合幼儿园的管理方法。幼儿园管理工作规范有序，融入了6S管理理念，使各项工作有章可依，杜绝随意性；坚持“以人为本”的管理理念，实施柔性化管理，努力营造宽松和谐的心理环境，认真听取教职工的意见，关心教职工的工作和生活，给予教职工更多的人文关怀；逐步健全考核激励机制，改革奖惩制度，调整《幼儿园奖惩制度》为《幼儿园奖励制度》，开展师德标兵和优秀教师评选活动；等等。这些举措有效地激发了教职工的工作积极性和创造性，形成了积极向上、团结协作的良好园风。

幼儿园“以人为本”的管理还体现在重视对人的尊重和激励，引导教师自我规范、自我评价、自我校正，积极为教师的专业成长搭建平台等方面。幼儿园支持和鼓励教师参加各类理论学习和业务学习，通过多层次的园本培训、参观学习、教学技能竞赛等活动，拓宽教师的视野，丰富理论知识，不断提高教师业务水平，收到了较好的成效。目前幼儿园有市级骨干教师 2 名，市级教研组成员 1 名，区级骨干教师 3 名。教师们撰写的论文参加市、区级论文评比也有多篇获奖。

3. 抓好教育常规，丰富教育内容

幼儿园坚持保教结合，能较科学、合理地安排幼儿一日生活，动静结合，户内外活动交替。各班级能根据幼儿的需要建立较合理的生活与教育教学活动常规，注重培养幼儿良好的生活习惯和生活自理能力。

各幼儿班级创设了较合理、功能多样的活动区域。教师能充分利用废旧物和自然物，自制并投放了较丰富的玩具和操作材料，给幼儿提供了自主活动的时间和空间，促进幼儿个性化发展。教师爱岗敬业，能以关怀、接纳、尊重的态度与幼儿交往，师幼关系融洽、和谐，幼儿生动、活泼、有礼貌。

幼儿园积极探索，开展了“侨文化”教育、幼儿美术、早期阅读等活动。幼儿园在三楼公共走廊设置了“缤纷的韩国”“热情的泰国”“迷人的俄罗斯”风情一条街，定期开展“快乐的泼水节”中大班混龄户外活动，部分幼儿班开展了“泰国美食”等活动，扩大了幼儿的视野，帮助幼儿建立多元文化意识；给幼儿提供了珍珠泥、超轻黏土等丰富多样的美工材料和工具，开展了剪窗花、毕业季 T 恤绘画、快乐小花匠等活动，提升幼儿对美的感受与表现能力；通过绘本馆、图书阅览室、墙面展示等，在幼儿园营造“悦读”氛围，开展了创意阅读、亲子共读等活动，激发幼儿的阅读兴趣，培养幼儿良好的阅读习惯及阅读理解能力。

4. 重视卫生保健工作，促进幼儿健康发展

幼儿园重视卫生保健工作，配备两名专职医务人员。保健医生经验丰富，工作认真细致，各项卫生保健工作能做到有计划、有措施、有落实、有整改，得到家长的认可。

幼儿园卫生保健规章制度健全，注重档案资料的过程性积累，信息资料齐备；重视幼儿营养膳食，能充分运用软件编制幼儿膳食食谱，做到先算后食，及时调整，定期进行食谱分析，食物品种较丰富；重视保育员培训，营造良好的学习氛围，通过集体研讨、专题讲座、知识竞赛、经验分享等形式进行学习，保育员能熟练掌握卫生保健相关知识和技能；注重卫生保健和科学育儿知识宣教，根据季节、气候和疾病流行特点，积极利用宣传栏、网络和信息平台等及时做好宣传；能充分利用户外活动场地，保证户外活动时间，幼儿参加体育活动兴趣高，体能发展良好，各项生长发育指标基本正常。

5. 开拓家长和社区资源，搭建共育桥梁

幼儿园积极探索家、园、社区合作途径，成立了家长学校和家长委员会，定期召开家委会和家长会；坚持做好学期家访、月访、电访工作，通过家园联系手册、家园宣传栏、家长信箱，加强与家长的联系，让家长及时了解幼儿在园情况及幼儿教育的新动态；为家长开设了内容丰富的讲座活动，如“阅读与孩子的发展”“关注幼儿心理健康”“如何做好幼小衔接教育”等，帮助家长树立正确的教育观念；通过家长助教、家长沙龙、家园亲子游、亲子手工制作比赛等，密切家园沟通，达成共识，形成教育合力。

幼儿园充分挖掘大学社区资源，为幼儿学习及幼儿园发展提供更广阔的空间。如：带领幼儿参观小学、大学图书馆、实验室等；利用大学田径场组织运动会；借助总务动力保障中心改造和维修幼儿园场地；通过大学图书馆、出版社购置适宜的绘本和音像制品；等等。同时，幼儿园通过参与社区公益活动、参加大学文艺汇演等，扩大了幼儿园在社区和本地区的影响力，既服务了社区，又提升了幼儿园的声誉。

※存在的问题与改进建议

根据评分情况和必达标准及对幼儿园的综合评价，提出评价结论和建议。问题与建议部分要准确抓住影响幼儿园发展的突出问题，改进建议要具有较强的针对性、可行性和可操作性。

1. 进一步加大投入，提升办园条件。进行安全排查，对楼梯外侧栏杆、消防栓等进行整改；落实《餐饮服务许可证》的范围；加大人员配备，理顺管理层级，优化管理架构。

2. 继续扎实推进幼儿园内涵建设。加强课程的科学性和系统性；继续深入学习、研究《幼儿园教育指导纲要（试行）》和《3—6 岁儿童学习与发展指南》，统筹研制促进幼儿身心和谐发展的课程目标体系、课程内容、课程实施方案；加强幼儿园教科研工作的广度和针对性，不断总结、提升经验，凸显办园特色，打造优质品牌。

总体而言，评价报告要客观、准确，重点突出，要反映受评幼儿园的实际情况和特点。

（二）总结评价工作

评价工作的总结，包括以下三个方面。

1. 总结评价工作的经验教训，探寻评价活动的规律，提高评价工作效益，使幼儿园教育质量评价走上科学化的轨道。

2. 开好幼儿园教育质量评价工作的总结会，总结评价工作，表彰评价开展得好的幼儿园，推广好的幼儿园的先进经验，促进幼教改革，提高教育质量。

3. 建立幼儿园教育质量评价信息档案，将幼儿园教育质量评价过程中的各项文件、计划、方案、数据和总结等，立卷建档，并建立评价档案管理制度，由专人妥善保管，以备查阅和研究之用。

以上是进行幼儿园教育质量评价工作大致应经历的程序。这一程序中的三个阶段，不是彼此孤立的，前者影响和决定着后者的质量，后者又为前者的改进提供信息和依据，它们是一个统一、整体的活动过程。

第五章
幼儿园教育质量评价信息的收集与处理

幼儿园教育质量评价的结果乃是依据评价过程中所收集到的评价信息做出的综合判断。幼儿园教育质量评价信息的收集与处理，指的是评价者运用科学的方法，全面、准确和有效地收集评价信息，并对比既定的评定标准，以所收集到的评价信息为主要依据对幼儿园教育质量进行分析、判断的活动。评价信息的收集与处理是幼儿园教育质量评价得以开展的前提和基础，评价信息的全面性和准确性将直接影响评价结果的可靠性和有效性。

第一节 幼儿园教育质量评价信息的类型与标准

收集、占有评价信息，是进行幼儿园教育质量评价的基本前提。只有在充分占有信息资料的基础上，评价者才有可能对幼儿园的教育活动做出价值判断。因此，幼儿园教育质量评价实施之初就面临着评价信息的收集问题，包括可以收集哪些类型的评价信息、采用怎样的信息收集标准、采用哪些方法收集信息等。

一、幼儿园教育质量评价信息的类型

为了加强评价信息收集工作的有效性和针对性，我们有必要了解幼儿园教

育质量评价信息的各种类型。分类标准不同，幼儿园教育质量评价信息的具体表现形式不同。

（一）数据型信息和非数据型信息

根据评价信息所呈现出的数据类型划分，幼儿园教育质量评价信息可分为数据型信息和非数据型信息。

1. 数据型信息

在幼儿园教育质量评价中，对幼儿园经费、园舍场地、教玩具设备设施、规模、教职工配备等项目的评价往往需要收集相应的数据型信息为依据。数据型信息指的是以定量数据形式呈现的信息，具体又可分为点计数据和测量数据两类信息。① 点计数据指的是通过计算数量获得的数据，如幼儿人数、教师人数、幼儿园所订阅报刊杂志的种类及数量、教师用书数量、幼儿图书数量等。例如，评价者通过对某所幼儿园幼儿离园一个月登记、回园体检表的人数统计，可以推算出该园的幼儿出勤率，进而可以在一定程度上推测并初步判断该园幼儿的体质状况及卫生保健工作的质量。又如，通过统计某所幼儿园教师用书数量、报刊杂志的种类及数量、幼儿图书登记册和汇总表，可以推测并初步判断该园相关办园条件的状况。测量数据是指使用一定工具或依据一定的标准进行测量而获得的数据。例如：通过对幼儿身高、体重的测量数据，可以获得该园幼儿的生长发育达标率；通过测量某所幼儿园建筑面积、户外活动占地面积、户外活动场地使用面积等，可以评判该园的场地条件；等等。

在幼儿园教育质量评价的实践工作中，评价组织方及评价者一般都比较重视数据型信息的收集。例如，在广东省一级幼儿园督导评估或复评工作中，仅“经费”一项，就会要求评估组收集并评判幼儿园近三年年度经费预算表、近三年年终经费决算表、近三年幼儿园教育台账、近三年幼儿园经费收入支出会计账本、近三年教师工资津贴及奖金福利发放表等数据型信息。需要注意的是，

---

① 陈帼眉. 学前儿童发展与教育评价手册［M］. 北京：北京师范大学出版社，1994：129-130.

在如何解释所获得的数据型信息上，评价者要切忌主观随意、武断的倾向。例如，在部分省市的幼儿园督导评估实践工作中，评估组一般会抽取部分幼儿进行各项体能测验，并根据测验的结果对该园幼儿体能及体育活动的质量进行评价。实际上，仅凭抽样测验的结果评判幼儿园体育活动质量的高低会有失偏颇。评价者必须结合对该园幼儿一日活动，尤其是户外体育活动实地观察所获得的信息、各年龄班教育活动方案，尤其是幼儿体育活动方案及活动实录等信息，才能做出真正客观、准确的评价。也就是说，评价者对所收集到的数据型信息的解释及运用，应注意结合从其他途径获得的非数据型信息进行。

2. 非数据型信息

非数据型信息通常不以定量数据的形式呈现，具体可包括文字型信息和非文字型信息。文字型信息包括幼儿园各部门工作计划、总结，幼儿园课程目标体系及课程实施方案，各年级教师工作计划及总结，家长来信、家长问卷等书面材料；非文字型信息包括各种录音录像资料、各班教育环境创设照片、各年龄班教玩具、幼儿美工绘画作品等。在幼儿园教育质量评价信息的收集工作中，非数据型信息占有极其重要的位置。在对幼儿园的队伍建设、教育教学工作、卫生保健工作等进行评价时，往往需要收集大量的非数据型信息。例如，在广东省幼儿园督导评估或复评工作时，仅“家长工作”一项，就要求评估组收集如下资料：家长学校章程和组织机构说明，家长学校工作制度及近三学年计划、课程实施、总结等有关资料；近三学年家长委员会成员名册，家长委员会工作制度及近三学年计划、总结、活动记录等有关资料；近三学年家长来信、家长问卷等有关资料；近三学年家园联系与家访记录等有关资料；近三学年家长会记录、经验交流、开放日等有关资料；近三学年亲子活动、家长助教计划、实施、总结等有关资料。这些资料大多属于非数据型信息。评估组以收集到的这些非数据型信息为主要依据，对比既定的评定标准，就可以对幼儿园家长工作质量进行初步的评价。

一般情况下，评价者可以直接对收集到的非数据型信息进行分析评判，如：

通过收集和分析教师的教学活动计划、教学案例、教育随笔等资料，评价该园教师的专业素质及能力；通过收集和分析幼儿的美工、绘画作品等，评价该园幼儿在艺术领域的学习与发展；等等。非数据型信息虽然不能够从量上说明幼儿园教育质量的高低强弱，却是非常重要的信息。例如，要评价某所幼儿园的一日生活是否科学合理，可以收集该园的幼儿一日生活作息时间表，通过对一日生活作息时间表与所收集到的其他非数据型信息的对比，可以初步判断该园一日生活的质量。如果不去收集类似一日生活作息时间表这样的评价信息，而只是对部分幼儿进行一些测验，则对该园一日生活质量的信息收集就是很不全面的。

（二）文献型信息和实物型信息

根据评价信息的载体及存储方式，幼儿园教育质量评价中常见的评价信息可以分为文献型信息和实物型信息。

1. 文献型信息

顾名思义，文献型信息是以文献为载体的评价信息。在幼儿园教育质量评价中，常见的文献型信息包括以文字、图片、音像等形式记载的信息，我们可以称之为文字型信息、图片型信息及音像型信息。

对于评价一所幼儿园的教育质量而言，文字型信息有着非常重要的价值。例如，为了评价幼儿园的教科研情况，评价者需要收集幼儿园教科研方面的制度及相关资料。针对幼儿园教科研情况的评价一项，《广东省幼儿园督导评估资料索引》中要求受评幼儿园准备并提供以下资料：近三学年幼儿园开展教研、科研的有关资料（含制度、机构、计划、总结、课题、方案、成果以及活动记录等）；分专题统计的园本教科研资料；每学期教师公开观摩活动的记录（观摩计划、活动设计、研讨记录、反思、评价等）；近三学年园内教科研成果评奖一览表；近三学年幼儿园和教师个人在市级以上刊物发表的论文、经验总结、活动设计一览表、复印件及获奖证书；等等。① 这些资料大多都是以“文字”的形式存在的。

与文字型信息相比，图片型信息能够非常生动地展现某些已经发生的事实，非常有助于评价者了解受评幼儿园的具体情况。例如，《湖北省幼儿园办园水平综合评估标准（试行）》中在“社区服务”一项中提出了“进社区广泛宣传幼儿教育知识，支持社区开展有益的文化教育活动”“充分利用社区资源，做好幼小衔接工作”“主动为社区 0—3 岁婴儿提供服务”等评价指标，对类似项目的评价，评价者如果能够收集到幼儿园开展相关活动时的一些图片资料，并配合收集该园开展社区服务工作的计划、总结等，就能获取更加全面、丰富的评价信息，做出的评价结论将会更为准确、可信。

音像型信息比图片型信息更为生动直观，基本能重现活动当时的情景，有助于保存重要的评价信息。例如，针对幼儿体能发展状况的评价，受评幼儿园在提供教师对幼儿日常体能发展的观察、分析、评价等文字型信息之余，如果能录下幼儿在不同时间段（如刚入园、学期中、学期末）某方面体能发展项目（如跳绳）的表现，则受评幼儿园相关人员和评价者都可以在前后对比中非常清晰地判断幼儿的体能是否有发展、有多大程度的发展、在哪些方面有发展等。在幼儿园教育质量评价中，音像型信息并不是一种常见的信息。但幼儿园如果能够有意识地准备并积累这方面的信息，在评价幼儿园教育质量，尤其是在评价幼儿的学习与发展状况时，会非常有说服力且有帮助。由湖北电视台纪录片编导、独立制片人张以庆拍摄的纪录片《幼儿园》，提供给我们的就是音像型信息。张以庆在简介中这样写道：“在中国武汉一所寄宿制幼儿园，我们记录了一个小班、一个中班和一个大班在 14 个月里的生活。幼儿园生活是流动的，孩子们成长是缓慢的，每天都发生一些小事却也都是大事，因为儿时的一切对人的影响是久远的。一个单位、一段日子、一堆成长中的生活碎片，总会承载点什

① 广州市人民政府教育督导室，广州市教育评估和教师继续教育指导中心. 广州市幼儿园督导评估工作手册（试行）. 2014：42.

么，那便是当我们弯下腰审视孩子的同时，我们也审视了自己和这个世界。”通过对类似音像型信息的对比、分析，我们可以清楚地看到并相对准确地评价幼儿的发展与变化。

2. 实物型信息

在幼儿园教育质量评价中，有很多评价信息是蕴含在一些实物之中的，可以称之为实物型信息。① 例如，只有通过对幼儿园信息技术设施设备、劳动工具、体育器材、生活设施设备、卫生设施设备、医疗保健器械，各班生活设施设备、教玩具、自制教玩具，教育信息资源库（包括现代办公管理软件、财务软件、卫生保健管理软件、营养计算软件、教育教学软件及课件、音像资料、教学具、图片等）等实物型信息的收集与分析，才能评价幼儿园的教玩具等设施设备的质量。

此外，我们还可以根据获得信息的方式划分评价信息的类型。例如，有些信息需要评价者和被评价者之间的积极互动而获得，如通过访谈、问卷调查等多种方式直接获得关于幼儿园干群关系等方面的信息。有些信息则是在评价者与被评价者接触之前就已经客观存在，需要评价者通过“要”的方式获取，如：幼儿园近、中、远期的发展规划与阶段性总结，近三学年领导班子辅导教职工学习政治、教育理论和科学管理知识的情况记录，近三学年领导班子对教学常规和教改科研情况的检查指导记录，等等。

以上评价信息的分类，为幼儿园教育质量评价信息的收集提供了一个类的指向。在具体的评价过程中，由于评价的具体对象和内容不同，评价者所应关注和收集的评价信息会有所不同。

二、 幼儿园教育质量评价信息的收集标准

如前所述，在幼儿园教育质量评价的过程中，涉及的评价信息非常广泛而

① 鄢超云. 学前教育评价［M］. 北京：高等教育出版社，2010：50-51.

且繁杂。因此，评价者掌握并运用一定的标准收集信息，可令收集信息的方向更加明确，收集到的信息更加有效、可靠，从而提高评价信息的质量。一般来说，幼儿园评价信息的收集标准主要有完整性、真实性、时效性等方面的要求。

（一）完整性

在收集幼儿园教育质量评价信息时，评价者首先要确保收集到的评价信息完整、充分，也就是说，评价者要根据既定的评价任务及评价指标去收集信息，收集到的评价信息要有助于完成既定的评价任务，并能够有助于完成对所有评价指标的判断。

提高评价信息的完整性，要注意如下几点要求。首先，在收集信息之前，评价者要熟悉并尽量记住所使用的幼儿园教育质量评价指标体系的结构，并透彻地了解各项评价指标的内涵及具体评定标准。如果评价指标体系较庞大，评价者全部记住指标很困难，则可先按一级指标分类收集评价信息，从而减少记忆指标的困难，也便于全面地收集评价信息。其次，评价者要学习使用与幼儿园教育质量评价指标体系相一致的信息收集纲目。一般情况下，评价的组织方都会预先按评价指标体系的项目设计并提供收集评价信息的纲目，评价者必须严格按照既定的信息收集纲目去收集评价信息，以确保不遗漏重要的评价信息。最后，收集到的评价信息要全面、充分。就整体而言，对幼儿园教育质量评价指标体系中各项指标的判定都应有佐证的信息及资料，不应有遗漏。因此，评价者既要关注重点评价指标的信息收集，也要照顾到一般指标的信息收集，要善于从各方面、多层次去收集信息，以保证所收集到的评价信息尽可能完整无缺，并能充分地说明受评幼儿园在各项评价指标上的达成程度。

（二）准确性

评价信息的准确性是指评价者收集到的信息及相关资料必须准确、可靠，用以评价受评幼儿园在各评价指标达成度的信息应是信得过的、符合客观实际的信息。

提高评价信息的准确性，应做到如下三点。第一，要确保信息收集工具的科学性。在许多情况下，信息收集工具的不科学会造成评价者所收集到的评价信息失真。例如，如果针对教师的调查问卷设计不够科学合理，则参与问卷调查的教师可能会随意填答或假答。有时，评价者实地观察不够全面客观、查阅文献资料方法不当、个别访谈时欠艺术、小组座谈的话题及引导方式不对、施测时的指导语不到位等，都有可能导致收集到的评价信息失真。第二，收集评价信息的方法要多样，以便收集到的信息能互相验证。例如，为评判某所幼儿园教职工的专业发展情况，评价者通过查阅文献资料得到的信息应该与其访谈教职工、以及对教职工进行问卷调查所收集到的信息相互验证。当然，不同方法收集到的各种评价信息之间不一定可以完全得到相互验证，但至少可以得到部分验证。第三，审核评价信息时要注意去伪存真。无论评价者采用什么方法，收集到的评价信息都难免存在着虚假成分。因此，要对收集到的评价信息进行认真的审核，通过比较鉴别、分析判断等方法剔除谬误。评价者如果发现收集到的各种信息之间有互相矛盾的地方，如针对同一评价指标收集到的文献资料与实地观察到的情况不符，或者收集到的数据资料违反一般规律，那么，就表明收集到的评价信息不够准确可靠，必须进行剔除谬误的工作。

（三）时效性

时效性，也可称为时限性，是指评价者必须严格按照评价工作所规定的起止时间收集评价信息。① 在幼儿园教育质量评价时，评价者不按规定的起止时间收集评价信息，必然会影响评价结果的确切性，导致不能完成既定的评价任务。

在幼儿园教育质量评价中，收集信息的时限一般分为起时和止时，收集的起止期限内的评价信息才是有效信息。例如，广东省人民政府教育督导室在进行广东省一级幼儿园督导评估或复评工作时，要求受评幼儿园提供近三年的资料。针对“教职工队伍稳定，近三年保教人员年流动率不超过15％”的评价指

① 胡中锋. 教育评价学［M］. 北京：中国人民大学出版社，2013：64.

标，明确规定“保教人员年流动率，指一学年内（上年 8 月份至下年 8 月份）正常流动和非正常流动的人数占学年初教职工总人数的比例”①。那么，按照此要求，评估组必须收集规定的起止时间内的评价信息，否则，收集到的信息将是不符合评价工作要求的无效资料。

第二节 幼儿园教育质量评价信息的收集方法

如何全面、准确、有效地收集评价信息，是幼儿园教育质量评价理论研究和实际工作中非常重要的问题。一般来说，收集幼儿园教育质量评价信息的方法有多种，常用的有听取汇报、实地观察、查阅资料、访谈、问卷调查、测验等方法。

一、听取汇报

作为收集幼儿园教育质量评价信息的主要方法之一，听取汇报简便易行。评价者通过听取受评幼儿园代表所做的工作汇报，可以在较短的时间内迅速获得较多的评价信息。例如，在开展广东省幼儿园教育督导评估的现场工作时，评估组进园后的第一步工作安排就是听取受评幼儿园的自评报告、办学单位及主管部门的推荐意见等。在幼儿园教育质量评价中，评价者在听取汇报时，主要是听取幼儿园负责人代表受评幼儿园所作的自评报告。

（一）幼儿园自评报告的撰写

在幼儿园教育质量评价中，自评报告是指由受评幼儿园相关人员对照评价

① 广东省人民政府教育督导室. 广东省幼儿园督导评估方案. 2008.

方案及其具体要求，对本园的有关情况进行逐条检核、自评、汇总后，撰写的汇报性文书。自评报告对外来评价者具有较强的提示和引导作用，有助于外来评价者迅速了解受评幼儿园的基本情况，为后续的评价工作提供参考。此外，自评报告体现了受评幼儿园参与评价的权益，撰写自评报告有助于受评幼儿园对比评价标准主动查缺补漏，发现本园存在的问题和不足，进而不断加强和改进幼儿园各项工作。接下来，笔者从自评报告的构成及写作要求两个方面阐述报告撰写的相关问题。

1. 幼儿园自评报告的构成

下面，以广州市荔湾区西关幼儿园申报广州市一级幼儿园的自评报告为例，简述幼儿园自评报告的主要构成及相关内容。

（1）标题

标题是幼儿园自评报告必不可少的组成部分，好的标题应该尽量突出幼儿园的特色和亮点，并能对汇报内容做高度的概括。例如，西关幼儿园申报广州市一级幼儿园督导评估时，将自评报告标题定为《特色立园走内涵发展之路——广州市荔湾区西关幼儿园申报广州市一级幼儿园自评报告》。这一标题既点明了该园“特色立园、内涵发展”的亮点，又明确说明了幼儿园将要参加的评估类型——申报广州市一级幼儿园评估，是一个比较理想的标题。

（2）正文部分

幼儿园自评报告正文部分的内容构成目前并没有统一的模式和要求，不同地区、不同类型的幼儿园教育质量评价中，对自评报告正文部分的内容构成可以做出不同的规定。一般情况下，作为评价信息来源的自评报告正文部分至少要包括幼儿园概况、主要做法及成绩、存在问题及发展方向等内容。

※幼儿园概况

幼儿园概况包括幼儿园发展历史、地址、隶属关系、性质、占地及建筑面积、园舍场地情况、教职工及在园幼儿总数、师资情况、获得荣誉等内容，这些内容可以体现幼儿园的历史底蕴、办学实力和可持续发展的潜力。概况部分可以使评价者一目了然，在短时间内对受评幼儿园有一个基本的了解。概况部分的表述应简明扼要，文字不宜太长。

广州市荔湾区西关幼儿园建于1987年，位于荔湾区中山八路周门小区内，其前身是西关儿童福利基金幼儿园，2004年由荔湾区妇联办改为荔湾区教育工会办。幼儿园建筑场地独立完整，布局合理，占地面积2065平方米，建筑面积3650平方米，户外活动面积共2385平方米，绿化可覆盖率100%。目前共设有15个班（小小班1个，小班4个，中班5个，大班5个），共485名幼儿；教职工共73名，每班配备两教一保，师幼比为1∶6.6，其中专任教师35人，教师专业合格率达100%，大专以上学历教师占比80%，幼儿园高级教师16名，中学高级教师（副高）1名，幼儿园高级职称教师占比45%。保育员与保健员均受过相关专业培训，保健员分别具备中医师与护师职称，持公共营养师证。

在《幼儿园教育指导纲要（试行）》的精神指引下，西关幼儿园“以德为师，以智为范，以健育儿，以美育人”，坚持“一切为育人，育人育终身”的办园宗旨，全力抓特色、创品牌、走内涵发展之路，形成“以美术教育为切入口，依托传统文化资源，对幼儿实施体、智、德、美全面发展教育”的办学特色。经过全园教职工的共同努力，幼儿园先后被评为“广东省绿色幼儿园”“广州市优秀家长学校”“广州市再生资源幼儿教育示范单位”“荔湾区五星品牌幼儿园”“荔湾区好园所”“荔湾区先进党支部”“荔湾区先进团支部”“荔湾区幼儿园品牌教师工作站主持单位”等，2005—2010年连续两届获“荔湾区三星民主管理”荣誉，被聘为广东省教育学会学前教育专业委员会理事单位，成为荔湾区知名度高、影响力强、辐射力大的品牌幼儿园，并在省、市、区享有较高的知名度和美誉度。

※主要做法及成绩

主要做法及成绩部分重在介绍幼儿园采取了哪些办园措施，取得了哪些成功经验等。一所幼儿园取得的办园成绩往往有一个积累的过程，很能反映其整体实力和特色。因此，此部分内容要有重点地多写一些，并要用确凿的事实材料、可靠的数据资料来加以佐证，以增强说服力。例如，西关幼儿园从“依法办园，营造和谐奋进的工作氛围”“文化引领，凸显具有美术教育特色的教育环境”“研教互促，打造积极上进的专业化教师团队”“科研带动，构建西关文化背景下的园本课程”“依托家长学校，搭建开放的家园教育桥梁”“优质服务，保障幼儿身心健康成长”六个部分较为全面地汇报了本园的办园成绩及特色。下面我们重点分析其第二部分的内容。

文化引领，凸显具有美术教育特色的教育环境

幼儿园环境是幼儿身心和谐发展的物质基础，是校园文化建设的物质载体，是优化育人环境的重要内容。西关幼儿园在规范化办学的同时，努力打造具有西关文化内涵、凸显具有美术教育特色的教育环境，在办学环境建设中促进园所文化的形成和发展。

幼儿园不断持续投入资金进行环境改造和设施设备更新，近年来，先后投入资金共 539 万元用于办学条件的改造，其中建设功能室 150 万元，园舍维修改造 206 万元，教学设备教玩具 183 万元。目前，幼儿园按标准设置的功能室各具特色，有音乐活动室、美工活动室、科学启蒙室、图书阅览室、综合游戏室；现代化教学设备一应俱全，每班均配有钢琴、计算机、照相机、平板电脑、实物投影仪、电子触屏。

由于幼儿园地处老城区，园舍建筑、场室比较陈旧，西关幼儿园本着少花钱、多办事的原则，在建筑物原有建筑风格的基础上加以改造，用黄色、蓝色将灰暗墙体加以统一，再镶嵌幼儿巨幅泥塑墙画；将封闭围墙改造为通透式弧形铸铁栏栅，配上蓝、黄、白色碎砖铺装；幼儿活动室采用格子图案装饰淡黄色磁片，再配上幼儿作品。在环境布置上，给每个空间、每个角落赋予教育内涵，将幼儿园前后主体楼命名为彩日楼和彩月楼，寓意孩子的每一天都五彩缤纷；各层走廊分别设置西关文化教育欣赏长廊，一楼走廊为仿蜡染美术欣赏区，二楼走廊为广绣欣赏区，三楼走廊为西关建筑欣赏区，四楼走廊为西关广彩欣赏区，各展示区有机融入大师、老师和幼儿的作品，让幼儿在耳濡目染中浸润西关文化。西关幼儿园以文化为引领，力求创设一个融合西关文化美术特色，知识性、艺术性、教育性和谐统一的教育环境。

由上可见，在报告具体的办园措施及成绩时，西关幼儿园注意了如下三个方面：一是工作思路清晰、准确；二是具体的做法符合幼儿园教育规律及本园实际；三是明确报告了所取得的工作效果，并用确切的数据材料和事实材料进行了佐证。

※存在问题及发展方向

自评报告是受评幼儿园自我诊断的结果，必定要报告幼儿园存在的问题，这也从另一个侧面反映了幼儿园的水平。因此，这部分内容虽不是自评报告的重点，但不能没有。受评幼儿园要正视自身存在的问题，不讳疾忌医。写作时要注意突出主要问题，点到要害，并适当控制问题的数量。要注意此部分内容不能喧宾夺主，更不能前后自相矛盾。此外，完整的自评报告还应包括受评幼儿园后续发展方向，这样既方便受评幼儿园今后依此改进工作，也有利于上级部门及评价组织方的后续验收，同时也会给评价者留下踏实、可信赖的印象。如西关幼儿园的相关陈述。

1. 由于幼儿园地处老城区，部分办园条件未能达到广州市一级幼儿园的要求，幼儿园将通过减少招生、争取上级部门支持增加办学场地等措施加以整改。

2. 随着合同制新教师不断增加，新老教师、以及其他教师之间教育观念和教育行为存在较大的差异，幼儿园将进一步加大师资培训力度，有针对性地开展新教师教学基本能力的培训，同时，将着力提高骨干教师总结、归纳、提升经验的能力。

以上提供的仅是幼儿园自评报告的基本构成及内容建议，受评幼儿园报告撰写者在确保不遗失重要信息的情况下，可根据具体的评价目的和本园实际情况灵活处理，不必受自评报告外在形式的限制。需要注意的是，不管采取何种形式撰写自评报告，都应使报告听取者能够顺利获得较全面的评价信息。

2. 幼儿园自评报告的写作要求

写出高质量的自评报告要凝聚集体智慧，不断改进，才能达成尽可能好的效果。一般来说，幼儿园自评报告的写作要求应把握以下几个方面。

（1）要准确把握评价标准和幼儿园的实际情况

自评报告在很大程度上是既定评价标准与受评幼儿园实际情况互相比照的结果。在撰写自评报告的过程中，写作者将有关标准与受评幼儿园实际结合得越好，自评报告就越有深度和力度。这就要求写作者在写作前要深入学习、认真研究既定的评价标准，弄清楚其中最重要的指标及各项指标的具体要求。与此同时，要吃透幼儿园的实际情况，掌握规定时限内丰富的事例和数据材料，对幼儿园工作每一个阶段、每一个方面的具体情况，尤其是哪些方面特别突出、哪些方面还比较薄弱等情况做到了如指掌。只有这样，写作时才能做到如数家珍、扬长避短。在准确把握了既定评价标准和吃透了幼儿园具体情况之后，接下来就要依据评价标准对幼儿园各个方面的工作做一番认真的梳理，理出写作头绪，确定自评报告的结构及层次。

（2）在广泛占有材料的基础上要注重提炼

自评报告要给评价者以深刻、清晰的印象，除了要以大量令人折服的事实做基础外，还必须有思想、有见解，让人有眼前一亮的感觉。因此，写作者不仅要收集和占有大量原始佐证材料，更要深入挖掘这些材料的本质内涵，从大量基础性材料中归纳提炼出展示本园主要成绩及特色的内容，使基础性材料成为自身工作成绩及特色最可靠、最有说服力的支撑要件。

(3) 要准确客观，用事实说话

求真务实是幼儿园自评报告写作者应持有的基本态度，空话、大话只会贻笑大方，弄虚作假只会适得其反。因此，写作自评报告的关键是用事实说话，这就要求写作者采用摆事实、列数据等方法，将幼儿园的成绩及突出的地方具体地表现出来。此外，文字表达要规范、清晰，要便于评价者阅读和查询，一些专用术语、特殊称谓语、缩略语的使用要做到准确，不能产生歧义。尤其要注意，在自评报告中往往会出现许多数据资料，部分数据还有可能会多次、多处出现，因此有关数据不仅形式上要统一，而且数据本身要前后一致，不能自相矛盾。

(4) 要突出重点，凸显亮点

自评报告的内容要有鲜明的针对性，不仅要反映受评幼儿园的整体情况，而且要突出重点和亮点。这就需要写作者处理好点与面、重点与一般的关系，切忌事无巨细，面面俱到，主次不分。一般来说，突出重点、凸显亮点主要应把握住以下两点：一是从幼儿园实际出发，依据既定评价标准，着力介绍幼儿园实力最强和做得最好的地方，以给评价者留下深刻印象；二是多选用重要的、幼儿园独有的资料，展示幼儿园最鲜亮、最具特色的做法，力求给人耳目一新的感觉。此外，在详略的处理上，既要有“面”的浓缩，又要有“点”的铺陈，力求内容充实，以增强自评报告的说服力。

(二) 听取汇报的注意事项

作为评价专家，评价者迅速把握自评报告的要点，并准确找出受评幼儿园的主要成绩、亮点和存在问题，这是重要的基本功。听懂受评幼儿园的汇报，也有利于评价者准备个人反馈意见和形成专家组集体反馈意见。有研究者提出，评价者可以从结构判断、内容判断和重点判断三个方面，对所听取的汇报进行评判，收集所需要的评价信息。① 确实，自评报告的结构、内容、重点三个方面是评价者听取幼儿园自评报告时要着力关注的地方。

首先，评价者要迅速判断幼儿园自评报告的结构是否完整。如前所述，自评报告一般要包括幼儿园概况、主要做法及成绩、存在问题及发展方向等内容。听取汇报时，报告听取人首先要判断自评报告的结构是否完整，各部分内容是否全面。如有遗漏，可要求受评幼儿园尽快补齐补全。

其次，评价者要从内容上把握自评报告的准确性。对自评报告内容的评判要着重关注受评幼儿园对自身办园成绩及特色、存在问题、发展方向等的表述。笔者多年来参与幼儿园教育督导评估工作，总的体会是，多数受评幼儿园都能够较准确地把握自身的办园成绩及特色，并能进行认真的总结、提炼。但也有部分受评幼儿园对特色的把握及提炼不尽如人意，如：有的所谓特色，内涵空泛、缺乏逻辑、没有新意；有的特色，内容单薄、强拉硬凑，幼儿园仅仅承担了一两个课题研究项目就将其上升为特色；等等。

那么，评价者应该如何把握、评判幼儿园的特色？笔者认为，可以从以下三个方面把握：一看是否符合特色内涵，即特色应具有“历史积淀、本园特有、相对稳定、社会公认”等特点；二看特色的脉络是否清楚，包括特色的起源（即特色产生的历史背景、理论基础等），特色创建的过程、具体的做法、所取得的成效等；三看是否符合幼儿园实际，并体现幼儿园的个性，即一般所说的“人无我有、人有我特”等。

在评判自评报告中表述的存在问题时，评价者要学会“两看”：一看态度是否端正。评价者要评判受评幼儿园是否是以求真务实的态度，不讳疾忌医、实事求是地把问题摆出来。二看问题是否点准。受评幼儿园对自身存在的主要问题如果点准了，这表明其对自身的不足认识清楚，评价者可以认可并提出改进建议；如果问题点不准，评价者就需要给幼儿园找病根、寻病源、开处方，帮

① 何锡涛．关于《自评报告》审读的几点思考［J］．高教发展与评估，2007（9）：72-78.

助幼儿园提高认识。此外，受评幼儿园针对自身存在的问题，应提出后续发展方向或整改措施。评价者在评判时要关注受评幼儿园提出的发展方向或整改措施是否切合实际、是否切实可行。有的幼儿园在整改措施部分长篇大论，理论探讨很多，具体措施很少，这势必会影响幼儿园的长效发展，对此，评价者要及时指出。

最后，评价者要重点判断一些必达指标的达成情况及相关资料。例如，在《广东省幼儿园督导评估方案》中，办园条件部分有 6 个必达指标，幼儿园管理部分有 7 个必达指标。听取受评幼儿园的自评报告时，评价者就必须快速把握这 13 个必达指标的达成情况，并收集相关佐证材料。

此外，评价者要对自评报告的汇报过程进行调控。一是要着力营造融洽的汇报氛围，尽量使受评幼儿园相关人员畅所欲言，言无不尽。二是要善于引导。部分受评幼儿园喜欢报喜不报忧，并在自评报告中过分浮夸，评价者如果发现这种情况要及时加以引导，要求其客观地汇报情况。三是要做好笔记，评价者要尽可能将汇报的主要内容记录下来，有疑问的地方及时做好标记，以便在采取其他方法收集评价信息时进行复核。

二、实地观察

不管是什么类型的幼儿园教育质量评价，实地观察都是评价者收集评价信息最为重要、最为常用的一种方法。在收集幼儿园教育质量评价信息过程中所采用的实地观察，有别于教育研究中的实验观察，基本上都是在自然条件下进行的，强调考查受评幼儿园的真实情况，对受评幼儿园的活动不做任何的控制和干预，一般来说不影响受评幼儿园的正常状态。

（一）实地观察的适用范围

在幼儿园教育质量评价过程中，借助实地观察，评价者可以获得许多有价值的第一手信息，而这些信息，运用其他方法是很难得到的。比如，在收集有关师幼互动等方面的信息时，评价者只有深入幼儿班级进行实地观察，才能掌握真实情况，为做出准确的评价结论提供可靠依据，舍此将难以奏效。那么，实地观察到底适用于哪些评价项目信息的采集呢？

一般来说，实地观察大多用于收集幼儿园教育质量中条件质量和过程质量相关项目的评价信息。例如，《湖北省幼儿园办园水平综合评估标准（试行）》共分办园资格与办园条件、办园理念与园务管理、卫生保健与安全防护、环境创设与教育教学、幼儿发展与办园效果五个 A 级指标。① 该评估标准中明确规定必须采用实地观察的方法收集园舍状况、设施设备等办园条件指标，以及日常护理、营养膳食、游戏活动、教学活动、户外活动等教育过程指标的相关信息。2015 年制定并实施的《广州市荔湾区幼儿园保教质量监测实施指南》共设置了班级规模及教师配备、队伍建设、幼儿园课程、幼儿发展四个一级指标。并明确规定对"幼儿园课程"一项中的环境创设与利用、生活活动、游戏活动、户外活动等内容，都必须采用实地观察的方法收集相关评价信息；对课程实施方案、时间安排、卫生保健工作、家园社区工作等项评价信息的收集，则必须结合使用实地观察和查阅资料的方法。全美幼教协会认为，高质量幼儿教育机构标准中的许多项目与幼儿活动室中所发生的事情有关，为确定一所幼儿教育机构符合标准的程度，必须对各活动室进行实地观察。因此，在其实施的高质量幼儿教育机构认证体系中，特别准备了《全美幼教协会幼儿活动室观察评价量表》，该量表要求评价人员及受评机构负责人（或其他适宜人员）采用实地观察的方法，从教师与幼儿的相互作用、课程、物质环境、健康与安全、营养与膳食五个方面收集相关评价信息，进而以此判断受评机构相关方面的质量。此外，为了保证认证小组能了解受评机构的真实情况，全美幼教协会认证委员会要求受评机构应提前提供可以接受实地评审的时间范围，认证小组不会提前告知受评机构进行实地评审的具体时间，一般情况下，受评机构只会提前一个工作日收到实地评审的通知。②

① 湖北省教育厅，湖北省政府教育督导室. 湖北省幼儿园办园水平综合评估标准（试行）. 2009.
② 来源于全美幼教协会官方网站。

（二）实地观察的注意事项

运用实地观察的方法收集评价信息，一般而言比较准确、可靠。这是因为评价者是从实际活动现场获取评价资料，获取信息的途径较其他方法直接，可以及时发现一些有价值但较隐蔽或短时呈现的情况，这就为最终的中肯评价提供了佐证。不过，在收集评价信息时，实地观察也具有明显的局限性，主要表现为评价者个人能力及情绪等会直接影响实地观察的质量，有时候，受评幼儿园相关人员有意无意中也会对评价者的实地观察造成干扰。运用实地观察的方法收集幼儿园教育质量评价的相关信息，要特别注意如下事项。

1. 要事先熟悉实地观察收集信息的评价指标及评定标准

一般来说，正规、完整的幼儿园教育质量评价方案都会事先明确收集评价信息的具体方法及适用范围。评价者应根据评价的具体要求，事先熟悉要运用实地观察的方法收集信息的评价指标及对应的评定标准，并对照评价指标及评定标准确定将要观察的时间、地点及具体内容。评价者心中有数，再深入受评幼儿园进行实地观察，就能抓住重点，获取有用的信息。例如，广东省幼儿园督导评估工作分为“办园条件、卫生保健”组，“教育教学”组，“管理、班子队伍”组三个指标组，每个指标组由两人组成，其中教育教学组要负责幼儿一日生活的考查，并查实核对 11 个条目的达成度。要在有限的时间内高效完成预定的评价任务，教育教学组的评价人员必须事先熟悉自己负责的评价指标及评定标准，并分解出哪些指标一定要运用实地观察的方法才能收集到有效的评价信息。例如，针对教育工作指标项中“有相适应的活动区（角），动静分开，既保证幼儿自由活动，少受干扰，又方便幼儿之间相互交往”的评定标准，评价人员必须事先明确与这一评价指标相关的评价信息只能通过实地观察的方法收集，且只能在各幼儿班级活动室里、在幼儿区域活动的时间内才能收集。事先做好规划，评价者才可能运用实地观察的方法收集到合用、真实的信息。

2. 要尽量进行深入细致的观察

在运用实地观察的方法收集相关评价信息时，容易出现走马观花的情况。

我国各地的幼儿园督导评估实地验收工作一般都会安排“查看园舍环境”的环节，在这一环节，评估组会运用实地观察的方法收集幼儿园园舍环境方面的信息，并做出初步的评价结论。查看园舍环境时，评估组全体人员大多是在受评幼儿园园长及相关工作人员的陪同、带领下，巡查幼儿园各处的园舍环境，包括幼儿活动室、睡眠室、幼儿园功能室、户外场地、卫生保健室、厨房及其他设施设备等。这一环节的安排有助于评估组通过实地观察的方法迅速把握幼儿园园舍环境的概况，但因时间仓促（一般不超过一个小时）、陪同人员繁杂、干扰因素多等原因，此时的实地观察往往有走马观花之嫌。为此，针对具体的评价指标收集信息时，评价人员必须进行深入细致的观察。例如，针对“有音乐活动室（120—160 m^2）、美工活动室、科学启蒙室、体育活动室、图书阅览室、综合游戏室等，功能齐全、实用，按教育教学活动和孩子发展需要设计与提供玩具材料”的评价指标，走马观花式的实地观察仅能帮助评价者初步确定幼儿园有没有配备上述功能室，但上述功能室的功能是否齐全、实用，能否满足教育教学活动及幼儿发展的需要等，则需要评价者在幼儿的实际活动中进行深入细致的观察并收集评价信息，才能做出相对准确的评价结论。

3. 要保证抽样观察的质量并尽量进行全面连续的观察

在幼儿园教育质量评价的实践工作中，受评价持续时间及评价人员数量等方面的限制，往往只能采用抽样的方式进行实地观察。例如，广东省幼儿园督导评估工作日程安排中，在持续两天的评价中，安排了一天的时间用于实地观察，即第一天下午一个小时左右的“查看园舍环境”，第二天上午“观看幼儿半日生活”。观看幼儿半日生活的主力是负责教育教学项目评价的两名评价人员，受时间的限制，他们不可能对所有幼儿班级进行全面连续的实地观察，因此，往往选用随机抽样的方法进行实地观察，如随机抽取一两个班级进行半天的连续观察。又如，在广州市示范性幼儿园实地认定工作中，一所幼儿园只有一天的评价时间，专家组往往也采用抽样观察的方法，由专家组组长随机抽取大、中、小班各一个，并安排评价人员进班进行持续半天的实地观察并收集相关评价信息。在抽样观察的过程中，评价人员要尽可能在短时间内进行高质量的观察，并且充分收集到全面、足够的评价信息，保证评价工作的质量。

如果有条件的话，实地观察应当安排出足够的时间，保证评价人员能够进行较为全面连续的观察。在这方面，我们可以考虑借鉴全美幼教协会实施高质量幼儿教育机构认证时的安排。该认证体系要求机构负责人在自评报告中要报告该机构运用《幼儿活动室观察量表》观察每个幼儿活动室的结果，并计算各项的平均得分。在实地评价时，外来的评价人员必须依据《幼儿活动室观察量表》观察并评价每个幼儿活动室的质量，并在一天当中进行连续观察，以获得对幼儿活动的全面了解。例如，评价人员要在上午观察入园、过渡活动、点心和/或进餐、休息时间，下午要观察离园活动。在全日制幼儿教育机构中，评价人员还要在下午再次回到幼儿活动室，以观察全天的活动质量如何。显然，这样的安排可以确保通过实地观察收集到的信息更加翔实完整，最后做出的评价结论也相对更为真实可信。

三、 查阅资料

查阅资料是评价者对幼儿园保存或准备的资料进行检索、阅读、整理、统计，以获取评价信息的方法。在幼儿园教育质量评价中，查阅资料是一项基础性的工作，也是最重要的收集评价信息的方法之一。

（一）查阅资料的适用范围

与教育科学研究中的文献查阅不同，幼儿园教育质量评价中所查阅的资料基本上是反映受评幼儿园实际状况的资料。一般情况下，在收集条件质量的相关评价信息，如人员配备、幼儿园管理等项目；过程质量，如课程、健康和安全等项目；结果质量中幼儿发展状况等部分的相关信息时，都会使用到查阅资料的方法。

例如，在进行广州市示范性幼儿园认定工作时，专家组下午会专门安排一名评价人员查阅资料。该名评价人员会根据幼儿园填报的《广州市示范性幼儿园申报单位自评表》，复核工作人员资格、管理制度、卫生保健制度等相关内容，查阅并收集展示幼儿园特色和示范作用的材料等。《广州市荔湾区幼儿园保教质量监测实施指南》在其一级指标“教师发展”下设团队建设、园本教研、专题研究、针对培养、继续教育五个二级指标，并规定与这五个二级指标相关的评价信息全部要通过查阅资料的方法收集。全美幼教协会高质量幼儿教育机构认证标准包括了教师与幼儿的互动、课程、教师和家长的交流、工作人员资格及其专业发展、管理、人员配置、物质环境、健康和安全、营养和膳食、评价十个部分的内容。全美幼教协会在进行高质量幼儿教育机构认证时，会提前给机构负责人提供所需的资料清单，受评机构除了教师与幼儿的互动、物质环境两个部分不需要准备书面资料外，其他八个部分都需要提前准备相关资料备查。资料清单中涉及有关教育理念、儿童发展目标的文件，个别小组课程计划，工作人员人事档案，书面的人事政策，事故防范措施和安全措施，提供给家长的书面食谱，领导会议记录，儿童评估记录等。评审员实地考察时，会查阅这些资料，并据此做出相应的评价结论。

一般情况下，幼儿园教育质量评价中可查阅的资料大多为制度性资料、计划性资料、总结性资料、业务工作资料、奖惩性资料、记录性资料等。① 例如，在开展广东省幼儿园督导评估工作中，围绕“办学方向及依法治教”的评价指标，评估组必须收集并分析幼儿园章程，幼儿园近、中、远期的发展规划与阶段性总结，近三学年幼儿园及各部门工作计划、总结等，幼儿园办园特色的有关资料（规划、实施方案、专题总结、经验介绍等过程性资料）等评价信息。

（二）查阅资料的注意事项

查阅资料有助于提高幼儿园教育质量评价工作的效率，通过这种方法获得的虽然大多是第二手材料，但丰富的第二手材料也有重要的评价意义。一般情况下，在短暂、有限的实地考察时间里，评价者不可能只收集第一手材料来评

---

① 文新华，曹家正，等. 中小学幼儿园综合督导评价的理论与技术［M］. 上海：华东师范大学出版社，1990：79-80.

价幼儿园过去进行的活动，必须适当依靠第二手材料以便做出准确的评价结论。在查阅资料时，要注意如下事项。

1. 受评幼儿园要提前认真准备相关资料

在幼儿园教育质量评价中，相关资料是否完备会直接影响评价的效果，为此，评价的组织方和受评幼儿园都必须予以足够的重视。一般来说，成熟的幼儿园教育质量评价方案中都会明确注明受评幼儿园应提供的评价资料，如广州市在开展幼儿园督导评估工作时提供了《幼儿园督导评估资料目录索引》，全美幼教协会关于高质量幼儿教育机构认证体系也准备有《认证标准所需的资料清单》等。为此，受评幼儿园要按照评价方案及所附的资料清单或索引等，有针对性地、认真地积累、整理和制作相关资料。

2. 评价人员要适当分工查阅资料，并对资料整理分类

在查阅资料的过程中，评价人员可以根据各自负责的评价条目进行适当的分工，并对资料整理分类。首先，评价者在查阅资料之前要进行分工，按照自己所负责的评价项目查阅相关资料。其次，评价者在查阅到所需的资料之后，要对资料进行整理分类，使其能够准确高效地支持后续评价工作的进行。例如：幼儿园为展示自身队伍建设的成绩，可能会提供大量的教职工个人成长档案，评价者就需要根据评价目的和评价对象数量和质量上的要求进行筛选，选择出比较具有代表性的教职工个人成长档案作为相关的评价信息；评价者还可以根据预设的评价指标对查阅的资料进行分类，如将收集到的幼儿园各项规章制度分为队伍建设制度、教育工作制度、卫生保健制度等；为了便于分析和讨论，评价者还可以复印一些重要的档案资料，分发给评价组的各个成员，对一些篇幅较长的材料可以摘录其要点，以便集中讨论时节省时间，提高评价工作的效率；评价者还可以将需要使用的某些重要评价信息注明出处，以便在发现疑问时，及时回溯查找，从而提高评价工作的效率。

3. 对资料进行核实与汇总

为了使幼儿园教育质量评价的结论建立在可靠资料的基础之上，评价者应

注意对收集到的资料进行核实，去粗取精、去伪存真。对于查阅资料中出现的信息矛盾，要进行核实。评价组做出重要的评价结论时，一定要汇总通过不同渠道、不同方法收集到的资料，在相互验证的基础上才能做结论，绝不能根据孤证就草率地做出评价结论。例如，对幼儿园的安全工作质量做出评价，评价者不仅要收集受评幼儿园安全制度类的资料，还要收集幼儿园意外事故登记表、幼儿园突发事件应急预案及演练资料、幼儿安全和保健教育有关资料等，并对不同的资料进行核实、汇总、互相验证，再结合实地观察所获得的评价信息，才能做出相对准确的评价结论。

四、 访谈

访谈也是收集幼儿园教育质量评价信息的常见方法。不同于一般情况下的随意交谈，评价情境中的访谈是一种有目的、有计划的交谈，评价者通过与受评幼儿园相关人员如园长、教师及教师群体、家长及家长群体等的谈话，来收集相关的评价信息，以便为相关的评价结论提供更为有力的依据和佐证资料。

（一）访谈的作用和形式

不管什么类型的幼儿园教育质量评价，评价者一般都会通过访谈的方法从受评幼儿园相关人员处收集评价信息。尽管通过访谈的方法收集到的信息通常不会作为评价的最重要依据，但访谈所得的评价信息往往能较为有效地补充、印证评价者通过实地观察、查阅资料等方法所收集到的信息。

例如，在“一日生活的组织与安排”这一评价指标中，往往会设置“坚持保教结合，科学、合理地安排和组织一日生活，时间安排具有相对的稳定性与灵活性，动静结合，室内外结合”的评定标准。一般情况下，评价者通过实地观察幼儿一日生活的情况可以获得较为准确、全面的评价信息，同时辅以查阅幼儿园一日生活作息安排表、幼儿园活动场地安排表等资料，则可以基本判断受评幼儿园在此项上的达成程度。如果评价者能够进一步围绕“您具体如何安排班上孩子的一日生活?”等问题对教师进行个别访谈，获得的信息将使评价者做出的相关评价结论更为真实可靠。

个别访谈和小组座谈是访谈的两种主要形式。个别访谈，是评价人员通过与受评幼儿园的园长、教职员工、幼儿本人或幼儿家长等进行口头交谈，了解和收集相关评价信息。在评价过程中，评价者可以在不干扰受评幼儿园正常工作的前提下选择个别访谈的对象，引导访谈对象在较为轻松的状态下倾吐自己的观点、认识和感受，从而挖掘出对进一步评价具有价值的信息。例如，评价者可以通过个别访谈的方式，引导园长谈论对幼儿园教育理念和办学特色的看法和态度，从而进一步了解园长在教育理念和办学特色方面的观点和做法。小组座谈是一种非常实用且有效的收集评价信息的方法，在评价实践工作中一般会组织幼儿园教职工座谈会，以及幼儿家长及社区人士座谈会。通过小组座谈，评价人员能够迅速获取相关评价项目的直观、生动的信息。

（二）访谈的注意事项

运用访谈收集评价信息具有许多优越性，如灵活性强，信息反馈及时，能够根据不同的情况随时做适当处理，可以通过追问的方式对相关工作做更深入、更全面的了解等。当然，访谈法也有明显的局限性，主要在于访谈过程中双方的相互影响较突出，如果把握不好，容易出现负面效应，特别是访谈者的个性品质、知识背景、价值观等，都有可能会直接影响访谈效果。运用访谈收集评价信息时，要注意如下事项。

1. 要选择合适的访谈人员

幼儿园教育质量评价中，访谈人员的作用对访谈的成功与否至关重要。访谈能否收集到足够且有效的评价信息，在很大程度上也取决于访谈人员的水平和能力。不管是个别访谈还是小组座谈，访谈人员都必须注意态度要平和、客观，有亲和力，以便使受访者情绪放松，能无所顾虑地表达己见。主持小组座谈的访谈人员要具有相当的口头与书面交流能力，其提出的问题一般都是引导小组座谈的主线，因此其表述应清晰、简练。访谈人员还必须善于倾听且要控制表达自身的观点，有些访谈人员对小组所讨论的主题有着深切的感受，所以在受访者与自身观点相左时，经常会直接反驳和教导受访者，忘记了自己作为客观的访谈者的角色，结果影响了访谈的质量，也难以收集到评价所需要的信息。访谈人员还要善于创造轻松温馨的环境，以使受访者乐于发表自己的见解，分享自己的经验。

2. 要围绕既定提纲有计划地访谈

不同于日常的随意交谈，评价情境中的访谈必然带有明确的目的性和计划性，因此，有计划地访谈是获得有效信息的重要一环。较为成熟的幼儿园教育质量评价方案一般会事先为评价者准备访谈提纲，评价者必须事先研究、熟悉访谈提纲，并围绕既定提纲组织访谈。例如，在广州市一级幼儿园督导评估的过程中，为了从家长的视角更深入地了解受评幼儿园各方面的工作，一般会为评估组准备如下访谈提纲，并要求评估组召开十人左右的家长座谈会。

家长座谈会访谈提纲

☆ 作为家长，你为什么选择这所幼儿园？

☆ 你孩子进园以来，有没有更换过老师？换过几个？

☆ 你觉得幼儿园在收费方面怎么样？

☆ 幼儿园在培养幼儿兴趣爱好方面做得怎么样？有没有一些具体措施？

☆ 有没有举办家长学校？在座的有没有家委会的成员？家长通过什么途径向园长提意见或建议？每学期一般召开几次家长会？内容有哪些？

☆ 幼儿园近年有没有发生过比较大的事故？在卫生、安全防范工作方面做得怎么样？

☆ 幼儿园与社区的关系怎么样？都开展过一些什么内容的活动？

☆ 对幼儿园的现状满意吗？有哪些工作需要改进？①

---

① 广州市人民政府教育督导室，广州市教育评估和教师继续教育指导中心. 广州市幼儿园督导评估工作手册（试行）. 2014：131.

评价者如果能够围绕上述访谈提纲有计划地组织家长小组座谈，则必然会收集到关于受评幼儿园教师稳定性、收费、教育活动、家长社区工作、安全工作等方面的评价信息，这将有助于评价者更为准确地判断幼儿园在相关评价指标上的达成度。显然，按计划进行访谈有助于评价者比较系统地获取评价所需要的资料，而且重点突出，节省时间。

3. 要适当运用追问的技术

为了获取有意义的评价信息并进一步了解评价信息之间的内在联系，评价者适当运用追问的技术是十分关键的。在进一步追问时，评价者可以提出“很有意思，你能再详细地说说吗?”“你想再补充一些什么吗?”或“你为什么这样说/想?”等问题。例如，笔者在对某所幼儿园进行督导评估的过程中发现，部分老师把园长称为“老大”。通过追问“老大是谁？是什么意思？为什么叫老大?”等，评估组更加深入地了解了该园园长的管理风格、该园干群关系、组织文化氛围等信息。需要注意的是，在进行追问时，评价者应注意把握追问的时机和度。过多的追问可能浪费时间，且令受访者感到厌倦。评价者要注意受访者的神情和语言中的深层含义，以判断是否适合追问。此外，在访谈刚开始、还未进入较为深层次的访谈时，最好不要追问，否则会使受访者产生抵触情绪。

4. 要关注并及时处理可能出现的访谈障碍

一般情况下，访谈的过程是机动、松散的，根据访谈者与受访者的互动而变化，难以准确预期访谈的过程和结果。有研究者提出，访谈的过程中可能出现各种障碍，如偏见性障碍、习惯性障碍、顾虑性障碍、经验性障碍和环境性障碍等。① 幼儿园教育质量评价过程中，常常出现经验性障碍。经验性障碍主要是由于访谈双方知识层面的差距所带来的表达与理解方面的差异和障碍。在教育研究人员、高校教师、教育行政管理人员担任访谈人员时，比较容易出现这类障碍。上述人员因常与书面语接触，口语表达时习惯使用长句、复杂句、

① 陈斐. 深度访谈的障碍及其引导原则［J］. 新闻爱好者，2009（1）：45-46.

修饰语等，文化程度较低的教职工或家长可能会听不懂访谈人员的表述。有时，上述人员访谈时，没有及时将专业性较强的问题转换为日常口语化的表述，以致受访者因经验不足不能理解问题的实际含义，进而出现答非所问的情况。此外，在高利害的评价中，容易出现顾虑性障碍。部分受评幼儿园的相关人员比较世故，面对敏感性话题或评价式提问有所顾忌，轻易不发表意见或顾左右而言他，导致访谈人员不能收集到有价值的信息。评价者要对上述可能出现的访谈障碍有清醒的认识，要学习及时提取反馈信息并做适当的调整。

五、问卷调查

一般来说，问卷调查比较简便易行，评价者能在较短的时间内收集到和受评幼儿园相关的较为广泛的资料，问卷调查的结果也便于整理和统计分析。因此，问卷调查也是收集幼儿园教育质量评价信息的常用方法。

（一）问卷调查的适用范围

在幼儿园教育质量评价中，问卷调查的对象一般是受评幼儿园的教职工和幼儿家长，评价者通过问卷调查获得他们对幼儿园各项工作的感受、认识与意见等，从而收集到相应的评价信息。与访谈类似，通过问卷调查的方法收集到的信息通常也不会作为评价的最重要依据，但问卷调查所得的评价信息往往也能较为有效地补充、印证评价者通过实地观察、查阅资料等方法所收集的信息。

例如，在广州市幼儿园督导评估的过程中，一般会选择六个班的幼儿家长发放“广州市幼儿园督导评估家长调查问卷”。

广州市幼儿园督导评估家长调查问卷①

尊敬的家长：

您孩子所在的幼儿园正在进行广州市一级幼儿园评估。此问卷是为了收集您对幼儿园工作的宝贵意见，以便更全面地评估该

① 广州市人民政府教育督导室，广州市教育评估和教师继续教育指导中心. 广州市幼儿园督导评估工作手册（试行）. 2014：134.

幼儿园。我们对您的意见十分重视，请您实事求是地选择您认为恰当的内容（此问卷不用记名，在□内打“√”即可），并请投进幼儿园设置的问卷回收箱里。问卷回收完毕后，幼儿园会将装有问卷的回收箱一并交给评估组。问卷的回收率需达到80%以上才具有效度和信度，请您大力支持！

对您的协助表示衷心的感谢！

广州市一级幼儿园督导评估小组

年　月　日

一、您把孩子送到这里因为（可多项选择）：

住得近□　收费比较合理□　设施设备好□

老师好□　办园质量高□　声誉高□　别无选择□

二、您认为您孩子所在班的教师能否做到：有爱心、责任心强，对幼儿细心、耐心，待人亲切、容易沟通，为人师表，受到孩子的喜爱？

1. 全部能做到□　2. 部分能做到□

3. 个别能做到□　4. 全部做不到□

三、您认为幼儿园与家长沟通、交流的效果如何？

好□　较好□　一般□　较差□

四、幼儿园在正常保教时间里（下午4：30前）有没有开设收费的兴趣班？

有□　没有□

五、幼儿园是否对幼儿进行书写训练？

是□　否□

六、幼儿园布置了需幼儿完成的书面家庭作业吗？

经常□　有时□　很少□　没有□

七、您认为幼儿园在促进孩子的身心和谐发展方面的整体效果（与入园前比较）？

很好□　较好□　一般□　不明显□

八、对幼儿园的满意状况

很满意□　满意□　基本满意□　不满意□

九、请尽量详细写出您对幼儿园的意见或建议。

通过对幼儿家长的上述问卷调查，评价者可以较为迅速地收集到受评幼儿园整体质量、教师队伍专业状况、家长工作、教育效果等方面的评价信息。

（二）问卷调查的注意事项

运用问卷调查的方法收集评价信息有诸多优点，如：取样广泛，效率高；答案统一，便于统计分析；操作简便；环境相对宽松，更利于反映调查对象的实际想法；等等。但是，问卷调查也有明显的不足，它不仅受回收率和有效率的困扰，而且有时因调查对象可能没有真正领会问卷的含义而导致所收集到的信息失真。运用问卷调查收集评价信息时，要注意如下事项。

1. 要做好问卷的编制工作

问卷是问卷调查得以实施的载体，评价组织方或评价者首先应依据评价所决定的调查目的编制适宜的问卷。要仔细思考如下问题：为了获得所需的评价信息，问卷中应提出些什么样的问题？提出这些问题之后，被调查人员可能有什么想法？问卷的填写能否达到预期目标？在此基础上，再详细设计问卷的问题。排列问题通常应注意如下几点：要由易到难；先提出事实性问题，再提出态度性问题；先提封闭性问题，后提开放式问题；先提一般性问题，后提敏感性问题；等等。

2. 要选择适量的问卷调查对象

在幼儿园教育质量评价的过程中，评价者需要依据调查目的、内容确定接受问卷调查的群体。一般情况下，被调查群体包括的人数比较多时，就没有必要逐一进行问卷调查。评价者可以采用抽样方法，选取部分人员作为问卷调查的对象。例如，在进行广东省幼儿园督导评估工作时，一般是从受评幼儿园大、中、小班各抽 2 个班，共 6 个班的幼儿家长进行无记名的家长问卷调查；随机抽样 40 名教职工（教职工人数不足 40 人的，按 80%的比例抽样）进行无记名的教职工问卷调查。

3. 要注意提高问卷的回收率和有效性

问卷的回收率和有效性是实施问卷调查的重要保障，一般情况下，问卷的回收率应不低于 75%。为了提高回收率，并且使问卷调查更加有效，评价者首先要注意问卷的问题设计要科学合理，不带倾向性，表述要清晰，要控制问题的数量，特别是开放式问题不能过多，并尽量避免使用复杂的语句和带有诱导性的问题，要尽量有助于被调查对象容易理解和客观地回答。此外，问卷应尽量采用不记名方式，以保证问卷的回收率和可信性。

问卷调查虽不如访谈那样灵活，但获取信息的效率很高，可以在短时间里收集到大量的评价信息。被调查人员有充足的时间思考问题，可以从容作答。此外，问卷调查无需评价者和被调查人员当面接触，具有一定的回避效果，一些不宜当面交谈的问题，可以通过这种形式进行调查。

六、 测验

在幼儿园教育质量评价中，评价者经常通过测验的方法获取幼儿发展方面的评价信息。尽管目前对幼儿发展结果能否作为幼儿园教育质量评价的指标还存在争议，但在不少地区的幼儿园教育督导评估中，对幼儿进行抽样测验仍然是常用的收集评价信息的方法之一。

（一）测验的适用范围

在幼儿园教育质量评价的正式场合中，一般使用正式的标准化测验。标准化测验是由专门人员制定的，测验的结果可以跟一定的标准（常模）相对照，以判断被测者的程度。在标准化测验中，对幼儿发展的测验相对较多、较成熟。例如，在广州市幼儿园督导评估工作的过程中，一般会随机抽取 18 名幼儿（小、中、大班幼儿各 6 名，男女各半）进行 20 米快速跑、立定跳远、拍球、投掷、单足立等体能项目的测验，将体能测验的结果与既定的标准进行对比，即可获得评价幼儿体能发展情况的辅助信息（见表 5-1）。

表 5-1　幼儿发展测验情况表①

幼儿园：　　　　　　　　　　　　测查人员：　　　　　　　　年　　月　　日

项目	性别	小班标准	通过情况		中班标准	通过情况		大班标准	通过情况		达标率%
			第一次	第二次		第一次	第二次		第一次	第二次	
20 米快速跑	男	7.77 秒			6.81 秒			5.88 秒			
	女	8.12 秒			7.13 秒			6.48 秒			
立定跳远	男	68.4 厘米			86.5 厘米			103 厘米			
	女	61.7 厘米			75.4 厘米			94.2 厘米			
拍球	男	44 次/分			69 次/分			90 次/分			
	女	41 次/分			63 次/分			83 次/分			

① 广州市人民政府教育督导室，广州市教育评估和教师继续教育指导中心. 广州市幼儿园督导评估工作手册（试行）. 2014：144.

续表

项目	性别	小班标准	通过情况		中班标准	通过情况		大班标准	通过情况		达标率%
			第一次	第二次		第一次	第二次		第一次	第二次	
投掷	男	316.5厘米			433.7厘米			542.7厘米			
	女	266.8厘米			327.7厘米			439.9厘米			
单足立	男	12.97秒			27.56秒			59.77秒			
	女	16.11秒			33.22秒			77.81秒			

当然，要全面准确地了解幼儿的发展状况不能仅依赖于测验结果，而需要综合经各种不同的途径和方法收集到的各方面的信息，再做出全面的评价。

（二）测验的注意事项

测验的优点主要表现在测验工具的编制严谨，结果处理方便，有现成的常模，可以直接与之进行比较后做出结果判断。测验的不足是使用的灵活性较差，结果难以进行定性分析，测验结果可能受练习效应和幼儿前期测验经验的影响。评价人员运用测验收集相关评价信息时，要注意如下事项。

1. 必须由专业人员或有经验的人员实施测验

在幼儿园教育质量评价实践工作中，测验的实施者必须经过严格的专门训练，才能恰当地实施测验，并解释测验的结果。例如，在广东省幼儿园督导评估工作中，一般都是由评估组中的保健医生对幼儿进行各项体能的测验。

2. 要做好测验的准备工作

实施测验的评价人员要熟悉测验程序和指导语，准备或指导受评幼儿园相关人员准备测验所需材料，选择适宜的测验地点和环境，一般要选择幼儿日常生活和学习的环境，并要尽力排除外界干扰。测验前，评价人员要努力与幼儿建立良好的关系，取得幼儿的合作，以保证测验的效果。

3. 要规范进行测验

评价人员要严格按照测验实施手册中的程序、指导语和要求进行测验，要对参加测验的幼儿解释清楚相关细节再正式开始，测验过程中应控制时间，注意幼儿的疲劳征兆，不能催促幼儿，要在幼儿感到舒适轻松、精力充沛时进行，中途要有一定的放松停顿。

综上所述，六种收集评价信息的方法各有其适用范围，也各有长处和不足。在幼儿园教育质量评价的实践操作中，评价者可以根据具体情况，偏重一种或其中的几种方法，同时兼顾其他方法。一般来说，针对幼儿园教育质量评价的不同方面，各有其最适合的信息来源的方法。在收集师幼交往、教育活动、物质环境的使用情况以及师幼比例、健康和安全措施等信息方面，在活动室进行实地观察是最基本的方法。在获得幼儿园的办学宗旨、课程计划、各项制度、工作人员资格、人员配置等资料方面，可以通过查阅资料的方式。在收集课程实施及效果、工作人员与家长的交往、工作人员在职进修、工作人员对相关政策和制度的了解等信息方面，访谈和问卷调查是适宜的方法。要了解幼儿学习与发展的状况，可以借助测验的方法。通过各种方法所获得的评价信息的综合，可以帮助评价者更为准确地发现并评价幼儿园的质量特征。

第三节　幼儿园教育质量评价信息的处理

评价者收集到全面、准确、有效的幼儿园教育质量评价信息之后，就必然面临着如何处理评价信息的问题。评价信息的处理是幼儿园教育质量评价工作中的重要环节之一，信息处理的质量高低将直接影响评价结论的有效性和可靠性。因此，评价者必须十分重视评价信息的处理。

一、评价信息的整理与汇总

对一所幼儿园的教育质量进行全面评价是一项繁重复杂的工作，一般会由多人组成的评价小组负责评价的具体实施，因此，评价信息也是由多名评价者通过分工合作的方式进行收集的。在对收集到的幼儿园教育质量评价信息进行分析与处理之前，评价小组需要先做一些初步的整理、分类和汇总工作，以使原始资料尽可能完整、准确。

（一）对评价信息进行整理与核查

幼儿园教育质量评价人员结束评价信息的收集工作之后，首先要对所收集到的各种原始信息与资料进行初步的整理。要及时去除不正确的信息与资料，修正模棱两可的信息与资料，并把杂乱无章的原始资料整理成为易于处理和理解的形式。接下来，评价人员还要对评价信息进行数量和质量上的核查，包括：计划收集的原始评价信息是否齐全，是否有遗漏或缺失，是否达到预定的数量；所收集的信息在来源、时间、地点和收集时的客观条件上，是否有不合理之处；所收集的信息在内容上是否有矛盾或前后不符之处；等等。经过核查，评价小组如果发现有未收全的评价资料，要设法补齐、收全。对于收集到的评价信息，要把符合要求的和不合格的资料区分开来，能修正的尽可能修正，不能修正的要予以淘汰；错误的信息必须舍弃，可疑的信息必须经过考证核实。在此过程中，评价小组中的资料处理者切忌凭自己的主观意愿，留下符合预想结果的信息，而舍弃掉不符合预想结果的信息。通过核查，评价人员可以最大程度保证所收集到的幼儿园教育质量评价信息的完整性、准确性和有效性，为下一步的信息汇总做好准备。

（二）对评价信息进行分类与汇总

在对原始评价信息进行整理和核查之后，评价小组需要对符合要求的原始评价信息进行登录，即将分散在大量的原始评价材料之中的信息分门别类地登录到资料汇总表中。对原始评价资料进行登录时，评价人员往往需要对资料加以判断，并赋予一个类别名称，视资料的性质进行量化地或质性地处理。需要注意的是，有时候一份资料可能要分别佐证不同的评价条目，如某名教师的高级教师职称证既可归入“教职工配备”项，也可归入“队伍建设”项，出现此种情况时，资料处理者可在评价信息的分类汇总表中增加备注栏，在其中注明该信息的存放位置。

进行幼儿园教育质量评价资料的分类和汇总工作，需要极大的耐心和细心，任何错误或偏差都将影响到评价结论的准确性和可靠性。因此，在评价小组内，当某位资料处理者初步完成资料的分类和汇总工作后，评价小组的负责人最好安排其他人员进行复核，检查分类和汇总工作是否符合要求，是否正确无误，对不合理之处应做相应的调整，对有争议的地方要进行认真讨论直至意见统一。

二、评价信息的定量与定性处理

在正式的幼儿园教育质量评价中，评价者最后都要对收集到的信息进行定量和定性处理，进而得出相应的评价结论。

（一）评价信息的定量处理

在幼儿园教育质量评价中，定量处理的目的是把握受评幼儿园在各评价项目及具体评价指标上量的规定性，以数值的形式相对客观地描述和判断受评幼儿园在各评价项目及具体评价指标上的达成度。

例如，针对《广东省幼儿园督导评估方案》“队伍建设”这一评价项目中的“领导班子建设”指标有如下具体评定标准及分值（见表 5-2），评估组内各成员通过听取汇报（包括幼儿园的自评报告以及上级主管部门的相关推荐意见）、实地观察（在幼儿园实地观察领导班子的治园能力、干群关系等）、查阅资料（查阅园长跟班观摩及指导教育活动的记录）、园长个别访谈、教职工及家长座谈等手段，会收集到极为丰富的评价信息。在对这些评价信息做了整理、核查与汇总之后，评估组要以所收集到的相关信息为依据，对照下述的评定标准，对受评幼儿园“领导班子建设”中的五个项目分别评分，最后累加这五项的得分，即可以分数的形式对该园领导班子建设的质量给予相对确切、客观的评价。

表 5-2　幼儿园领导班子建设指标①

评定标准	分值	评分操作办法
①领导班子结构合理，具有幼儿教育理论、教育管理理论基础，重视观念更新、理论学习和经验总结。（3分）	15	达到要求，得 3 分；较好达到，得 2 分；基本达到，得 1 分。
②廉洁奉公，团结合作，有较强的决策和协调能力，富有改革创新精神，治园能力强。（3 分）		同上
③关心教职工工作、学习、生活，干群关系融洽，凝聚力强，群众评议满意度高。（3 分）		群众满意度达 90%以上，得 3 分；75%—89%，得 2 分；60%—74%，得 1 分。
④熟悉保教工作，重视并做好教育教学、教改和科研、保健工作的管理，带头开展教改、科研工作，指导实践能力强。（3 分）		达到要求，得 3 分；较好达到，得 2 分；基本达到，得 1 分。
⑤园长每学期跟班观摩及指导教育活动不少于 20 天，业务副园长不少于 40 天，主管后勤副园长不少于 10 天。（3 分）		各园长每少 5 天扣 1 分，扣完为止。

① 广东省人民政府教育督导室．广东省幼儿园督导评估方案．2008.

目前，我国各地使用的幼儿园督导评估方案基本都采用了给每项评价指标赋分的方法，在呈现最后的评价结果时，基本都是累加所有评价指标的分值，以总分的方式呈现评价结论。例如，《湖北省幼儿园办园水平综合评估标准》共分五个A级指标，23个B级指标和60个C级指标。每个A级指标各100分，并分别赋予了不同权重，实际得分以百分制计算。A级指标得分各乘以权重之后的总和即为实际得分（A1×0.2＋A2×0.25＋A3×0.2＋A4×0.2＋A5×0.15）。按实际得分所在范围来评定幼儿园等级，即，达到60～65分的认定为三级幼儿园；达到66～75分的认定为二级幼儿园；达到76～85分的认定为一级幼儿园；达到86～90分的认定为市（州）级示范幼儿园；达到91～100分的认定为省级示范幼儿园。①

由上可见，通过对评价信息进行定量处理后得出的评价结论往往相对精确，且可以在不同的幼儿园之间进行横向对比，可以较为有效地提高评价结论的说服力。

（二）评价信息的定性处理

在幼儿园教育质量评价中，经常要对收集到的评价信息进行定性处理，其目的是把握受评幼儿园在相关评价项目及具体评价指标上质的规定性，形成对受评幼儿园相关工作具体的看法与判断。

对评价信息的定性处理没有严格的程序，有较大的灵活性。进行定性处理时，要根据一定的评价目标和要求，对收集到的评价信息进行分类与归并，从中提炼、归纳出该项目的主要特征，并进行恰当地分析评价。具体来说，对评价信息进行定性处理时，首先，要尽量围绕某个评价项目收齐、收全各种材料，如受评幼儿园在该评价项目上的一般情况及典型事例材料，各方面人员包括上级领导、幼儿家长、社区人士等对受评幼儿园该方面工作评价的材料，评价者亲自考察得来的事实材料及数据材料等。此外，对受评幼儿园相关的现实文献

① 湖北省教育厅，湖北省政府教育督导室．湖北省幼儿园办园水平综合评估标准（试行）．2009.

资料和历史档案资料也应给予注意。其次，要对收集到的资料进行整理和描述。整理包括核实、分类和汇编等工作。描述多采用“写实”的手法，一般先概括描述一般情况，然后描述典型事例。最后，要对所描述的事实材料做总体上的分析评价。分析评价要中肯，简明扼要。

例如，笔者在对某所幼儿园进行广东省一级幼儿园复评时，发现该园在幼儿园管理中取得了很多成绩，评估组围绕该园的精细管理收集到了相对丰富的评价信息，包括各种制度性资料、访谈记录、实地观察结果等。在对这些评价信息进行定性分析的基础上，评估组提炼出该园“实施精细管理，不断改进幼儿园各项工作”的办园成绩，并做出了如下分析。

> ××幼儿园树立“精心、精细、精品”的观念和品牌意识，实施精细管理，追求“小事做细，细事做精”，不断改进幼儿园各项工作。
>
> 首先，细化和完善了幼儿园的各项规章制度。如教师工作制度、保育工作制度、备课听课制度、班级安全制度等，使教职工详细理解各自的权利和义务，各项工作的开展能够做到有据可依、井井有条。
>
> 其次，积极抓各项规章制度的落实。例如，根据《幼儿园卫生保健工作手册》的规范文本，实行了由园长负总责、分管副园长协调管理、保健医生组织指导、保教人员具体落实、其他部门分工协作的卫生保健分级精细管理模式，取得了较好的效果。又如，在日常工作中，加强对教师的业务指导，进行跟踪听课、及时评课，做好教育教学常规工作的管理与指导。
>
> 目前，幼儿园正致力于实现“管理层次因精细化而提升，教学因精细化而精彩，幼儿园因精细化而和谐”的目标。2008 年 5 月，在教研片举行了“幼儿园教育教学精细化管理现场会”展示活动，获得了幼教同行的肯定。

对评价信息进行定性处理时，评价者应确保收集到的资料要真实可靠，整理和描述事实材料要有系统性，分析和评价要抓住主要问题或本质问题。当然，对评价信息的定性处理是一个自由度很大的开放性过程。在分析处理的过程中，评价者随时都可能对初步建立的分析框架、主题和论点乃至所要回答的问题进行修改。对定性评价资料的解释虽然受到评价者已有经验和直觉的影响，但仍然必须尽量尊重客观资料中自然显现出来的事实，真实地再现受评幼儿园的特性。

综上所述，定量处理和定性处理这两种方法各有所长，两者是优势互补的，能相互补充和验证。评价者绝不能根据个人的偏好，盲目地信奉、赞赏某一种方法，而排斥、贬低另一种方法。在处理评价信息时，评价者应当选择最适宜的方法。大量的经验表明，如果评价信息主要用于帮助受评幼儿园改进工作时，定性处理比定量处理更有价值。当评价的主要目的是评比、比较时，定量处理的价值才能充分体现。因此，在幼儿园教育质量评价中，评价者应当尽可能结合使用两种方法，从质和量两个侧面把握受评幼儿园教育质量的本质特性，在此基础上做出符合实际的综合判断。

第六章

幼儿园教育质量评价中的心理偏差与调控

教育评价的过程自始至终都离不开人，即评价人员和被评人员。如前所述，幼儿园教育质量评价是评价人员（本章主要指对受评幼儿园进行实地再评价的外来评价人员）依据客观事实所进行的带有一定主观性的价值判断，评价结果必然会受到评价人员心理状态的影响；另一方面，被评人员（主要是受评幼儿园主办者、园长、教职员工等）由于受到各种心理状态的影响，常常会出现各种“失常”“失真”的情况，从而导致评价信息无效、评价结论不准确。为此，在评价实践工作中，评价各方，尤其是评价的组织方，应遵循心理规律，把握各有关人员容易产生的心理偏差，适时调控各方的评价心理，以保证幼儿园教育质量评价的科学性、客观性和有效性。

第一节　心理调控在幼儿园教育质量评价中的意义

在幼儿园教育质量评价中，评价人员、被评人员可能产生的心理活动变化多端，表现的形式纷繁复杂。因此，有针对性地对相关人员进行心理调控，对保证幼儿园教育质量评价工作的顺利开展，做好幼儿园教育质量评价工作具有极其重要的意义。

一、有助于幼儿园教育质量评价功能充分发挥

如前所述，幼儿园教育质量评价主要具有判断、导向、改进三大功能，可以从多方面推动和促进幼儿园教育的发展。但是，实践工作中的评价活动能否最终充分地发挥这些功能，在很大程度上取决于评价活动中评价人员和被评人员的心理状态。也就是说，评价人员持何种心理来参与和进行幼儿园教育质量评价活动，被评人员持何种心理来看待和参与评价活动，将对评价的功能能否全面发挥产生直接影响。

在评价过程中，如果评价人员在评价时总是表现出事不关己、高高挂起、“随大流”式的从众行为，又或是评价人员因缺乏责任、勇气和专业能力而总是对幼儿园各方面工作做“模糊”评价，则幼儿园教育质量评价该有的判断和导向功能会难以实现。再如，如果受评幼儿园主办者、园长或教职员工对评价持有疑惧、防卫心理，对评价的意义与要求认识不清，认定评价不公正、不可靠，则我们很难相信他们在评价之后会尊重最后的评价结论，会积极主动按照评价结论中的建议改进幼儿园的相关工作。因此，在幼儿园教育质量评价活动中，除了评价工作本身要力求科学合理外，一定要注重心理调控这一环节。只有适时地对相关人员可能产生的各种心理偏差进行分析和调节，才能及时有效地控制并消除各种消极心理因素的影响，使相关人员变消极态度为积极态度，变被动参与为主动参与，从而使评价功能得以全面发挥，评价目的得以圆满实现。

二、有助于幼儿园教育质量评价活动顺利实施

幼儿园教育质量评价是一项专业性和技术性较强的系统工程，只有科学、严格地按照一定的程序组织实施，才能保障评价工作的质量和评价结果的可靠性与有效性。评价人员和被评人员可能出现的心理偏差，对幼儿园教育质量评价实施过程的影响最为直接。适时恰当的心理调控，有助于评价活动的顺利实施。

在迎评过程中，受评幼儿园的主办者、园长或教职工如果疑惧心理过重，将直接影响幼儿园自评工作的质量，如导致自评阶段整理、准备的相关评价信息错漏不全，幼儿园的自评报告及结论失真无效等。在评价信息的收集与分析阶段，评价人员和被评人员产生的心理偏差将直接影响所收集评价信息的真与伪、全与缺、纯与杂、快与慢。如果被评人员防卫心理过重，则必然倾向于隐瞒甚至篡改显示本园存在问题的评价信息及资料，导致评价人员不能顺利收集到真实、全面的评价信息。倘若评价人员对受评幼儿园主办者或园长抱有偏见，则可能对他们提供的信息产生不必要的怀疑，进而在收集、分析受评幼儿园提供的各种信息和资料时，可能发生偏颇或失误。在评价结果处理与反馈阶段，能不能将评价结果如实反馈出来，评价双方都需要良好的心理状态。评价人员的从众、本位、趋中心理可能会使评价结论出现片面、主观、牵强附会、含糊不清等一系列偏差，导致出现对受评幼儿园成绩及问题的分析不准确等现象。受评幼儿园的主办者或园长如果对评价分数过于敏感，则可能不能平和地接受低于自身预期的评价结论，进而从各个方面挑剔评价的缺点和问题，并企图否定评价，导致评价工作不能顺利完成。在幼儿园教育质量评价的实施过程中，重视和加强心理调控，有利于有效地克服各种不良因素的干扰，使评价的实施过程更加规范、顺畅。

三、 有助于幼儿园教育质量评价结论准确可靠

评价结论是否准确可靠，是判断评价工作质量的最终标准，也决定着评价工作能否不断深入发展和提高。评价人员和被评人员产生的各种心理偏差可能影响着评价人员判断的准确性，进而使评价结论失真。

在幼儿园教育质量评价中，评价人员如果不能自觉控制晕轮效应的影响，在收集评价信息的过程中则可能出现以点代面、以偏概全的偏差，导致以评价信息为依据所做的评价结论不够准确、全面。本位心理过于凸显的评价人员容易背离预定的评价标准，转而从个人立场出发对受评幼儿园的相关工作进行分

析与判断，会直接导致评价结论的失真。另一方面，被评人员的迎合心理及行为可能会诱导评价人员放弃客观立场而陷入对受评幼儿园正面肯定的心理状态，导致评价人员产生偏向性的评价意见，使最终的评价结论过高；被评人员过强的防卫心理则容易引起评价人员情绪体验不悦，易使评价人员进入疲劳烦躁状态，进而导致评价过程出现明显的失误和偏差，使最终的评价结论过低。凡此种种，对于评价人员和被评人员而言，他们的一言一行都可能会影响到对方的情绪状态和道德心态，而不合时宜的言行更有可能造成评价伦理上的困扰，导致最终的评价结论在真实性程度方面大打折扣。对上述心理偏差及时进行调控，能够提升相关人员的专业能力及道德品质，最大限度地确保评价结论的准确可靠。

综上所述，我们必须认真研究幼儿园教育质量评价全过程的心理活动形式和规律，特别要研究可能对评价活动产生消极影响的心理现象及其形成和发生作用的规律，探讨进行心理调控的有效措施，确保评价的客观性、准确性和有效性。

第二节　评价人员心理及其调控

评价人员心理活动对幼儿园教育质量评价的影响占主导地位，这与评价人员的作用和地位密切相关。在幼儿园教育质量评价中，在对评价标准的解释、评价信息的收集和分析、结果的评定等方面，评价人员无不起着主导性的决定作用。清醒地认识评价人员的心理偏差在评价过程中的表现及影响，并进行必要的调控，是幼儿园教育质量评价理论研究和实践工作的一个重要课题。

一、 评价人员容易出现的心理偏差及表现

评价人员的心理状态与心理倾向，不仅会直接影响幼儿园教育质量评价工作的实际开展，还可能对被评人员的心理状态带来各种干扰。在幼儿园教育质量评价的过程中，评价人员可能出现各种各样的心理偏差。其中，从众心理、本位心理、晕轮效应、趋中现象等心理偏差，是评价人员在实践工作中经常出现的。我们接下来对这四种心理偏差进行重点解析。

（一）从众心理

在幼儿园教育质量评价的集体情境中，从众是评价人员最容易出现的社会心理行为。不管是国内还是国外，正式的幼儿园教育质量评价多是集体评价，也就是说，评价是由多人组成的评价团队具体实施的。相关研究表明，任何群体都具有维持群体一致性的显著倾向和执行机制，对与群体保持一致的成员，群体的反应是喜欢、接受和优待；对偏离群体者，群体则倾向于厌恶、拒绝和制裁。[①]“个体在群体中常常会不知不觉地受到群体的压力”，“表现出与群体中多数人一致的行为倾向”，此即所谓的从众。[②] 在幼儿园教育质量评价的过程中，在实际存在或想象中的群体压力下，部分评价人员为了获得权威评价人员或评价人员群体的接纳，放弃自己的意见，主动调整、改变自己原有的态度和行为，并努力使之与权威评价人员或多数评价人员的态度和行为相一致，这就是从众心理。

从众心理会给幼儿园教育质量评价带来一些不容忽视的负面效应，必须引起警惕和重视。不管是什么类型的幼儿园教育质量评价，一般都实施组长领导下的集体负责制，要求评价人员之间既分工又合作。从众心理的泛滥，首先将严重损害评价工作集体负责制的落实。受从众心理支配，部分评价人员在放弃

---

① 苏曦凌. 政府绩效评估主体的偏见心理分析——以社会认知理论为视角［J］. 湖北社会科学，2011（4）：36-39.

② 沙莲香. 社会心理学［M］. 北京：中国人民大学出版社，2002：214.

自己责任、权利和不同意见的同时，实际上也就已经把自己置于集体之“外”，将自己定位于“旁观者”的角色和“举举手”的位置，进而淡忘自己的评价责任与担当，消蚀自己参与评价的意识与热情。权威成员，如评估组组长，也可能因此而过高估计个人的威信和能力，无视其他组员的存在及意见，在集体领导过程中抢先发言、提前“定调”，致使评价由集体负责制沦为“一言堂”。其次，从众心理可能严重影响集体评价的质量。集体评价情境中的从众心理，常常表现为事不关己、高高挂起的“随大流”，跟着感觉走的随声附和，曲意逢迎的恭维奉承，以及明知不对、少说为佳的难得糊涂等。凡此种种表明，从众心理强的评价人员并没有真正把有助于评价更为客观科学的意见和智慧贡献出来。对幼儿园教育质量的评价工作之所以要由一个集体来执行和完成，正是为了最大可能地接近并揭示受评幼儿园的真实情况，这就要求评价集体内每一位评价人员都要独立地提出各自的见解。从众者参与评价尤其是评价决策的被动，既不利于开拓集体评价的思路，也不利于评价集体把受评幼儿园各方面情况议明、把存在的问题议透、把改进的措施议清，更不利于评价集体吸取不同意见中的“精华”，把问题议得更深入、结论下得更科学。显然，在此情况下进行的评价活动质量，将会大打折扣。

认清从众心理的存在，对于尽可能地避免幼儿园教育质量评价中因之产生的评价偏差具有重要的意义。克服评价人员中容易出现的从众心理，可以做如下工作。

一是坚持分工负责制。正式的幼儿园教育质量评价，基本上都是对受评幼儿园教育质量的全面审视，评价内容涉及幼儿园教育活动的方方面面。因此，在评价的过程中，大多会将评价人员分成各个具体的指标组开展评价工作。为了克服从众心理，评价的组织方及评价组长要严格实施分工负责制。例如，在广州市幼儿园督导评估中，教育教学指标组有 2 名评价人员。那么，教育教学方面 11 个评价条目的相关评价工作，包括具体评价标准的解释、评价信息的收集分析、相关评价项目达成度的判定等工作，必须坚持由这 2 名评价人员独立完成。

二是坚持先民主后集中的程序。通常情况下，引起评价人员从众心理压力的大小，与已经发表过意见的评价组成员人数的多少和威信的高低成正比。如果威信高的评价人员先发言或多数成员已经发表了大致一致的意见，这时，后发表意见的、特别是威信相对低些的成员就会产生从众倾向。坚持先民主后集中的程序，就是评估组组长和威信高的评价人员不抢先表态，要让其他成员，尤其是相对年轻和资历较浅的评价人员先行发言，这样就能较有效地减轻易从众成员的心理压力。

三是在具体评价项目的讨论上，应以具体负责的评价人员的意见为基础，在具体负责的评价人员充分地表达自己的意见和观点后，再补充吸收评价组内其他人员包括评估组长的意见。

笔者多年来的实践工作经验表明，上述措施能较好地消除幼儿园教育质量评价中的从众心理。

（二）本位心理

在幼儿园教育质量评价的过程中，部分评价人员容易以自我为中心开展评价活动。也就是说，评价人员背离了自己作为评价专家的客观立场，而是根据自身或自身所代表领域的价值观、利益和要求来进行评价活动，此即所谓的“本位心理”。例如，在评价幼儿园的教科研工作时，围绕“针对幼儿园实际开展多层次的科研课题研究，教师能普遍参与，课题研究过程规范，资料健全，有效促进幼儿园保教质量提高和教师专业成长”这一评定标准[①]，某受评幼儿园组织老师们参与并开展了多项园级课题和区级立项课题，书面资料和访谈结果也都表明该园课题研究规范且对保教质量和教师成长有明显的促进作用。但是，本位心理过于凸显的教科研人员身份的评价人员，可能会背离既定的评价标准，对受评幼儿园教科研工作提出基于自身价值观、高于既定标准的要求，

① 广东省人民政府教育督导室. 广东省幼儿园督导评估方案. 2008.

如坚持认为幼儿园未能承担省、市级科研课题项目，课题层次不高等，进而对幼儿园在教科研工作方面取得的成绩持否定态度。

如上所述，本位心理过于凸显的评价人员，可能会直接损害幼儿园教育质量评价活动的客观性。不仅如此，这部分人员还可能会影响组内其他评价人员的态度和行为，进而导致评价结论不够准确。在集体评价时，某些评价人员的本位心理突出、情感情绪强烈，会对其他评价人员的态度和行为造成有意无意的感染及影响。特别是这些人员的评价意见和情绪受到权威评价人员的赞赏时，更容易影响其他评价人员的态度和行为。从实际情况来看，个性较顺从、能力水平较低的评价人员，也往往容易屈从、接受本位心理强烈的评价人员发出的或明示或暗示的信息及判断，进而放弃自己对受评幼儿园相关质量要素的独立思考和认识。例如，笔者曾经参与过对某所公办幼儿园的省一级幼儿园督导评估。在面临幼儿园被推向市场的改制大潮中，该园园长和教职工勤俭办学，为幼儿园的生存和发展做出了很大的牺牲和努力。在督导评估的过程中，公办幼儿园园长身份的数名评价人员对此有着切身的感受。从本位心理出发，这些评价人员放弃评价专家的客观立场及本应秉持的客观标准，从改制中公办幼儿园园长的立场出发，对该园带有强烈的怜悯性情绪，因深感受评幼儿园园长及教职工生存发展的不易而对各相关项目的评价标准都有所放松。这种评价倾向和意见，在评价人员集体内获得了相当高的认同与支持，导致评价集体最后做出了高于该园实际水平的评价结论。

在对幼儿园教育质量进行集体评价时，评价人员一般包括了各领域各方面的代表，如教育行政管理干部、教科研人员、不同类型幼儿园的园长、保健医生等。不同领域的人员群体，如教育行政管理干部与教科研人员之间，教育行政管理干部与幼儿园园长之间，教科研人员与幼儿园园长之间，不同类型的幼儿园园长之间的价值观和关注点极有可能不尽相同。如果任由本位心理泛滥，则会导致评价集体的矛盾乃至造成冲突，进而影响评价活动的质量。因此，在幼儿园教育质量评价中，评价人员首先要主动注意克服自身的本位心理，在进入受评幼儿园现场之前，必须认真学习既定评价方案及评价标准，统一衡量尺度，严防以个人标准代替既定标准。此外，所有评价人员都要警惕并努力避免本位心理强的评价人员对评价造成的不利影响，发挥个人的聪明才智，拒绝干扰与暗示，使评价更加公正、准确。

（三）晕轮效应

晕轮效应，也被称为光环效应、成见效应，实质上指的是在观察判断和评价某一行为主体的时候，由于该主体的某一方面特征或品质从观察者的角度来看非常突出，因而掩盖了观察者对该主体的其他特征或品质的认识，而被突出的这一方面则演绎、扩张开来形成晕轮的作用。① 在幼儿园教育质量评价中，晕轮效应指的是评价人员对受评幼儿园的认识和判断只从局部出发，因对受评幼儿园某些特征的突出印象而影响到对该园其他特征或整体特征的认识和评价的一种心理偏差和态度误区。受晕轮效应的影响，评价人员会过于关注受评幼儿园突出的某些质量要素，而忽略或抛弃另一些质量要素，并以自己所重视和关注的因素来确定评价结论，从而使评价出现偏差，影响评价的客观公正性。例如，《广东省幼儿园督导评估方案》在“教职工配备”中规定“教师大专学历60％以上”，某受评幼儿园大专学历教师达到100％，其中本科学历教师占比60％，还有两名全日制研究生学历的教师。在晕轮效应的影响下，评价人员容易对该园教师队伍建设、教育工作等与教师素质相关的项目做出脱离实际情况且偏高的评价结论。

晕轮效应实际上是评价人员个人的主观推断泛化、扩张，逐渐形成某种定式的结果。晕轮效应往往发生在评价人员掌握的信息较少而又需要做出总体判断的情况下，主要是偏失的或错误的态度造成的，是一种典型的以点代面、以偏概全的认知偏见。晕轮效应具体表现在如下两个方面。

一是弥散性。即评价人员将对受评幼儿园的整体印象或突出质量要素特征

---

① 侯春在. 晕轮效应：教师评价行为中的态度误区［J］. 教育科学，2001（11）：43-45.

的认识，扩散到了对其他相关与不相关要素的知觉和评价上。我们通常所说的“爱屋及乌”“记得绿罗裙，处处怜芳草”等，指的就是这种心理现象。例如，受评幼儿园园长的仪表、为人处世的态度等引发了评价人员的好感或恶感时，可能会对评价人员造成干扰，并进而影响评价人员对幼儿园管理、干群关系等的评价。

二是遮掩性。即评价人员因对受评幼儿园某一方面质量要素有非常深刻的知觉和印象，则可能掩盖其对其他质量要素的知觉，进而妨碍对幼儿园的全面了解，从而产生以整体印象代替局部了解，以表面知觉代替深入了解和分析的现象。例如，在评价某所幼儿园时，一听说这所幼儿园是首批省级示范性幼儿园或近年来获得省市多种奖项及荣誉称号时，评价人员会倾向于认为该园各方面工作都会很好。带着这样的认知偏见，评价人员即使在评价中发现了一些问题，也倾向于采取宽容甚至漠视的态度，反之亦然。

要有效防止和克服晕轮效应，评价人员最关键的是要以既定的评价标准为依据，全面细致地收集相关评价信息，在全面了解受评幼儿园各个方面情况的前提下，再做出判断和相关结论。如此，才能克服成见，保证评价工作的客观性、全面性。

（四）趋中现象

部分评价人员在对具体评价指标做定量评价结论，尤其是对相对主观的评价指标做定量评价结论时，容易出现评分趋中性的现象。所谓趋中，指的是评价人员脱离受评幼儿园的实际情况，在赋予各评价指标分值时，人为地给出平均分（又称保险分、中间分）。当趋中现象发生时，受评幼儿园在各个评价项目上的得分多是平均分或接近平均的得分，导致评价结论不能准确反映出受评幼儿园不同方面工作质量的高低。如果有几所幼儿园依次接受同一个评估组的评价，那么，当趋中现象发生时，评价人员既不愿给质量优的幼儿园相应高的分数，也不愿给质量差的幼儿园以太低的分数，而是尽量缩小差距，不同幼儿园的最终得分都向平均状态集中，最终导致从评价结果上不能判断不同幼儿园教育质量的高低强弱。

出现趋中效应的原因，首先是部分评价人员缺乏评价责任和担当勇气，“好人主义”泛滥，害怕引起与受评幼儿园及相关人员之间的矛盾和冲突。尽管受评幼儿园内部各质量要素之间或者不同幼儿园之间的实际质量差别很大，但评价人员倾向于将评价分数集中在平均水平，没有真正区别出好中差。其次，部分评价指标的评定标准相对笼统、抽象，且评价人员没有及时收集到足够的评价信息和依据，对受评幼儿园相关质量要素没有把握，导致在评价中不敢拉开档次，只能来个“模糊”处理，将评价结果模糊地集中于中间或平均水平。很显然，这种做法使得幼儿园教育质量评价应有的判断功能得不到有效发挥，更不可能帮助受评幼儿园有针对性地改进自身各方面工作，评价的改进功能也就落为了空谈。

在幼儿园教育质量评价中，趋中现象有着明显的消极影响。要有效避免趋中现象对幼儿园教育质量评价的不良影响，关键是评价组织方要不断改进、完善相关评价项目，尤其是主观性评价项目的评价标准，尽量提高具体评价指标及评定标准的可操作性。例如，评价师幼互动方面的质量，类似“教师以关怀、接纳、尊重的态度与幼儿交往”的评定标准，就相对笼统且可操作性差。评价人员对该评价指标赋分时，容易倾向于给出平均分或保险分。如将该评定标准具体化为“教师主动与幼儿进行有意义的谈话，并通过微笑、抚摸、拥抱等非言语方式与幼儿交往”等，则评价人员以上述标准为依据，容易做出更为确定、确切的定量评价。此外，要选拔勇于担当、责任感强的人员担任评价人员，同时注意加强对评价人员责任、担当等素质方面的要求与培训。

以上所列举的评价人员容易出现的心理偏差现象，并非全面概括了幼儿园教育质量评价中评价人员全部的心理偏差及其表现；同样，也并不表示每一次评价都必然会出现这些心理偏差。但是，通过对上述心理偏差现象及表现的初步分析，可以引起警惕，对改善评价实践工作中的误差可以起到较好的作用。当然，对评价人员进行心理调控并解决因心理偏差导致的评价误差，是一项长期的工作，需要不断探索和研究新的方法，不断提升幼儿园教育质量评价的科学性、准确性和公正性。

二、 评价人员出现心理偏差的原因分析

有研究者在研究高等教育评估主体心理和行为偏差的过程中，结合教育评估的实践，尝试从制度、利益、道德三个方面对评估主体心理和行为偏差的原因进行分析。[①] 这一分析框架，对我们剖析幼儿园教育质量评价中评价人员出现上述心理偏差的原因也有很好的借鉴作用。

（一）制度因素

目前，我国幼儿园教育质量评价制度本身还有待进一步完善，各地区开展的幼儿园教育质量评价均有可能因制度因素而产生偏差。从评价人员各种心理偏差的产生来说，主要存在以下几方面的问题。

一是部分地区的幼儿园教育质量评价标准过于宽泛、笼统。部分地区的评价标准，尤其是软件方面的具体评价指标及评定标准，存在笼统、可操作性不强的问题，例如，对照“领导班子办事公道，作风扎实，率先垂范”“教师之间平等和谐，教育教学活动正常有序”等评定标准开展评价活动时，评价人员做相关评价结论时的进退余地及自主权力较大，容易对关系密切的幼儿园采取较宽松的标准，而对关系一般的幼儿园采取较严格的标准。

二是评价人员遴选的不合理性。在幼儿园督导评估中存在着评价人员遴选标准较模糊、资质要求偏低的问题；有的地区没有按要求建立幼儿园督导评估专家库，对幼儿园进行督导评估时，往往临时拉起队伍就开评；有的地区遴选评价人员时，主要考虑了评价人员的能力或专业等因素，而忽略了其道德品质，导致一些缺乏责任感或良好道德的人员成为了评价人员。

三是对评价过程缺乏监督。目前不少地区组织的幼儿园督导评估工作，缺

---

① 熊光慈. 高等教育评估中的偏差研究 [D]. 天津大学博士学位论文，2006：105-106.

乏专门的监督机构及具体的监督机制，通常的做法是评价组织方在评价人员开始实地评审前提出一些纪律要求，如：要求评价人员要维护评价的独立性和公正性；自觉抵制来自任何方面的干扰，不受人为因素影响；不做可能影响评价声誉和公正评价的任何事情；等等。类似的口头要求，不带强制性，难以有效约束评价人员在评价中可能出现的主观性、随意性甚至不道德的心理及行为。

（二）利益因素

功利主义伦理学认为，利益是道德产生的基础，不同的利益立场，直接影响着人们的道德行为。从幼儿园教育质量评价主体各种心理偏差的产生来说，以下利益因素可能导致评价人员发生评价偏差。

一是评价人员与受评幼儿园之间亲疏、熟陌、利害、远近的关系。受自身与受评幼儿园之间利益关系的影响，评价人员可能出现对亲者宽、对疏者严的现象。比如：对与自己关系密切的幼儿园，给予高于受评幼儿园实际状况的褒扬性评价；对自己不熟悉的幼儿园，则提出严苛的标准及要求。

二是评价人员直接的利益得失。如有些评价人员可能私下接受了受评幼儿园的聘任，或者接受了受评幼儿园的礼金或礼品后，对这些有利可图的幼儿园会给予较高的评价。

三是受评幼儿园直接的利益得失。由于评价具有区别优劣、分等鉴定等作用，评价结果将会直接影响受评幼儿园的声誉、经费获得、生源等一系列利益。在某种意义上来说，对幼儿园进行的评价，尤其是官方性质的幼儿园督导评估将直接影响着受评幼儿园的生存状况及其地位变化。受利益得失的驱动，有些受评幼儿园的主办者、园长为了获得高于自身实际状况的评价结论，不惜造假或以各种方式拉拢评价人员，直接导致评价人员在评价中出现心理及行为偏差。

（三）道德因素

道德也是影响评价人员心理的重要因素。在幼儿园教育质量评价中，评价人员可能出现的道德问题有如下四种情况。

一是评价人员由于自身的认识及道德水平不高，对评价指导思想、评价方案、评价指标体系及具体的评定标准把握不准，可能误导受评幼儿园，以致把评价引向歧途，达不到评价应有的效应。

二是因受评幼儿园对评价人员接待不周，或因某名评价人员与受评幼儿园有过不愉快的瓜葛等，评价人员对受评幼儿园打击报复，有意贬低受评幼儿园取得的办园成绩，夸大其存在的问题，进而造成评价结果失真。

三是评价人员因受到过高规格和过分热情的接待或接受了受评幼儿园的礼品、礼金，甚至接受贿赂等原因，对受评幼儿园取得的成绩过分褒扬，而刻意忽视其存在的问题与不足。

四是评价人员怕得罪人，做老好人，明知受评幼儿园存在不足或明知其在部分评价指标上不达标，也不指出。

可见，幼儿园教育质量评价人员在执行评价权力的同时，必须具有高度的责任感与公正性，要尽可能客观、公正地做出评价。这是评价人员应具备的基本职业道德。

三、评价人员的心理调控

事实上，评价人员所产生的各种心理偏差和行为，并不是孤立的心理过程、心理状态、心理特征等心理因素所致，而是与评价人员的道德水平、能力素质、知识经验等密切相关。因此，对评价人员进行心理调控也必须是全面的，不仅要有技术性措施，还要进行思想教育和纪律教育。

（一）要遴选合适的评价人员及评价工作领导者

针对幼儿园教育质量评价中的某些消极现象，分析其产生的原因，是由于评价人员队伍中某些人员的素质、能力、道德水平等偏低所造成的。因此，对评价人员进行心理调控，首先要遴选合适的评价人员，优化评价队伍结构。

一般来说，评价人员遴选的具体要求应视幼儿园教育质量评价的对象和内容而定。从总体上看，要在人员素质上提供保证，注意入选人员的思想觉悟、道德水平、心理品质、工作能力和经验，以及与幼儿园教育质量及质量评价有关的知识掌握情况。评价组织方在组建评价人员集体时，应注意评估组的整体素质与人员结构，使之具有较强的代表性和工作适应性。

在遴选评价人员时，应特别注意评价工作领导者的遴选与任用。例如，广州市开展幼儿园督导评价工作时，一般采用评估组组长负责制。评估组组长的工作职责，主要包括：全面负责评估组的评估工作，与幼儿园商定有关评估事宜，合理安排评估组成员分工，并根据工作进展情况及时调整评估组成员任务；召开评估意见讨论会，集体讨论对幼儿园的综合评估意见，代表评估组向幼儿园及其主管部门反馈评估意见，并认真听取他们对评估意见的反映；等等。上述各种职责，涉及评价工作的方方面面，可以说是非常综合性的要求。要顺利完成以上工作职责，评估组组长或者说评价工作的领导者，必须具有如下综合素质。

首先，要有较强的工作能力，尤其是组织协调能力及决策能力等。幼儿园教育质量评价的领导者要善于协调评价组内各方面的力量，要善于吸收各种不同的意见，善于同持不同意见的人合作共事。评价领导者还要有较强的决策能力，在认真吸纳各方面意见的前提下，能勇于坚持正确意见，修正错误认识，既有主见，又不固执己见，以确保评价的客观性与准确性。

其次，要具备较丰富的专业知识。评价工作领导者不仅要懂得教育评价，特别是幼儿园教育评价的有关知识，还应具有心理学、管理学、社会学等方面的专业知识。评价小组往往由从各个单位临时抽调的人员组成，评价过程中不仅可能出现技术方面的问题，更可能产生大量的思想问题和心理偏差。评价领导者只有较好地掌握了上述有关专业知识，才能更好地在评价活动中审时度势，处理好各种问题，有效防止和排除来自各方面的心理偏差及其导致的评价障碍。

最后，要具备良好的道德品质。为确保评价的公正及权威，评价工作领导者必须具备公正、清廉、自律的道德品质，在评价工作中能以身作则，团结组员，诚实谦虚，有强烈的事业心和责任感。

（二）要做好评价人员专业培训与道德教育，提升评价队伍素质

幼儿园教育质量评价是一项以专业性、技术性和操作性为特点，以教育学、

心理学、统计学、决策学等学科为专业基础的工作。为了减少评价人员的心理偏差，首先要对评价人员进行培训，提高他们的评价能力。培训的内容，除了了解幼儿园教育质量评价的目的、指导思想，理解与准确把握评价标准，切实掌握评价方法与技术外，还应包括评价心理及调控等方面的内容。

一般培训内容可通过集中的专题讲座等方式，帮助评价人员了解评价目的及指导思想，理解评价标准，学习有关评价指标体系、相关教育政策、评价经验总结方面的材料等；还可以通过模拟评价、案例分析等方式，帮助评价人员了解评价过程，获得评价经验，掌握评价的方法与技术。

关于评价心理及调控等方面的培训，评价组织方要重视评价心理的有关知识，帮助评价人员了解评价过程中容易出现的心理偏差及其表现形式，理解这些心理偏差产生的原因及对评价活动的影响。如前所述，评价人员易产生的心理偏差有多种表现形式，其产生的原因不尽相同，有的与信息存储有关，有的则与思维操作有关；有的属于认知偏差，有的属于情绪偏差；有的属于有意识的，有的则发生在无意识状态之中。幼儿园教育质量评价过程中出现的许多心理偏差，大多并非评价人员故意偏心所致，通常是在无意识状态下发生的。因此，应帮助评价人员了解这些心理偏差产生的心理机制，发挥自我调控的作用，使他们在评价过程中有意识地避免这些无意识的心理偏差。进行评价心理方面的培训指导，除一般的集中讲座外，还可以通过实例分析、评价示范等方式对评价人员进行培训，使他们在评价实践中获得心理偏差矫正方面的经验。

评价心理大多与评价人员的思想道德水准有关，因此，对评价人员进行道德教育是调控评价人员心理的有效手段。例如，美国评价协会（American Evaluation Association，简称ACE）专门成立了教育评价标准联合会，对评价人员在评价过程中的行为提出了明确的道德要求。其内容可以归纳为九个方面：尊重评价对象的人格，维护评价对象的利益，保护评价对象的隐私，满足不同评价对象的需要，避免对评价对象的伤害，防止评价人员的各种偏见，保持评价人员的诚实，保证评价人员的专业素质，杜绝评价结果的误用和滥用。① 可见，评价人员道德教育的内容应包括对评价人员进行思想觉悟、道德品质、法制纪律教育等方面的培训，使评价人员在思想上、道德水准上提高认识。通过道德教育，使评价人员在幼儿园教育质量评价中能克服各种不良评价观念的影响，落实科学评价的要求；使评价人员排除个人情绪，正确对待各种意见，对受评幼儿园做出公平、公正的评价；使评价人员自觉遵守评价纪律，自我约束不健康的评价心理，保证评价工作顺利推进。

（三）要加强评价的管理与调控，着力营造宽容的评价氛围

在幼儿园教育质量评价的过程中，可以采取有针对性的措施和制度来预防、监督、控制评价人员可能产生的心理偏差，并避免和缩小其消极影响。评价的管理与调控应贯穿幼儿园教育质量评价的全过程，主要包含如下四个方面。

一是评价组织方要做好事先预防工作。根据现有的理论认识及实践经验，评价组织方应准确把握评价人员在评价工作中容易出现的心理偏差，并做好事先预防工作。例如，针对评价人员在幼儿园教育质量评价实践工作中最经常出现的从众心理，评价组织方可以事先确定评价的分工负责制，清楚划分评价人员具体的评价职责，从而较有效地遏制从众心理及其消极影响。又如，为避免各种利益因素的干扰，广州市幼儿园督导评估工作明确提出评估组实行回避制度，与受评幼儿园或幼儿园领导班子成员有密切关系、可能影响评估结果的评价人员，应事先主动提出并予以回避。

二是要加强评价过程中的监督与调控。评价组织方及评价工作领导者在评价过程中要随时把握评价人员的心理动向，对可能出现的心理偏差保持警惕。例如，评价组组长如果发现评价人员在对自己负责的指标做出判定时出现明显的趋中心理，应及时予以警示并要求其改正，将消极影响控制在萌芽状态。

三是评价结束要进行及时的检查与矫正工作。每一次具体的评价工作结束

① 转引自蔡敏. 美国教育评价的伦理规范建设及其启示 [J]. 外国教育研究，2005 (6)：18-21.

后，评价组织方及评价工作领导者一定要针对评价中的心理偏差进行及时地分析与判断。事后如果发现评价人员出现明显的心理偏差且造成了不良影响，要采取矫正措施予以纠正；对尚未造成不良影响的评价人员，要通过个别谈话进行教育，提醒其注意；对造成恶劣影响的评价人员，要果断将其调离评价人员队伍，严重者要给予相应的行政纪律处分。

四是要营造宽容的心理氛围。在评价人员之间、评价人员与被评人员之间营造宽容的心理氛围，可以较为有效地消解导致各种心理偏差的环境因素。宽容的群体氛围，就是指评价人员之间、评价人员与被评人员之间能够充分认识和理解评价的意义和作用，互相理解、互相帮助、互相信赖、互相勉励。在评价人员之间营造宽容的群体心理氛围，有利于评价主体摆脱从众、趋中等心理压力，畅所欲言，大胆地表达自身的观点，为评价人员之间的不同观点提供相互对话、辩驳、指正的平台，促使评价人员认识到自身的不足和偏颇。同时，在评价人员与被评人员之间营造宽容的群体心理氛围，有利于评价人员实现换位思考，摆脱由于立场、经验、视角的局限而造成的对受评幼儿园及相关人员的偏见。

总之，在幼儿园教育质量评价过程中，既要注意控制评价人员容易发生的各种心理偏差，更要注意针对这些心理偏差进行及时有效的调控；既要注意管理性调控，又要注意思想品德教育；既要注意预防性调控，又要注意补救性调控；既要注意对评价人员的教育，又要注意评价领导者的教育与示范；既要注意评价人员心理的调控，又要注意评价人员与被评人员关系的调控。

第三节　被评人员心理及其调控

在幼儿园教育质量评价中，被评人员的心理状态也是不容忽视的另一重要方面。被评人员（主要包括受评幼儿园主办者、园长及教职工等）的心理活动和表现，直接影响着幼儿园教育质量评价的有效性。特别是评价的导向和改进功能，必须通过被评人员的相关活动才能得以体现并产生效用。因此，应该深入研究被评人员的心理状态和心理活动规律，对干扰评价活动的心理现象进行有效地调控，以便减少其消极影响，提高幼儿园教育质量评价的成效。

一、被评人员容易出现的心理偏差及表现

在幼儿园教育质量评价过程中，从自评、被评到对评价结论的反应，被评人员的心理表现是非常复杂的，主要存在疑、惧、烦、防等消极心理，这些都可以看作是被评人员心理偏差的不同表现形式。在教育评价活动中，被评人员的心理偏差常常会产生消极作用，影响评价的正常进行以及评价结果的客观公正，对评价造成障碍及负面效应。根据幼儿园教育质量评价的特点及实际工作中的情况，笔者发现，被评人员最容易出现疑惧心理、迎合心理、防卫心理、敏感心理等心理偏差。

（一）疑惧心理

疑惧心理，指的是受评幼儿园主办者、园长及教职工等担心外部评价对自己个人或幼儿园不利而出现的一种疑虑、惧怕的心理状态，是幼儿园教育质量评价中被评人员最为常见的心理偏差。疑惧心理对评价工作有极大的危害，既会给被评人员以沉重的心理负担，不利于被评人员借助幼儿园教育质量评价全面、准确审视自身各方面工作，阻碍受评幼儿园通过评价获得成长与进步，更不利于评价人员收集评价信息并开展现场评价工作，进而影响评价效果。因此，认真分析并消除被评人员的疑惧心理，对增强幼儿园教育质量评价工作的有效性具有十分重要的意义。在幼儿园教育质量评价中，被评人员的疑惧心理主要有如下两种具体表现。

一是焦虑不安。被评人员由于过分担心外部评价对自身可能造成的不利影响，往往会对幼儿园或自身工作存在的问题焦虑不安，担心问题暴露导致评价

结果不理想，担心影响自身及幼儿园的进步与声誉，担心受到上级领导或主管部门的批评与指责。

二是小心谨慎。由于焦虑惶恐，被评人员在接受外部评价的过程中总是瞻前顾后、小心翼翼，生怕自己的言行举止会得罪评价人员，会给幼儿园带来不利影响。

在疑惧心理的作用下，被评人员往往非常在意评价人员的表情、态度及语气等，如评价人员表情是和颜悦色还是严肃阴沉，态度是热情相待还是冷漠讥讽，语气是和缓诚恳还是粗声训斥等。如果是前者，则被评人员的疑惧心理会有所缓解，如果是后者，则会加重其疑惧心理。被评人员过分的焦虑不安、小心谨慎必然导致评价双方沟通渠道不畅，容易引发评价人员的疲劳、焦躁情绪，不利于评价工作的顺利进行。

被评人员疑惧心理的发生，主要是由于受评幼儿园主办者、园长及教职工对评价的目的、意义缺乏正确认识，对评价工作及评价人员缺乏信任感。此外，受评幼儿园相关人员不能正确认识幼儿园存在的问题与不足，担心负面评价结果对自身造成不利也是导致其疑惧心理产生的原因。为此，被评幼儿园及相关人员要敢于正视幼儿园存在的问题与不足，不要回避、隐藏，要主动坦率地与评价人员进行沟通，愉快地接受评价人员的批评与帮助。同时，评价人员也应当理解被评幼儿园及相关人员存在的心理偏差，加强自身评价工作的规范性、程序性及合理性，杜绝不良作风。这样，才能真正提升幼儿园教育质量评价工作的效果，被评幼儿园才能明确努力的方向，消除疑虑与恐惧，真正发挥幼儿园教育质量评价的判断、改进功能。

（二）迎合心理

在幼儿园教育质量评价中，受评幼儿园及相关人员为了获得高于幼儿园实际质量水平的评价结果而表现出的反常的积极配合状态，此即迎合心理。例如，在迎合心理的作用下，受评幼儿园及相关人员对评价人员往往在接待上超标准、高规格，形式上投其所好、热热闹闹，交往态度上曲意逢迎、奉承讨好等。

迎合主要有自我表现、恭维他人、观点遵从、施惠对方等四种表现。① 在幼儿园教育质量评价中，被评人员的迎合心理具体有如下表现。

一是被评人员通过各种方式刻意展示、表现与评价项目无关的相关工作，以吸引评价人员，并使评价人员对幼儿园产生正面的印象。例如，笔者在参加某次市一级幼儿园督导评估时，受评幼儿园在紧张的评估工作日程中强行安排了该园教师参加机关文艺汇演获一等奖的节目表演，而此节目表演与评价指标无关，并影响了评价工作的进程，此即为“自我表现”。

二是被评人员对评价人员阿谀奉承，或对评价人员个人生活表示兴趣，以此引起评价人员的注意或正面的评价，此即为“恭维他人”。

三是被评人员放弃自身立场，无条件地认可评价人员的各种观点，此即为“观点遵从”。

四是被评人员为评价人员做了非必须的事情，如端茶倒水、嘘寒问暖、赠送礼品等，使评价人员产生一种亏欠的感受，此即“施惠对方”。

被评人员的迎合心理及行为对幼儿园教育质量评价会产生极大的消极影响。被评人员刻意营造的“迎合环境”和“积极气氛”，易使评价人员受到情绪感染，发生移情体验，进而被诱导进入对受评幼儿园正面肯定的心理状态，出现评价原则瓦解、评价标准崩溃、评价结论过高等不良后果。为避免迎合心理的消极影响，要帮助被评人员提高认识，正确对待评价；同时，评价人员也要提高自身素质，对受到的各种迎合保持清醒的认识与警惕，自觉抵制被评人员的迎合行为。

（三）防卫心理

防卫心理，又称为自卫心理，指的是被评人员为了避免评价对幼儿园及自身的不利影响，刻意通过某些行动以掩饰幼儿园自身问题及不足的防御心理现象。在幼儿园教育质量评价中，被评人员的防卫心理一般会表现为“疑虑—紧

① 陈欣，黄维德．迎合行为的概念性分析框架——基于新制度主义的视角［J］．华东理工大学学报（社会科学版），2007（2）：66-73.

张—厌烦/怯场”“回避—旁观—磨抗”“显示—夸耀—比闹”三种。[①]

1. 疑虑—紧张—厌烦/怯场

受评幼儿园主办者或园长对幼儿园教育质量评价本身存在怀疑态度，对接受评价感到非常紧张，担心评价影响个人或幼儿园的声誉、领导印象、晋升发展等。由此产生两种极端的心理状态：一是厌烦，被评人员不愿参与幼儿园教育质量评价，为了掩盖或淡化自己的问题和不足，散播牢骚、怨言，阻扰评价过程；二是怯场，被评人员因过度惧怕和重视评价过程而导致极为紧张的状态，出现各种行为不当或慌张表现，难以展示出幼儿园的应有水平。

2. 回避—旁观—磨抗

为了掩盖幼儿园存在的问题及不足，受评幼儿园相关人员采取回避态度，如主办者刻意在外部评价期间安排外出，以脱离评价现场、回避问题。回避不了的被评人员则采取旁观态度，如形式上积极参与，态度上消极暧昧，言语上惜字如金，行动上疏远戒备，以此冲淡评价的气氛。有的被评人员还会采取磨抗态度，或把幼儿园自身存在的问题及不足掩盖起来，不暴露可能导致否定性评价结论的材料及信息，或者对不得不暴露的问题采取大事化小、小事化了的手段，使评价人员无法收集到能说明存在问题的真实材料和信息。

3. 显示—夸耀—比闹

被评幼儿园及相关人员一反躲躲闪闪、含糊其辞的姿态，采取以进为退的策略，或者过分宣扬幼儿园突出的方面，或者刻意公开自身的问题，达到转移评价人员注意力的目的。例如：有的幼儿园在外部评价时高调宣扬幼儿园的长处、优点、贡献等，以图取长补短，冲淡评价人员对幼儿园存在问题及不足的注意；有的被评人员刻意挑剔其他被评人员，如在外部评价时受评幼儿园园长公然批评、过分挑剔保健医生的工作，以达到转移评价人员注意力的目的；有

① 参见：陈帼眉. 学前儿童发展与教育评价手册［M］. 北京：北京师范大学出版社，1994：125；吴钢. 现代教育评价基础［M］. 上海：学林出版社，1996：73—74；李传银. 论教育评价中被评者的防卫心理及其调控［J］. 济宁师专学报，2000（1）：92-94.

的被评人员以攻为守，钻评价人员的空子，以图混淆视听、造成混乱，破坏评价工作的正常开展；等等。

评价目标的实现，是评价双方密切配合的结果。被评人员在本应该“配合”“合作”的幼儿园教育质量评价工作中采取“防卫”的心理及行为，势必导致外部评价工作难以顺利进行，对评价具有实质性的消极影响。

（四）敏感心理

无论哪种类型的幼儿园教育质量评价，最终都必须把评价结果反馈给受评幼儿园或决策者。通过后续的教育决策或社会舆论等，促使受评幼儿园及相关人员改进工作。只有这样，评价才能真正起到积极作用。在反馈评价结果的过程中，受评幼儿园的主办者、园长及教职工可能会出现不少消极的心理现象，其中，敏感心理是被评人员最常见的心理现象，表现为受评幼儿园相关人员在他评结束后对他评结果过于关注。一般来说，被评人员的敏感心理主要表现在以下几个方面。

1. 对分数及排名敏感

在结果反馈时，受评幼儿园主办者、园长等对评价的总评分数、比例分、排名先后顺序等说明自身成绩的数字非常敏感。例如，为促进区教育部门办园质量的提升，某区教育局每年会对10余所区教育部门办园进行全面质量考核，根据考核结果对幼儿园进行名次排序。结果，每年的考核结果都会引起争议甚至受到质疑，每年都有排名靠后的幼儿园进行申诉，要求重新考核。类似的做法就没有考虑到被评人员对分数及排名的敏感心理，导致评价工作受到质疑，以评促建、以评促改的目的也未能完成。

2. 对利害因素敏感

评价人员反馈评价结果时，受评幼儿园相关人员特别关心与自身有利害关系的那些质量因素的评价结果。例如，园长可能会特别关注对幼儿园管理者的素质、能力、干群关系等的评价结论，负责后勤工作的副园长可能会特别关注对幼儿园卫生保健等方面工作的评价结论，负责教学工作的业务园长会特别关心对幼儿园教育教学工作的评价。敏感心理过于强烈时，被评人员可能会将自身行为与其他人的类似行为进行对比，以求开脱自己。如某幼儿园在接受省一级幼儿园的第一次督导评价时，评价组在结果反馈中提出“要加强课程的科学性和系统性。深入学习《纲要》和《指南》，统筹研制促进幼儿身心和谐发展的课程目标体系、课程内容，进一步构建更为完整、科学的园本课程”，该园业务园长就当场反驳，本区和本区内其他省一级幼儿园都未能构建科学、完整的区本（园本）课程，以此开脱本幼儿园相关工作的不到位，引起评价双方的直接对立。

3. 对公正敏感

当幼儿园对反馈的评价结果不满意时，便会转而关注评价人员是否公正、评价程序是否合理的问题。无论是他评结果低于自评，还是幼儿园的得分和排名落后，或是幼儿园自认为的办园成绩未受到肯定等，都可能引起受评幼儿园相关人员对评价的不满，进而怀疑评价的公正性，并从各个方面挑剔评价的缺点和问题，企图否定评价。

关心评价结果本来是一种普遍而又正常的心理现象，也是发挥评价功能的前提和基础。但有的被评人员并不是从总结经验教训、寻找自身差距的角度来关心评价结果，而是从比得分高低、比名次先后、比是否吃亏的角度来看待评价结果，这就悖离了幼儿园教育质量评价的目的，也给评价工作造成了一定的消极影响，使评价的成效大打折扣。

二、 被评人员出现心理偏差的原因分析

减少不必要的心理干扰，进行有效的心理调控，必须充分认识和分析被评人员的心理偏差及其原因，才有可能找到有针对性的调控策略。

（一）被评人员参与评价的动机异化

受评幼儿园及相关人员积极的参与动机，是幼儿园教育质量评价取得成效的首要前提。以我国各地教育行政部门组织开展的幼儿园教育督导评估为例，

幼儿园教育督导评估本应该是受评幼儿园总结办园经验、凝练办园特色、强化教育管理、弥补薄弱环节、提升教育质量的良好契机，受评幼儿园相关人员应该充分利用这个难得的机遇，凝聚人心，推动幼儿园各项工作的发展。但是，部分受评幼儿园主办者或园长对幼儿园教育督导评估工作缺乏全面的认识及正确的态度，受上级主管部门或社会舆论的压力被动、被迫参与评估，评估动机出现了异化，出现了重结果轻过程、重评估轻建设、重眼前轻长远等现象。

参与评价的动机之所以异化，被动地参与评价是一个方面，而奖赏的期待过高则是另一个方面。有些幼儿园将参加评价的目标定位在“确保一次性通过”，而不是以评价为契机，全面推动幼儿园各项工作的改进与优化。还有一些幼儿园实行“岗位责任制”，要求全体教职员工“在评价期间，不许说不利于幼儿园通过评价的话，哪个部门出了问题，哪个部门全权负责”，要求全体教职员工统一回答问题的口径，给教职员工带来很大的心理压力，造成全园上上下下防卫心理过重。评估组一进园，更是风声鹤唳、草木皆兵。受评幼儿园对评价所需资料造假，汇报假材料，填报假数据等，都与过度期待有关。这种过度防卫的倾向，影响了受评幼儿园正常的教育教学秩序，给评估组工作增加了负担，违背了实事求是的原则。

（二）被评人员安全和自尊的需要没有得到满足

客观地看，幼儿园教育质量评价，尤其是总结性的外部评价，无疑对受评幼儿园及其工作人员具有相当大的压力与威胁性。评价结果可能影响受评幼儿园相关人员的薪酬、升职等与其自身利益息息相关的问题。所谓“奖优罚劣”，在一定程度上必然对一部分人造成威胁，影响到他们的安全。因此，安全需要缺失成为部分被评人员对评价产生心理偏差的基本原因。评价人员由于在幼儿园教育质量评价过程中处于主导地位，往往易对受评幼儿园相关人员持“居高临下”的态度，而这种“临驾心理”势必使受评幼儿园相关人员疑惧心理和防卫心理加重，挫伤他们的自尊心，导致他们与评价人员心理上的对抗，并由此引发一系列的以抵制为主的心理偏差和行为。尤其是自尊心特别强烈的人，在因自尊需要而引起的评价障碍方面表现得十分明显，一次有损于其自尊心的评价行为甚至可能会造成他们对评价的终身抵制。

（三）评价活动带来的额外工作负荷

不管什么形式的幼儿园教育质量评价，为了取得理想的评价结果，受评幼儿园都会针对评价方案及自评结果做相应的改进、调整或准备工作，这必然会给受评幼儿园园长及教职工带来额外的工作负担。如前所述，为了外部评价的顺畅进行，受评幼儿园一般都要提前准备相关的评价资料及信息。部分幼儿园日常各种教学资料、档案资料准备、收集、整理工作不到位，当参加评价活动时，仅准备迎评资料一项就会带来极重的工作负担。就笔者所了解，有些初次参加广东省一级幼儿园督导评估工作的幼儿园，仅准备迎评资料一项，园长和教师少则连续加班一两个月，多则连续加班一个学期甚至一个学年。额外的工作负荷，使得被评人员心理压力增加，进而导致其焦虑水平提高，对评价出现各种疑、惧、烦心理。此外，被评人员由于承受了额外的工作负担，必然期望会有好的收获，一旦评价结果使他们的期望落空，必然会引发他们以敏感、否定态度为主的心理偏差及行为。

三、被评人员的心理调控

被评人员在评价过程中发生的各种心理偏差，根源在于他们对幼儿园教育质量评价的认识和理解，其心理内容集中表现在“怎样对待评价”的相关问题上。因此，调控被评人员的心理，主要是要解决被评人员对幼儿园教育质量评价的思想认识问题，以及评价组织方对幼儿园教育质量评价方式与活动的调整。

（一）提高评价认识，端正受评态度

如前所述，被评人员产生各种心理偏差的原因，是对幼儿园教育质量评价的意义和作用缺乏正确的认识。因此，在评价正式开始之前，首先要做好评价动员。评价动员应开诚布公地讲清要开展的幼儿园教育质量评价的目的、意义和作用，使受评幼儿园相关人员充分认识到评价是认定其自身社会价值的重要

手段，是促进其自我完善和发展不可多得的契机，以消除被评人员的错误认识和思想顾虑，形成“不是要我评，而是我要评”的良好心态。其次，要广泛征求被评人员对评价方案和评价工作的意见。要耐心解答他们的疑问，虚心采纳合理的建议，增强受评幼儿园的参与意识。要指导受评幼儿园的自我评价，使他们消除对评价未知的疑惧心理，以良好的心态迎接评价。再次，要推行评价公开制度，做到评价标准、评价人员、评价日程、评价纪律四公开，使受评幼儿园相关人员心中有数，能够积极主动地配合评价工作。最后，要加强被评人员的自我心理调适。要求被评人员认真研究评价方案，理智对待评价活动；坚持评价标准，不弄虚作假，不争功诿过。对评价中出现的不公情况，要冷静对待、按正当程序申诉。

（二）保持评价人员和被评人员良好的交往状态

评价组织方应该建立评价人员与被评人员良好沟通的桥梁。幼儿园教育质量评价的目的，归根结底是为了改善受评幼儿园的各方面工作。从这个意义上讲，评价人员和被评人员的目标是一致的。但是由于评价双方处于不同的角色地位，特别是受评幼儿园及相关人员相对来说处于弱势地位，容易构筑起彼此的心理防线，使得评价难以顺利进行。所以在评价过程中，评价组织方不能只是关注评价人员的心理，更要重视评价人员与被评人员之间的沟通。一方面，评价人员要摆正自己的位置，放下架子，深入到受评幼儿园中去，宣传评价，宣传自己的工作，使受评幼儿园相关人员消除疑虑，特别是在遇到阻力时，不要轻易放弃，要通过锲而不舍的努力，以自己的真诚和信任，赢得受评幼儿园相关人员的理解和支持。另一方面，受评幼儿园相关人员要主动调适自己的评价心理，端正评价态度，要理解和信任评价人员，积极支持评价工作。评价双方心理融洽，以信任交换信任，在评价中就会进行良性地协调互动，评价的质量和效率就有了保障。有素养的评价人员，应该始终保持良好的情绪，使双方沟通和交流处于良好状态，进而采取主动，有效对被评人员的心理实施调控，使评价工作得以顺利进行。

（三）注意评价结果反馈的方式和技巧

在幼儿园教育质量评价中，评价结果的反馈对被评人员的需要、动机、自尊心和情绪都有重要影响。尤其是一些否定性的评价，比较容易使受评幼儿园及相关人员处于受挫状态。因此，评价人员要非常注意反馈结果的方式和技巧，避免被评人员感到受挫折，产生焦虑，引起矛盾和冲突。为此，在反馈评价结果时，评价人员态度要亲切，地位要平等，问题及方向要指明。值得评价人员借鉴的反馈方式有启发式反馈、讨论式反馈两种。

启发式反馈是指评价人员以帮助的态度来启发受评幼儿园主办者、园长及教职工客观地看待幼儿园及自身各方面工作，恰当地估计自己的成绩，勇敢正视幼儿园存在的问题及不足，激发他们自我前进的内在动力。

讨论式反馈是指评价人员和被评价人员以平等的地位进行讨论和交流，在开诚布公的讨论和交流过程中，引导被评价人员发现自己的优点，认识到自己的不足和努力方向，同时也很好地转移了被评人员对分数及评价结论的过分关注，深化了他们对评价结论及其依据的理解。

总之，评价人员要针对不同评价对象的特点、需要和敏感因素，采取不同的评价结果反馈方式。评价结果的反馈应限制在适当的范围内，多用小组或个别交谈的方式，以充分顾及被评人员的自尊需要，并防止否定性评价结果的扩散。

（四）实行双向评价考核制度

把评价人员和被评人员的评价心理和评价行为均纳入考核内容，是应对各种心理偏差的有效策略。在幼儿园教育质量评价正式开始之前，就要建立并宣传评价考核制度，强调考核与评价的双向性，即，一方面，评价人员对被评幼儿园及其人员进行全方面的评价；另一方面，被评人员也可以对评价人员在评价过程中的工作态度、工作作风、心理状况、工作纪律等方面内容进行评价，从而进一步规范评价人员的行为标准，严明评价活动的纪律要求。

这种双向的评价与考核，可以从制度上保证评价者和被评价者两方面积极性的发挥，可以有效促进幼儿园教育质量评价水平的提高，也有助于增强评价政策的透明度，打破评价的神秘感，进一步提高评价人员的综合素质和职业道德水平，切实发挥幼儿园教育质量评价的多重积极功能。

综上所述，在幼儿园教育质量评价活动中，我们应该高度重视评价人员、被评人员双方面的心理偏差及其对评价的影响，并采取科学有效的、具体有针对性的心理干预与防范措施，综合性地解决评价过程中可能出现的种种心理偏差以及由此可能带来的评价效果问题，避免和消除其不良影响，从而整体提高幼儿园教育质量评价的效益。

参考文献

（一）著作类

［1］胡中锋. 教育评价学（第三版）［M］. 北京：中国人民大学出版社，2016.

［2］邱均平，王碧云，汤建民. 教育评价学——理论、方法、实践［M］. 北京：科学出版社，2016.

［3］中国社会科学院语言研究所词典编辑室. 现代汉语词典（第7版）［M］. 北京：商务印书馆，2016.

［4］孙河川，郑弘. 学校教育质量评估标准研究：基于教育督导的视角［M］. 北京：九州出版社，2015.

［5］吴钢. 现代教育评价教程（第二版）［M］. 北京：北京大学出版社，2015.

［6］［日］大宫勇雄. 提高幼儿教育质量［M］. 李季湄，译. 上海：华东师范大学出版社，2014.

［7］王雁，司秀月. 幼儿园教育评价［M］. 北京：北京出版社，2014.

［8］李季湄，冯晓霞. 《3—6岁儿童学习与发展指南》解读［M］. 北京：人民教育出版社，2013.

［9］教育部基础教育质量监测中心. 如何开展中小学校督导评估［M］. 北京：教育科学出版社，2013.

［10］杨宁. 广东省幼儿园园长培训手册（上、中、下）［M］. 广州：广东高等教育出版社，2013.

［11］刘占兰. 提高幼儿园教育质量的有效策略［M］. 北京：北京师范大学出版社，2013.

［12］刘占兰. 幼儿园教育质量的现状研究［M］. 北京：北京师范大学出版

社，2013.

［13］王坚红，尹坚勤. 国际视野下的学前教育机构评估标准［M］. 南京：南京师范大学出版社，2012.

［14］刘占兰等. 中国幼儿园教育质量评价——十一省市幼儿园教育质量调查［M］. 北京：教育科学出版社，2011.

［15］袁振国. 中国教育政策评论 · 2010［C］. 北京：教育科学出版社，2011.

［16］王坚红. 学前教育评价［M］. 北京：人民教育出版社，2010.

［17］夏征农，陈至立. 辞海（第六版普及本）［M］. 上海：上海辞书出版社，2010.

［18］鄢超云. 学前教育评价［M］. 北京：高等教育出版社，2010.

［19］胡惠闵，郭良菁. 幼儿园教育评价［M］. 上海：华东师范大学出版社，2009.

［20］江若玫，靳云汇. 企业利益相关者理论与实践应用［M］. 北京：北京大学出版社，2009.

［21］朱家雄. 国际视野下的学前教育［M］. 上海：华东师范大学出版社，2007.

［22］金娣，王钢. 教育评价与测量［M］. 北京：教育科学出版社，2007.

［23］虞永平. 幼儿园课程评价［M］. 南京：江苏教育出版社，2006.

［24］［美］Edward Sallis. 全面质量教育［M］. 何瑞薇，译. 上海：华东师范大学出版社，2005.

［25］［美］丽莲 · 凯兹. 与幼儿教师对话——迈向专业成长之路［M］. 廖凤瑞，译. 南京：南京师范大学出版社，2003.

［26］尤建新，张建同，杜学美. 质量管理学［M］. 北京：科学出版社，2003.

［27］教育部基础教育司.《幼儿园教育指导纲要（试行）》解读［M］. 南

京：江苏教育出版社，2002.

［28］［德］沃尔夫冈·布列钦卡. 教育科学的基本概念——分析、批判和建议［M］. 胡劲松，译. 上海：华东师范大学出版社，2001.

［29］［美］菲利普·库姆斯. 世界教育危机［M］. 赵宝恒等，译. 北京：人民教育出版社，2001.

［30］叶澜. 教育概论［M］. 北京：人民教育出版社，2001.

［31］刘本固. 教育评价的理论与实践［M］. 杭州：浙江教育出版社，2000.

［32］陈玉琨. 教育评价学［M］. 北京：人民教育出版社，1999.

［33］刘焱. 幼儿教育概论［M］. 北京：中国劳动社会保障出版社，1999.

［34］中国学前教育研究会. 中华人民共和国幼儿教育重要文献汇编. 北京：北京师范大学出版社，1999.

［35］顾明远. 教育大辞典（增订合编本）（上）［M］. 上海：上海教育出版社，1998.

［36］陶西平. 教育评价辞典［M］. 北京：北京师范大学出版社，1998.

［37］扈中平. 教育目的论［M］. 武汉：湖北教育出版社，1997.

［38］侯光文. 教育评价概论［M］. 石家庄：河北教育出版社，1996.

［39］联合国教科文组织总部中文科. 教育——财富蕴藏其中：国际 21 世纪教育委员会报告［M］. 北京：教育科学出版社，1996.

［40］吴钢. 现代教育评价基础［M］. 上海：学林出版社，1996.

［41］王汉澜. 教育评价学［M］. 开封：河南大学出版社，1995.

［42］王致和. 高等学校教育评估［M］. 北京：北京师范大学出版社，1995.

［43］项宗萍等. 六省市幼教机构教育评价研究［M］. 北京：教育科学出版社，1995.

［44］陈帼眉. 学前儿童发展与教育评价手册［M］. 北京：北京师范大学出

版社，1994.

［45］马俊峰. 评价活动论［M］. 北京：中国人民大学出版社，1994.

［46］王坚红. 学前教育评价——理论·方法·实践［M］. 北京：人民教育出版社，1994.

［47］许建钺. 高等学校教育鉴定与水平评估［M］. 北京：中国科学技术出版社，1992.

［48］教育大辞典编纂委员会. 教育大辞典（第一卷）［M］. 上海：上海教育出版社，1990.

［49］文新华，曹家正，等. 中小学幼儿园综合督导评价的理论与技术［M］. 上海：华东师范大学出版社，1990.

［50］瞿葆奎. 教育学文集·教育评价［M］. 北京：人民教育出版社，1989.

［51］李德顺. 价值论［M］. 北京：中国人民大学出版社，1987.

［52］［美］克雷奇，等. 心理学纲要（下册）［M］. 周先庚等，译. 北京：文化教育出版社，1980.

（二）论文类

［1］刘霞. 幼儿能作为质量评价主体吗？［N］. 中国教育报，2016-9-25（1）.

［2］李相禹，刘焱. 师幼比对幼儿园集体教学质量影响的实证分析［J］. 学前教育研究，2016（5）.

［3］唐智彬. 论现代治理视域下的高职教育质量第三方评价体系建设［J］. 中国高教研究，2016（5）.

［4］姚伟，许浙川. 构建幼儿园教育质量保障体系理论基础探究［J］. 东北师范大学学报（哲学社会科学版），2016（4）.

［5］王小英，陈欢. 基于儿童视角的幼儿园物质环境质量评价［J］. 学前教

育研究，2016 (1).

［6］刘占兰. 农村贫困地区幼儿园教育质量现状与提升建议 [J]. 学前教育研究，2015 (12).

［7］李召存. 对学前教育质量评估框架建构的思考 [J]. 中国教育学刊，2015 (10).

［8］史瑾. 北京市流动儿童幼儿园教育质量调查 [J]. 上海教育科研，2015 (9).

［9］朱新卓，严芮，刘寒月. 基于过程的教育质量及其评价 [J]. 高等教育研究，2015 (5).

［10］姚伟，黎诩. 幼儿园教育质量内部监控存在问题、原因及对策 [J]. 学前教育研究，2015 (2).

［11］程秀兰. 多学科视野中幼儿园教育“小学化”现象透视 [J]. 教育研究，2014 (9).

［12］刘霞. 幼儿园教育质量评价的功能及其实现 [J]. 早期教育（教师版），2014 (6).

［13］高敬，项燕. 上海市幼儿园教育质量评价的现状与分析 [J]. 早期教育（教科研），2013 (11).

［14］刘景容. 对广东省幼儿园评估工作的建议 [J]. 上海教育评估研究，2013 (9).

［15］中国教育科学研究院教育质量标准研究课题组. 教育质量国家标准及其制定 [J]. 教育研究，2013 (6).

［16］中国教育科学研究院国际比较教育研究中心. 时代的选择：建立教育质量国家标准 [J]. 人民教育，2012 (11).

［17］丁静. 家长视角下的幼儿园教育质量评价研究 [D]. 四川师范大学硕士学位论文，2012.

［18］龙超凡. 福建将学前教育纳入“双高普九”和“对县督导” [N]. 中

国教育报，2012-8-12（1）.

［19］刘五驹. 学生作为教育评价主体的意义分析［J］. 教育导刊，2012（3上半月）.

［20］原晋霞. 对把家长满意度作为幼儿园教育质量评价最主要依据的质疑［J］. 学前教育研究，2011（12）.

［21］原晋霞，等. 幼小衔接并非超前学习小学知识［N］. 中国教育报，2011-08-26（7）.

［22］郭佳. 国外家长如何参与幼儿园管理［N］. 中国教师报，2011-10-12（8）.

［23］李曼. 家长参与与幼儿园课程选择［D］. 南京师范大学硕士学位论文，2011.

［24］苏令. 别让“超前”教育毁了孩子童年［N］. 中国教育报，2011-05-17（6）.

［25］康建琴，刘焱. 制定幼儿园评估标准需要澄清的几个问题［J］. 学前教育研究，2011（1）.

［26］张娜. 不同主体视野中“好幼儿园”标准的比较研究［D］. 华中师范大学硕士学位论文，2010.

［27］董泽芳，陈文娇. 论我国高等教育质量标准的多样性与统一性［J］. 高等教育研究，2010（6）.

［28］刘占兰. 幼儿园的保教质量是入园率的意义前提［J］. 学前教育研究，2010（5）.

［29］鲍传友，杨玉春. 我国基础教育评估主体的现状、问题与对策［J］. 当代教育科学，2009（15）.

［30］冯晓霞，等. 聚焦《国家中长期教育改革和发展规划纲要》——对学前教育建言的分析［J］. 学前教育研究，2009（6）.

［31］潘月娟，刘焱. 托幼机构教育中的儿童发展评价［J］. 幼儿教育（教

育科学)，2009 (5).

[32] 刘淑华. 权责对称：高等教育分权的底线 [J]. 浙江大学学报（人文社科版)，2009 (3).

[33] 刘占兰. 我国幼儿园教育质量评价的研究与探索——三地幼儿园教育质量评价研究之一 [J]. 学前教育. 幼教版，2009 (1).

[34] 陈斐. 深度访谈的障碍及其引导原则 [J]. 新闻爱好者，2009 (1).

[35] 胡玲. 教育质量：内涵、评估及改进策略——联合国教科文组织对提高教育质量的关注 [J]. 大学·研究与评价，2008 (11).

[36] 潘月娟，刘焱，胡彩云. 幼儿园结构变量与教育环境质量之间的关系研究——以山西省幼儿园为例 [J]. 学前教育研究，2008 (4).

[37] 何锡涛. 关于《自评报告》审读的几点思考 [J]. 高教发展与评估，2007 (9).

[38] 郭良菁，何敏. 儿童发展水平应该作为幼儿园质量评价的标准吗? [J]. 上海教育科研，2006 (10).

[39] 丁艳芬. 家长参与幼儿发展评价的现状与对策研究 [J]. 四川教育学院学报，2006 (8).

[40] 刘丽湘. 当前我国幼儿园教育质量评价工作的误区及调整策略 [J]. 学前教育研究，2006 (7-8).

[41] 王本陆. 论中国国情与课程改革 [J]. 北京师范大学学报（社会科学版)，2006 (7).

[42] 李大维，刘秀丽. 幼儿教育"小学化"倾向的现状与对策 [J]. 东北师范大学学报（哲学社会科学版)，2006 (6).

[43] 李季湄. 创造优质幼教的指南——全美幼教协会最新《幼儿教育方案标准和认定指标》[J]. 学前教育（幼教版)，2006 (6).

[44] 温从雷，王晓瑜. 构建全民教育质量评估体系的蓝图——《全球全民教育监测报告》述评 [J]. 开放教育研究，2006 (6).

[45] 熊光慈. 高等教育评估中的偏差研究 [D]. 天津大学博士学位论文，2006.

[46] 王永红，黄志鹏. 基础教育改革的利益主体及其利益分析 [J]. 当代教育科学，2006 (4).

[47] 沈慧洁，刘霞. 彰显幼儿本体 关注教育过程——《广州市示范性幼儿园建设指导意见》解读 [J]. 教育导刊（幼儿教育），2006 (2).

[48] 黄艾珍，李辉. 香港《表现指标》之推行研究及其启示 [J]. 幼儿教育（教育科学版），2006 (1).

[49] 王本陆，骆寒波. 教学评价：课程与教学改革的促进者 [J]. 课程·教材·教法，2006 (1).

[50] 朱家雄. 对学前教育质量的重新思考 [J]. 教育导刊，2006 (1).

[51] 周欣. 美国学前教育机构质量标准及认定体系的重建 [J]. 早期教育，2005 (12).

[52] 程凤春. 教育质量特性的表现形式和内容——教育质量涵义新解 [J]. 教育研究，2005 (2).

[53] 郭良菁. 德国研制《儿童日托机构的教育质量：国家标准集》的启示——兼论我国制订质量评价标准体系的若干问题 [J]. 学前教育研究，2004 (9).

[54] 李勇. 心理调控在教育评价过程中的意义分析 [J]. 市场周刊·财经论坛，2004 (8).

[55] 许杰. 教育分权：公共教育体制范式的转变 [J]. 教育研究，2004 (2).

[56] 济南市天桥区教工幼儿园课题组. 家长参与幼儿园教育现状调查报告 [J]. 济南教育学院学报，2004 (1).

[57] 刘焱. 英国学前教育的现行国家政策与改革 [J]. 比较教育研究，2003 (9).

[58] 戴双翔，刘霞. 我国现行幼儿园教育质量评价工具研究 [J]. 学前教育研究，2003 (7-8).

[59] 周欣. 托幼机构教育质量的内涵及其对儿童发展的影响 [J]. 学前教育研究，2003 (7-8).

[60] 王树红. 家长参与幼儿发展评估的实践与反思 [J]. 学前教育研究，2003 (7).

[61] 周欣. 四国和我国港台地区幼儿园过程性教育质量标准的分析和比较 [J]. 早期教育，2003 (2).

[62] 刘霞. 托幼机构教育质量评价研究 [D]. 北京师范大学硕士学位论文，2002.

[63] 刘尧. 论教育评价的科学性与科学化问题 [J]. 教育研究，2001 (6).

[64] 程凤春，洪成文. 90 年代西方教育管理中的全面质量管理思想 [J]. 比较教育研究，2000 (7).

[65] 陈映芳. 关于在青年社会学中导入角色理论的理论思考 [J]. 社会学研究，2000 (6).

[66] 刘霞. 国外托幼机构的发展概况及趋势 [J]. 教育导刊・幼儿教育，2000 (4).

[67] 李荣安. 追求卓越教育与素质教育：一些理论的探讨与东方的观点 [J]. 比较教育研究，2000 (3).

[68] 陈威. 高等教育质量的概念研究 [J]. 石油高等教育，2000 (2).

[69] 刘焱，等. "托幼机构环境评价量表" 述评 [J]. 学前教育研究，1998 (3).

[70] 刘焱. 试论托幼机构教育质量评价的几个问题 [J]. 学前教育研究，1998 (3).

[71] 朱益明. 教育质量的概念分析 [J]. 比较教育研究，1996 (5).

[72] 扈中平，陈东升. 教育价值选择的方法论思考 [J]. 教育研究，1995

(5).

[73] 王卫东. 教育价值概念的历史考察与理论分析 [J]. 北京师范大学学报（社科版），1996 (2).

[74] 项宗萍. 从“六省市幼教机构教育评价”看我国幼教机构教育过程的问题与教育过程的评价取向 [J]. 学前教育研究，1995 (2).

[75] 郑晓边. 学前教育机构环境质量评价——Harms-Clifford 环境评价介绍 [J]. 教育研究与实验，1988 (4).

（三）外文类

[1] Lang. Sarah N., Mouzourou Chryso, Jeon Lieny, Buettner Cynthia K., Hur Eunhye. Preschool Teachers' Professional Training, Observational Feedback, Child-Centered Beliefs and Motivation: Direct and Indirect Associations with Social and Emotional Responsiveness [J]. Child & Youth Care Forum, 2017, 1: 69-90.

[2] Perlman Michal, Fletcher Brooke, Falenchuk Olesya, Brunsek Ashley, McMullen Evelyn, Shah Prakesh S. Child-Staff Ratios in Early Childhood Education and Care Settings and Child Outcomes: A Systematic Review and Meta-Analysis [J]. PLoS ONE, 2017, 1: 1-24.

[3] Reli Iluz, Esther Adi-Japha, Pnina S. Klein. Identifying Child-Staff Ratios That Promote Peer Skills in Child Care [J]. Early Education and Development, 2016, 7: 1077-1098.

[4] Daniela Mayer, Kathrin Beckh. Examining the Validity of the ECERS-R: Results from the German National Study of Child Care in Early Childhood [J]. Early Childhood Research Quarterly, 2016, 3: 415-426.

[5] Skalická V, Belsky J, Stenseng F, Wichstrøm L. Reciprocal Relations

Between Student-Teacher Relationship and Children's Behavioral Problems: Moderation by Child-Care Group Size [J]. Child Development, 2015, 5: 1557-1570.

[6] Gørtz Mette, Andersson Elvira. Child-to-Teacher Ratio and Day Care Teacher Sickeness Absenteeism [J]. Health Economics, 2014, 12: 1430-1442.

[7] Sonja Sheridan, Pia Williams, Ingrid Pramling Samuelsson. Group Size and Organisational Conditions for Children's Learning in Preschool: A Teacher Perspective [J]. Educational Research, 2014, 4: 379-397.

[8] Clarke-Stewart K. Alison, Vandell Deborah Lowe, Burchinal Margaret, O'Brien Marion, Mc Cartney Kathleen. Do Regulable Features of Child-care Homes Affect Children's Development? [J]. Early Childhood Research Quarterly, 2012, 1: 52-86.

[9] Strolin-Goltzman J, Kollar S, Trinkle J. Listening to the Voices of Children in Foster Care: Youths Speak Out about Child Welfare Workforce Turnover and Selection [J]. Social Work, 2010, 1: 47-53.

[10] Sonja Sheridan, Joanna Giota, You-Me Han, Jeong-Yoon Kwon. A Cross-cultural Study of Preschool Quality in South Korea and Sweden: ECERS Evaluations [J]. Early Childhood Research Quarterly, 2009, 2: 142-156.

[11] Andrew J. Mashburn, Robert C. Pianta, Bridget K. Hamre. Measures of Classroom Quality in Prekindergarten and Children's Development of Academic, Language, and Social Skills [J]. Child Development, 2008, 3: 732-749.

[12] Howes Carolle, Burchinal Margaret, Pianta Robert. Ready to Learn? Children's Pre-academic Achievement in Pre-Kindergarten Programs [J]. Early Childhood Research Quarterly, 2008, 1: 27-50.

[13] Rothrauff Tanja C., Thornburg Kathy R., Mauzy Denise. Cash Incentives and Turnover in Center-based Child Care Staff [J]. Early Childhood

Research Quarterly, 2007, 3: 363-378.

[14] Jin-hee Lee, Daniel J Walsh. Quality in Early Childhood Programs: Reflections from Program Evaluation Practices [J]. The American Journal of Evaluation, Volume 25, Issue 3, Autumn 2004: 351-373.

[15] R. C. Pianta, M. W. Stuhlman. Teacher-Child Relationships and Children's Success in the First Years of School [J]. School Psychology Review, 2004, 3: 444-458.

[16] The EFA Global Monitoring Report Team. EFA Global Monitoring Report 2005: The Quality Imperative [R]. 2004.

[17] UNICEF. Defining Quality of Education: A Paper Presented by UNICEF at A Meeting of the International Working Group on Education [R]. Florence, Italy, 2000.

[18] Fiene, Richard. Searching for a Solution to the Child Care Trilemma [J]. Child Care Information Exchange, 1997, 5: 57-60.

[19] Howes, Carollee. Children's Experiences in Center-based Child Care as A Function of Teacher Background and Adult-child Ratio [J]. Merrill-Palmer Quarterly, 1997, 3: 404-425.

[20] Kwan, C. & Sylva, K. Effects of Day Care Environment in Singapore [C]. Paper Presented at the Biennial Meetings of the International Society for the Study of Behavioral Development (14th, Quebec City, Canada), 1996, 8.

[21] Nabuco, M. & Sylva, K. Comparisons between ECERS Ratings of Individual Pre-School Centres and the Results of Target Child Observations: Do They Match or Do They Differ? [C]. Paper Presented at the European Conference on the Quality of Early Childhood Education (5th, Paris, France), 1995, 9.

[22] Karrby, G. & Giota, J. Dimensions of Quality in Swedish Day Care Centers: An Analysis of the Early Childhood Environment Rating Scale [J]. Early Child Development and Care, 1994, 12: 104.

[23] E. Frede, A. M. B. Austin, S. L. K. Lindauer. The Relationship of Specific Developmentally Appropriate Teaching Practices in Preschool to Childrens' Skills in First Grade [J]. Advances in Early Education & Child Care, 1993, 5: 95-111.

[24] Barnett W., Steven F., Ellen C. Early Childhood Programs in the Public Schools: Insights from a State Survey [J]. Journal of Early Intervention, 1993, 4: 396-413.

[25] Swap, S. M. Developing Home-School Partnerships [M]. New York: Teacher College Press, 1993.

[26] Phillips Deborah A., Howes Carollee, Whitebook Marcy. The Social Policy Context of Child Care: Effects on Quality [J]. American Journal of Community Psychology, 1992, 1: 25-51.

[27] Carol Gestwicki. Home, School and Community Relations: A Guide to Working with Parents (2 ed.) [M]. New York: Delmar Publishers Inc, 1992.

[28] Hyson, Marion C. The Classroom Practices Inventory: An Observation Instrument based on NAEYC's Guidelines for Developmentally Appropriate Practices for 4 and 5-year-old Children [J]. Early Childhood Research Quarterly, 1990, 4: 475-494.

后　记

当今世界的教育改革与发展已由“数量时代”转向“质量时代”，由粗放发展转向质量取胜。关注质量、评价质量、研究质量、提升质量，是当代基础教育改革与发展的主旋律。在幼儿教育领域，开展幼儿园教育质量评价，是幼儿教育由理论到实践、从观念到行为转化的一座桥梁。它不仅反映了一个国家占主导地位的幼儿教育价值观的理论倾向和幼儿教育的科学研究水平，而且对幼儿教育的实践工作与未来发展具有较强的导向作用，是促使幼儿园教育质量不断提高的重要手段。

可以说，关注幼儿园教育质量，开展幼儿园教育质量评价，促进幼儿园教育质量提升，始终是各国幼儿教育改革与发展中的一个热点话题与关键问题。在我国，以幼儿园分级分类验收工作为主的幼儿园教育质量评价工作，自20世纪80年代末以来开始受到关注。发展至今，幼儿园教育质量评价工作不仅使幼儿园管理工作更为规范化，促进了我国幼儿园教育质量的提高，同时，也使幼儿园教育质量评价工作在我国从无到有、逐渐发展，积累了宝贵的经验。但多年来，一方面，我们对幼儿园教育质量评价基本理论尚缺乏系统的研究，致使人们对“什么是幼儿园教育质量”“什么是幼儿园教育质量评价”等基本问题尚感到困惑；另一方面，幼儿园教育质量评价工作本身，如评价标准、评价的组织实施等方面，还需要人们进一步去深入、系统地总结和研究。只有改变理论研究的薄弱与滞后，才可能更有利于实践工作的科学化、合理化。有幸的是，笔者20多年来的专业学习与工作主题，恰好和这样一个大的时代背景紧密吻合。从本科毕业论文写作师从刘焱教授开始关注这一领域起，研究生学习阶段又进一步在刘焱教授的指导下深入研究这一领域。这些年来，我个人始终关注与专注的，就是我国幼儿园教育质量评价的理论研究与实践活动。这本小书，正是笔者多年来思考与研究心得的一点总结。因此，本书能够顺利出版，首先要衷心感谢我的恩师刘焱教授多年来对我的悉心指导和培养。

本书定名为《幼儿园教育质量评价的理论与实践》，旨在强调对幼儿园教育质量评价理论的研究，强调对幼儿园教育实践及评价实践的重视，并力图在理论与实践相结合的基础上来探讨幼儿园教育质量评价问题。在撰写过程中，个人力求达到如下要求：一是努力做到体系合理，重点突出。书稿从教育质量及教育评价的概念入手，探讨了幼儿园教育质量评价的标准及一般程序，重点关注了幼儿园教育质量评价实践过程中的一些疑难问题，如评价标准建构、评价信息收集、评价心理调控等。二是力求简明扼要，深入浅出。在不影响学术规范的前提下，照顾到一般读者，特别是幼教实践工作者的具体情况，论述尽量做到通俗易懂。三是注重实践，力求应用性。对幼儿园教育质量评价的学习与研究，不能仅仅停留在了解评价的基本理论层面，更应该走进幼儿园教育实践进行真实的评价。本书坚持理论联系实际的原则，把理论研究与实践应用结合起来，并努力提供一些案例、评价标准及评价方案，借以帮助一线幼教工作者在实践工作中能运用这些“书本知识”解决实际问题。当然，囿于个人专业素养与驾驭能力，未必完全达到了上述目的。

在写作过程中，我个人对自己近十几年来公开发表的一些论文进行了认真审视、重新思考和补充修订，同时参考、吸收了国内外不少同行的研究成果，也引用了他们的一些研究案例和资料。对此，除了在书中尽可能加以注明外，在这里也对他们一并致谢。幼儿园教育质量评价问题十分复杂，限于学识，书中疏漏和不当之处必定很多，敬请研究同行和读者多多批评指正。

诚挚感谢北京师范大学教育学部王本陆教授和华东师范大学教育学部姜勇教授的欣赏与肯定。他们的欣然作序，为拙著增色不少，也增添了我进一步开展专业研究的动力与信心。

在本书的编辑出版过程中，人民教育出版社的相关领导与编辑以他们深厚的专业学识与严谨的工作态度，给予了很多具体的指导、支持与帮助，没有他们的大力支持与无私付出，本书难以顺利出版。在此，对他们致以诚挚的谢意！

刘　霞

2017 年 3 月